DICIONÁRIO BÁSICO ESCOLAR DE FILOSOFIA

Mais de 360 *verbetes*

Marly N Peres

DICIONÁRIO BÁSICO ESCOLAR DE FILOSOFIA

Mais de 360 *verbetes*

global
editora

© Marly Netto Peres, 2010

1ª Edição, Global Editora, São Paulo 2013
2ª Reimpressão, 2024

Jefferson L. Alves – diretor editorial
Dulce Seabra – gerente editorial
Flávio Samuel – gerente de produção
Francisco M. P. Teixeira – coordenador do projeto
Dida Bessana – coordenadora editorial
Beatriz Chaves, Denise Alves dos Santos, Iara Arakaki, Jane Pessoa e Rubelita Pinheiro – revisão
Victor Burton – capa
Luana Alencar – projeto gráfico e diagramação

Dados Internacionais de Catalogação na Publicação (CIP)
(Câmara Brasileira do Livro, SP, Brasil)

Peres, Marly N.
  Dicionário básico escolar de filosofia / Marly N. Peres. – São Paulo: Global, 2013.

  ISBN 978-85-260-1498-5

  1. Filosofia – Dicionários, enciclopédias I. Título.

12-06758   CDD-103

Índices para catálogo sistemático:
1. Filosofia: Dicionários   103

Obra atualizada conforme o
NOVO ACORDO ORTOGRÁFICO DA LÍNGUA PORTUGUESA

Global Editora e Distribuidora Ltda.
Rua Pirapitingui, 111 – Liberdade
CEP 01508-020 – São Paulo – SP
Tel.: (11) 3277-7999
e-mail: global@globaleditora.com.br

g grupoeditorialglobal.com.br   X @globaleditora
f /globaleditora   ⃝ @globaleditora
▶ /globaleditora   in /globaleditora
💬 blog.grupoeditorialglobal.com.br

Direitos reservados.
Colabore com a produção científica e cultural.
Proibida a reprodução total ou parcial desta
obra sem a autorização do editor.

Nº de Catálogo: **1554**

*Para meus alunos,
queridos aprendizes de Athena.*

AGRADECIMENTOS

Os verbetes *arché*, catarse, civilização, eros, inconsciente, psique e pulsão receberam a oportuna colaboração de Maria de Fátima Henriques de Oliveira, Mestre em Psicologia Clínica pela Pontifícia Universidade Católica de São Paulo (PUC-SP).

Os verbetes aceitação, consciência, emoção, *Gestalt* e loucura tiveram a colaboração igualmente valiosa de Ilana W. Novinsky, Cientista Social pela Faculdade de Filosofia, Letras e Ciências Humanas da Universidade de São Paulo (FFLCH – USP) e Psicanalista pela Sociedade Brasileira de Psicanálise de São Paulo.

E a consultoria externa, inestimável e preciosa, coube ao Prof. Dr. Milton Meira do Nascimento, da Faculdade de Filosofia da Universidade de São Paulo (FFLCH – USP).

"A sabedoria é mulher: ela ama sempre e somente um guerreiro."
Nietzsche

BREVE APRESENTAÇÃO

Era uma vez um deus muito poderoso, que chegou ao poder destronando o próprio pai. Casado com a *"deusa que sabia mais do que qualquer deus e qualquer mortal"*, quando ela ficou grávida ele tratou de engoli-la, pois tinha receio de que o filho que dela nascesse fizesse com ele o que ele mesmo havia feito a seu pai, Cronos. Mas quem nasceu foi uma filha: Athena. Aquela que seria *"igual ao pai em força, e igual à mãe em prudente sabedoria"*. Uma deusa guerreira, sempre vigilante e defensora da justiça – e só por essa razão vem armada com sua espada. Pensativa, traz por vezes ao ombro uma corujinha, ave noturna que inspirou o filósofo alemão FRIEDRICH HEGEL a dizer que a filosofia se parece com ela, porque atua quando todos já estão dormindo, pois pensa sobre as ações dos humanos depois que elas aconteceram.

Este dicionário foi pensado para os estudantes e professores do Ensino Médio, e também para todos aqueles que se interessam por filosofia. Nossa intenção foi fazer mais do que um glossário, ou uma mera relação alfabética e aborrecida que se limita a desfiar verbetes. Montamos um léxico mínimo, um ferramental para ajudar na compreensão de textos. No fim do dicionário há ainda algumas biografias de pensadores (assinalados com asterisco) que, acreditamos, merecem destaque, seja pela importância de suas ideias, seja porque suas contribuições à história do pensamento marcaram época.

Ao longo do dicionário há algumas noções extras na forma de boxes, saborosas e interessantes o bastante para justificar um certo destaque. Faz parte desse léxico um bom número de referenciais à história, indissociável da reflexão filosófica.

Immanuel Kant, outro grande pensador alemão, nos ensinou que existem dois tipos de filosofia, a acadêmica e a mundana. Pensando nisso, tomamos o cuidado de apresentar os conceitos técnicos por meio de uma abordagem mais ampla, mais descomplicada, que permita compartilhar esses conteúdos com o leitor mais jovem e - tomara! - despertar sua curiosidade e interesse, aproximando os tais conceitos de sua vida pessoal e social. Porque, como disse Aristóteles, um dos pais da filosofia, *"todo mundo, por natureza, deseja saber"*.

Alguns verbetes são bem resumidos, apenas um indicativo do que aquele termo significa. Outros mais longos, com explicações mais extensas. Acrescentamos algumas citações para estimular a consulta, e um certo número de sinônimos entre parênteses após expressões que podem parecer mais complicadas, porque é importante ampliar o vocabulário dos alunos, mas inútil dificultar a vida - lembrando da máxima de Francis Bacon: *"Deve--se falar como o vulgo e pensar como os sábios"*. E após alguns verbetes vem indicada a remissão (sempre com a indicação ▶), apontando os principais verbetes relacionados, que vale consultar.

Inserimos nesta Apresentação a imagem que nos inspira, e cuja beleza esperamos possa encantar a muitos mais - em especial aos jovens, permitindo que descubram por que a filosofia faz parte da nossa vida de todos os dias, e pode nos ajudar a sermos mais felizes e mais livres. Como tão bem diz André Comte-Sponville, *"a felicidade é a meta, a filosofia é o caminho"*.

Marly N Peres

COMO USAR

O dicionário é organizado em três seções principais:

Verbetes e boxes – verbetes apresentados em ordem alfabética, por vezes com uma ou mais citações, sempre seguidos de remissões para os principais verbetes relacionados. Boxes com informações adicionais completam alguns verbetes.

Biografias – os principais pensadores, que ao longo da obra apareceram sinalizados com um asterisco, são aqui apresentados.

Índice onomástico – relação de todos os nomes constantes na obra, com data de nascimento e morte, tópicos relacionados, verbetes em que são mencionados e indicação de biografia.

Símbolos usados:

* Indica que esse pensador consta da seção Biografias, na página 293.

▶ Remissão para os principais verbetes, boxes e conceitos relacionados a esse.

SUMÁRIO

VERBETES

A fortiori 25
A posteriori 25
A priori 25
Absolutismo (absolutista) 25
Absoluto 26
Abstração (abstrato, abstrair) 27
Absurdo 28
Acaso 28
Aceitação 29
Acidente (acidental) 29
Afetar (afecção) 29
Agnosticismo (agnóstico) 29
Alegoria 30
Alienação (alienar) 30
Alma 31
Alteridade 32
Amor 32
Análise 33
Analógico 33
Anarquia 34
Antinomia 34
Antítese 34
Antropocentrismo 35
Antropologia 35
Antropomorfismo 36
Aparência 36
Ápeiron 36
Apodítico 37

Apolíneo 37
Aporia 37
Arbitrário (arbítrio, livre-arbítrio) 37
Arché (arquétipo, arquetípico) 39
Argumento (argumentação) 40
Arte 40
Assertório (asserção) 42
Ateísmo 42
Ato 42
Atomismo (átomo, atomista) 42
Atributo 43
Atual 43
Aufhebung 43
Autonomia (autônomo) 44
Autoritarismo (autoritário) 44
Axiologia 45
Axioma 45
Barbárie (bárbaro, barbarismo) 49
Behaviorismo 49
Belo (beleza) 49
Bem 50
Bom-senso (senso comum) 50
Caos 53
Cartesianismo 54
Catarse 54
Categoria (categórico) 55
Causa 55
Certeza (certo) 56
Ceticismo 57
Cidadão (cidadania) 58
Ciência (científico, cientificismo) 58
Cinismo 59
Circunstância (circunstancial) 60
Civilização (civilizado) 61
Claro 62
Clássico 62
Coerente (coerência) 62
Cogito (entendimento) 62

Conceito (conceitualismo, conceitualizar) 63
Conclusão 63
Concreto 64
Condicional 64
Conhecimento (conhecer) 64
Conjectura 67
Conotação 68
Consciência (consciente) 68
Consequência 68
Contingente 69
Contraditório (não contradição, contrário, inverso, oposto) 69
Contrato (pacto social) 70
Convenção (convencional) 71
Convencer 71
Corolário 72
Corpo 72
Cosmos 73
Crença (crer) 73
Criacionismo 74
Critério (crise) 74
Crítica (espírito crítico) 75
Cultura 76
Darwinismo 81
Dasein 82
Dedução 83
Definição 83
Deísmo 83
Demiurgo 83
Democracia 84
Demonstração 85
Deontologia 85
Desconstrutivismo 86
Descrição 86
Desejo 86
Despotismo 86
Destino 86
Determinismo 87
Deus (deuses) 88

Dever 89
Devir 89
Dialética 89
Dicotomia 90
Diferença (diferenciação) 90
Dionisíaco 90
Direito 91
Discurso 91
Distinto 92
Divino 92
Dogma (dogmatismo, dogmático) 93
Doutrina 93
Dualismo (maniqueísmo) 93
Dúvida 95
Dynamis 96
Educação 99
Ego 100
Eleatas 100
Elemento de prova 100
Em si (para-si) 100
Emoção 101
Empirismo (empírico, empirista) 101
Energia 102
Enteléquia 104
Entendimento 104
Enunciado 105
Epicurismo 105
Epistemologia (epistemológico) 106
Eros 107
Erro 107
Escatologia 108
Escolástico (escolástica) 108
Escolha 108
Escravidão (escravizar, escravo) 108
Esotérico 109
Espaço 109
Espírito 110
Espiritualismo 110

Espontâneo 111
Essência 111
Estado (estado de fato e de direito, estado civil, estado de natureza) ... 112
Estética 113
Estoicismo 113
Estruturalismo (estrutura, estruturalista, pós-estruturalista,
    desconstrutivista) 114
Eterno retorno 115
Ética (*ethos*) 116
Eu 117
Evidência 117
Evolução 117
Existencialismo (existencialista) 118
Exotérico (esotérico) 120
Experiência 120
Explicação (explicar) 120
Faculdade 123
Fatalismo (fatalista) 123
Fato 123
Fé 123
Felicidade 124
Fenômeno (fenomenologia) 125
Filosofia (filósofo) 126
Fim (finalidade) 128
Finito (finitude) 129
Forma 129
Formalismo 130
Fundamento (fundamentalismo) 130
Gênero 133
Gênese (genética, geração) 133
Geral 133
Gestalt 134
Gnosiologia (*gnostikoi*, gnosticismo) 134
Governo 135
Graça 135
Hábito 139
Harmonia 139
Hedonismo 139

Heliocentrismo 140
Hermenêutica 140
Heurística 141
Hipóstase (hipostasiar) 141
Hipótese (hipotético-dedutivo) 141
História (fim da História) 141
Hybris 143
Humanismo (Homem) 143
Humores 144
Idealismo 149
Identidade (idêntico, identidade feminina) 149
Igualdade 151
Iluminismo (Ilustração, Esclarecimento, Luzes) 151
Ilusão 154
Imagem (imaginação) 154
Imanente (imanência) 155
Imediato 155
Imperativo (imperativo hipotético, imperativo, categórico) 156
Impossível 156
Inatismo (inato, ideias inatas) 157
Incoerência (incoerente) 157
Inconsciente 157
Indivíduo (individualidade) 159
Indução 159
Inferência 160
Infinito (finito) 160
Integrismo 160
Intelectualismo (intelectual, intelectualista) 160
Inteligível 161
Intencionalidade (intenção) 161
Interpretação 161
Intimidade 161
Intuição 162
Inverso 163
Ironia 163
Isonomia (cidadãos) 163
Juízo 167
Jusnaturalismo 168

Justeza 168
Justiça 169
Laico 173
Lei 173
Liberalismo 173
Liberdade (livre-arbítrio) 175
Linguagem 176
Logos 177
Loucura 178
Maiêutica 181
Mal 181
Marxismo 181
Materialismo (matéria, materialista) 182
Medo 184
Memória 184
Metafísica 186
Metáfora 187
Método 187
Mitologia (mito, apolíneo, dionisíaco) 188
Modernidade 190
Mônada (monismo) 191
Monismo (monista) 193
Monoteísmo 193
Moral 194
Morte 195
Movimento 195
Mundo 196
Nada 199
Natureza (natural, naturalismo) 199
Necessário (necessidade, condição necessária, suficiente) 200
Neoplatonismo 201
Niilismo 202
Noese (noético) 204
Nominalismo 204
Nomos 204
Normal (anormal, normalidade) 204
Noúmeno 205
Nous 205

Objeto (objetivo, objetividade, subjetividade) 209
Obrigação (obrigado, obrigatório) 210
Observação 210
Oligarquia 210
Ontologia 210
Opinião 211
Oposto 211
Orfismo 211
Origem 212
Ortodoxia 212
Ousia 212
Outro 212
Paixão 217
Panteão (panteísmo) 217
Paradigma 218
Paradoxo 218
Paralogismo 218
Para-si 218
Particular 219
Pensamento 219
Percepção 219
Perfeito (perfectibilidade) 221
Peripatético 222
Pessoa 222
Phronesis 222
Physis 222
Platonismo 223
Pluralismo 224
Poder 225
Politeia 225
Politeísmo 226
Política 226
Positivismo 227
Possível 228
Postulado 228
Potência (potencialidade, potencial) 228
Pragmatismo (pragmático, prática, práxis) 229
Predicado 230

Premissa 230
Pré-socráticos 230
Princípio 230
Problemática 231
Progresso 231
Proposição 232
Prova 232
Provável 232
Psique 232
Pulsão 233
Qualidade 237
Radical 241
Razão (racional, razão desassistida, racionalismo, razoável, raciocínio, racionalidade) 241
Real (realidade, realismo, realista) 242
Relação 243
Relativismo (relativo) 244
Religião 246
Representação (representar) 247
Revelação 248
Revolução copernicana 248
Saber (sabedoria) 253
Sagrado (profano) 254
Secularização (secular) 255
Sensação (sentidos, sensível) 256
Sentimento 256
Separação Estado-Igreja 256
Ser (ser-no-mundo, ser-para-a-morte, ser-para-si) 258
Significado 259
Significante 259
Signo (símbolos) 259
Silogismo 260
Sincretismo 260
Singular 260
Síntese (sintético) 260
Skepsis 261
Socrático 261
Sofista (*cum hoc, post hoc*, causalidade) 261

Sofrosine 263
Solipsismo 263
Substância 264
Sujeito-objeto (subjetivo, objetivo) 264
Supra-Homem 265
Superstição 265
Suspensão do juízo 266
Tabula rasa 269
Tautologia 269
Técnica 269
Teísmo 270
Telos (teleologia) 270
Tempo (temporalidade) 270
Teocracia 272
Teologia 272
Teoria (Teoria do conhecimento) 272
Tese 274
Tirania 274
Tolerância (tolerante) 274
Totalidade 275
Transcendente 275
Unicidade 279
Unidade (uno) 279
Universal 279
Universo 279
Utilitarismo (útil, utilitarista, utilidade, moral utilitária) 279
Utopia (utópico) 280
Valor 283
Verdade 283
Virtude 284
Vontade (boa vontade) 285
Weltanschauung 291

BOXES

Renascimento (em Antropocentrismo) 35
Reforma (em Arbitrário) 37
Ideologia (em Autoritarismo) 45
Diógenes (em Cinismo) 60
Enciclopédia (em Conhecimento) 66
Escola de Frankfurt (em Cultura) 77
Zoroastrismo (em Dualismo) 94
Epicuro (em Epicurismo) 106
A importância do exemplo (em Existencialismo) 119
Escola de Mileto (em Filosofia) 127
Copérnico (em Heliocentrismo) 140
O mito da Justiça (em Justiça) 169
Mnemosyne (em Memória) 185
"O Homem é a medida de todas as coisas" (em Relativismo) 245
Teoria das Ideias (em Teoria) 273

BIOGRAFIAS

Aristóteles 293
Bacon 295
Descartes 296
Diderot 297
Freud 298
Kant 299
Lévi-Strauss 300
Maquiavel 301
Nietzsche 303
Platão 304
Rousseau 305
Sartre 306
Sócrates 307

ÍNDICE ONOMÁSTICO 311
BIBLIOGRAFIA 323

A

Absolutismo

A *fortiori*. No latim, com mais forte razão; de modo determinado, específico. Consequência de ou relação com um elemento anterior mais forte. Raciocinar *a fortiori* é raciocinar do universal para o particular, do geral para o singular, "do mais para o menos".

A *posteriori*. O que só pode ser estabelecido pela experiência, o que é posterior a ela, o que vem depois. Por exemplo: alguém afirmar não gostar de determinado livro, depois de lê-lo. É o contrário de *a priori*. O raciocínio *a priori* é incondicional, ao passo que o *a posteriori* depende da experiência sensível, que o condiciona e o justifica.

▶ *A priori.* Raciocínio (em Razão). Razão.

A *priori*. Expressão latina que significa aquilo que é anterior, que vem antes; aquilo que é anterior à experiência sensível. Como precede a ação dos sentidos, é um raciocínio que não se baseia nos fatos, estabelecendo antecipadamente um juízo, um julgamento. Exemplo: *a priori*, somos todos iguais perante a lei. O raciocínio ou o juízo *a priori* é aquele cujo valor de verdade pode ser estabelecido sem a comprovação da experiência sensível. Em Immanuel Kant*, o que é independente da experiência e não precisa ser verificado por ela; o tempo e o espaço são formas *a priori* da sensibilidade, ou seja, esses conceitos não são construídos pela experiência humana, são independentes dela.

▶ *A posteriori.* Raciocínio (em Razão). Razão.

Absolutismo. Em filosofia, é a metafísica do absoluto, ou seja, uma doutrina que supõe que toda realidade empírica (nosso mundo) emana do Absoluto (entidade criadora do Universo). Pode também ser um modo intransigente de pensar e de agir, sem nuances, incondicional, rígido.
Em política, é o sistema de governo monárquico no qual o soberano tem o poder supremo. Para Nicolau Maquiavel*, ao lado do individualismo e do nacionalismo burguês, o absolutismo é a única possibilidade de enfrentar os dois grandes inimigos de sua época: a Igreja e a nobreza. Em política é preciso "saber disfarçar bem esse caráter, tendo habilidade para fingir e dissimular". Herdeiro desse pensamento, Thomas Hobbes dirá que um regime forte, **absolutista**, é a garantia da solução do permanente conflito social, em que cada "o homem é

Absoluto

um lobo para o homem", para que todos vivam bem, em paz, sem medo, com conforto e comodidade. Só a organização da sociedade em torno de uma autoridade forte pode controlar a natureza humana, que tende à discórdia e ao conflito por ser dominada pelo desejo de glória, pela desconfiança mútua e pela concorrência entre cidadãos. Essa alienação dos interesses e direitos individuais em favor de um governo central se faz pelo chamado pacto social, que estabelece a autoridade plena do soberano, mas elimina a origem divina do poder – elemento central do conceito de absolutismo monárquico, fundado no direito divino dos reis.

"Só existe uma máxima absoluta, e é que não existe nada absoluto."
Comte

▶ Idealismo. Poder. Política. Relativismo. Relativo (em Relativismo).

Absoluto. O que só depende de si mesmo para existir; que é verdadeiro, sem condições. Tudo aquilo que contém em si as razões de sua própria existência, tanto no pensamento quanto na realidade. Exemplo: no pensamento religioso, Deus é absoluto (é sua própria razão de existir). Um poder também pode ser absoluto se não depender de nada e não houver nada que o conteste.

É o contrário de relativo. Nem valores nem critérios, como moral e justiça, podem ser considerados absolutos, pois o que é justo em um contexto pode não ser em outro. O que é moral em determinada época ou sociedade pode não ser em outra.

A noção de absoluto tem a ver também com conhecimento e com verdade. Todo conhecimento é mediação, é relação entre quem conhece e aquilo que é conhecido. Como só podemos conhecer por meio de nossa razão e de nossos sentidos, nosso conhecimento tem essa limitação. Ele nunca esgota todas as possibilidades daquilo que conhece, ou seja, nunca é absoluto.

Em Friedrich Hegel, esse termo compõe a expressão "espírito absoluto": princípio impessoal oposto à Natureza, e que introduz a racionalidade do mundo, rumo à "ideia universal" (o Absoluto). O saber absoluto é o espírito consciente de que é espírito – o ser humano se tornando divino por meio do conhecimento.

Abstração

Esse "espírito" seria uma espécie de Deus imanente ao real, que governa a história e que progride mais ou menos às cegas, como se estivesse escavando um túnel em busca da luz. Grandes homens são aqueles que trabalham para a realização do universal, mesmo sem ter consciência disso. Essas grandes figuras são investidas do que Hegel chama espírito do mundo; seu exemplo predileto é Napoleão Bonaparte, que encarnava o espírito da Revolução Francesa e a levava (mesmo que à força) aos demais países europeus.

▶ Deus. Relativismo. Relativo.

Abstração. Operação mental que consiste em separar o que nossos sentidos apresentam como não separado. É quando o pensamento se isola, se separa do mundo dos fenômenos; ele faz uma representação esvaziada de um conteúdo concreto – ele abstrai. **Abstrato** é justamente o contrário de concreto; é o que tem um alto grau de generalidade; daí o sentido mais comum, de impreciso, fluido, especulativo, sutil, teórico, vago, transcendente, axiomático, quimérico. Assim, por exemplo, arte abstrata é a não figurativa (as suas imagens não são figuras). Pensar e representar em uma figura geométrica é **abstrair**.

Em gramática: *concreto* = puro, bom; *abstrato* = pureza, bondade.

Em matemática: um número enunciado sem designação de qualquer objeto particular é dito abstrato (3 metros = número concreto; 3 = número abstrato). Se *concretizar* algo é realizar, efetivar, efetuar, abstrair significa isolar um ou mais elementos do todo do qual esse(s) elemento(s) faz(em) parte, de modo a considerá-lo(s) em si mesmo(s). Significa separar da empiria, do que é empírico, palpável – lembrando que só o que é empírico pode se manifestar, gerar um fenômeno. Significa considerar ou analisar à parte, individualizar. Os resultados dessa operação intelectual podem ser:

- uma ideia geral, um conceito;
- uma visão do conjunto, uma representação simplificada;
- um símbolo.

Como exemplo, tomemos uma caixinha. Concretamente, vemos um objeto de várias faces. Não as vemos todas de uma vez, apesar de sabermos que são seis. Mas quando pensamos nele, o pensamos como uma figura de seis lados; e para nosso pensamento todos eles estão presentes, simultaneamente, porque abstraímos. Ou seja, o abstrato, a abstração

Absurdo

pertence ao domínio do pensamento. Por isso, quando olhamos para uma dobradura de papel com faces triangulares pensamos em uma pirâmide, mesmo sem ver todos os lados da dobradura.

▶ Concreto. Empiria. Entendimento. Razão. Representação.

Absurdo. É o incompreensível, incoerente, contraditório, sem sentido. Para os existencialistas, o ser humano e o mundo são absurdos, pois é impossível justificá-los racionalmente. Assim, SØREN KIERKEGAARD, MARTIN HEIDEGGER, ALBERT CAMUS, JEAN-PAUL SARTRE*e KARL JASPERS falam de estranheza, de mistério do Universo e da existência humana.

"O absurdo é a separação entre o ser humano e o mundo."
CAMUS

▶ Contraditório. Entendimento. Razão.

Acaso. Causa de acontecimentos julgada não necessária e imprevisível. Enquanto o determinismo considera que o Universo é regido por leis permanentes e regulares, portanto, passíveis de coordenação sistemática, vale dizer externa, o conceito de acaso pressupõe que uma parte dos acontecimentos é consequência de combinações acidentais entre diversas séries de causas, independentes umas das outras. É o domínio do incerto, do imprevisível, da eventualidade, da indeterminação, do concurso de circunstâncias (cooperação, interação de elementos fortuitos). Aceitar o acaso é aceitar a aleatoriedade, ao menos, parcial dos eventos. É aceitar que existe um domínio de forças obscuras que se manifestam na vida humana. O acaso pressupõe um grau de incerteza e a aceitação de que não se pode prever com exatidão o que vai acontecer, nem no mundo da Natureza nem no mundo da ação humana. Essa noção é recusada pela doutrina teísta, a qual considera que Deus controla suas criaturas por meio de leis naturais imutáveis. O espaço do acaso é o da dúvida, do questionamento.

Em matemática, por exemplo, chama-se lei do acaso o estudo das probabilidades matemáticas que tem como objetivo determinar o aparecimento de um acontecimento, ou a coincidência de vários fatores, em uma série dada.

" Tudo o que existe no Universo é fruto do acaso e da necessidade."
DEMÓCRITO

▶ Certeza. Determinismo. Necessidade (em Necessário).

AGNOSTICISMO

Aceitação. Atitude que resolve, por integração psíquica, um conflito que opõe o sujeito a uma situação dada. É o contrário de recusa, de refutação, de repressão.

▶ Psique. Sujeito-objeto.

Acidente. Segundo ARISTÓTELES, aquilo que não é essencial, que não faz parte da natureza de alguma coisa, que não é imprescindível. Tudo o que pode ser suprimido ou modificado, sem que a própria coisa mude de natureza ou deixe de existir. O que não é da essência ou da substância de um objeto. Por exemplo: a cor, o formato de uma coisa, pode facilmente mudar sem que a coisa, ela mesma, mude de essência, deixe de ser o que é. **Acidental** é o modo como determinada realidade se apresenta em diferentes momentos, sempre de maneira fortuita, casual, aleatória.

▶ Essência. Substância.

Afetar. Exercer uma ação sobre alguma coisa ou alguém. De onde a palavra **afecção**, que é a mudança que resulta de uma ação externa à pessoa que a sofre. Segundo BARUCH ESPINOSA, afecção significa atributo, propriedade.

Agnosticismo. Doutrina que defende que nossos sentidos não podem captar a natureza íntima e profunda das coisas. Por exemplo, não conseguimos conhecer Deus e, portanto, sua existência não pode ser nem demonstrada nem provada, da mesma forma o absoluto, o divino, a metafísica e, em geral, tudo aquilo que não pode ser apreendido pela experiência, ou seja, o que não podemos acessar pela percepção. Essa doutrina é uma forma de ceticismo aplicado à metafísica e à teologia. Já presente na Grécia, ela se desenvolveu especialmente nos séculos XVIII e XIX, como consequência do progresso da ciência, que forneceu resultados experimentais que contrariaram os dogmas religiosos. Se Deus não pode ser conhecido, inútil dedicar a ele rituais e cultos, diziam os **agnósticos**.
O termo foi criado em 1869 por THOMAS HENRY HUXLEY, naturalista inglês que se inspirou nos filósofos IMMANUEL KANT* e DAVID HUME, que afirmou que não temos informações suficientes para falar sobre a existência de Deus. Ele considerava que as religiões pecam por excesso de irraciona-

Alegoria

lidade e fanatismo, e que é sempre preciso ter sobre as coisas mais do que um só ponto de vista. Ele afirmou textualmente: "A parte infinita de nossa vida nos obriga a não olhar o mundo de um único ponto de vista, mas sim com imparcialidade, com a luz difusa de um entardecer no mar". Ao que Manel Güell Barceló e Josep Muñoz Redón acrescentaram, comentando e explicando sua frase: "A luz difusa de um entardecer no mar do pensamento dilui o contorno das coisas, até transformar sua silhueta. A inteligência avança à deriva, para escapar do naufrágio da indiferença e do fanatismo".

▶ Conhecimento. Dogma. Postulado. Religião.

Alegoria. Significado subjacente, encoberto. Modo de expressão que revela uma ideia abstrata por meio de imagem ou relato que apresentam elementos dessa ideia de modo figurado, ou seja, os elementos da ideia representada estão ali disfarçados. Na Alegoria (ou mito) da caverna, Platão* escreve o texto de modo simbólico, recorrendo a imagens e narrativas que "escondem" as ideias, no caso a ignorância humana.

Ela é diferente da metáfora, onde a imagem citada é semelhante à ideia (ou objeto, ou elemento, ou qualidade) à qual nos referimos. Exemplo: ele tem nervos de aço. E também é diferente da comparação, na qual um termo é definido pelo que se sabe do outro termo. Exemplo: ele fala como um asno (comumente associado à ignorância).

▶ Abstração. Boxe Teoria das Ideias (em Teoria). Imagem. Mitologia.

Alienação. Perda de si mesmo em outrem ou em outra coisa. **Alienar** é ceder, dar ou vender. Por isso Jean-Jacques Rousseau* afirma que a liberdade é inalienável; não podemos nem dá-la nem vendê-la, porque isso seria renunciar à nossa natureza humana. Em latim, *alienus* quer dizer alheio, de outrem, tornar-se outro. Isso acontece quando perdemos contato com nós mesmos. Por exemplo: alguém que fica horas e horas na frente da televisão ou navegando na internet, ou em sites de relacionamento se aliena, perde a consciência tanto de si quanto do mundo que o cerca. Uma pessoa alienada é alheia, estranha a ela própria, e pode se perder definitivamente; o ponto mais grave da alienação é a loucura, quando perdemos completamente a cons-

ALMA

ciência, a razão. A alienação modifica nosso caráter, destrói nossa personalidade.

Só uma pessoa não alienada pode julgar, avaliar corretamente; chamamos de consciência moral a propriedade da mente humana de julgar ações (separar o que é bom do que é mau). É nesse sentido que falamos de "voz da consciência".

Outro sentido de se alienar é abrir mão de direitos naturais, como a liberdade ou a independência. Quando fazemos isso, nos tornamos escravos das coisas ou de outras pessoas. Por exemplo: alguém que não trabalha, depende de outras pessoas e, dessa forma, aliena sua independência financeira e pessoal.

Para Friedrich Hegel, alienar-se é tornar-se outro de si mesmo. No materialismo histórico, influenciado por Ludwig Feuerbach, Karl Marx denuncia a alienação humana provocada pela religião e pela dialética senhor-escravo, referindo-se ao modo de produção capitalista, que gera o trabalho alienado.

▶ Consciência. Identidade. Juízo. Liberdade. Materialismo.

Alma. Substância imaterial que, segundo os espiritualistas, é o princípio da vida psíquica. Muitas vezes essa palavra, usada como metáfora, se confunde com a ideia de espírito, de psique, de consciência. Por exemplo: alma da humanidade, alma de um período histórico, alma do mundo, estado de alma etc.

Segundo o filósofo grego Pitágoras, a alma humana se liga acidentalmente a um corpo, dentro da doutrina de transmigração das almas, de reencarnações sucessivas, condicionadas por vidas anteriores.

Para a religião cristã, ela existe e é princípio espiritual de criação divina, transcendente ao ser humano, corporal e temporal, ao qual está unida durante a vida terrestre.

Para a filosofia, mais importante é a discussão entre dualismo e monismo. De modo geral, as teorias dualistas afirmam que a mente não é uma substância física, e mente e cérebro (ou espírito e matéria) são duas coisas diferentes apesar de relacionadas. Essas teorias perguntam como explicaríamos a existência de nossos pensamentos, de nossos desejos, sentimentos e emoções se não houvesse duas substâncias distintas. Nesse sentido, defendem a tese de que sem supor a existência de um princípio espiritual

Alteridade

não se poderiam explicar fenômenos como a capacidade de tomar decisões, a responsabilidade moral e a criatividade intelectual.

Contrariamente a essa concepção, as teorias monistas defendem a existência de uma única substância (*mono* = um), ou seja, mente e cérebro são uma coisa só, não há separação nem diferença. Desse modo, os monistas perguntam como seria possível que uma influenciasse a outra, que uma interagisse com a outra se houvesse duas, supostamente tão diferentes (uma de ordem material e outra de ordem espiritual) conforme afirmam os dualistas.

"*A amizade é uma [mesma] alma que habita dois corpos.*"
Aristóteles*

"*A razão humana é tão pouco capaz de demonstrar por si mesma a imortalidade da alma, que a religião foi obrigada a revelá-la.*"
Voltaire

▶ Corpo. Dualismo. Espírito. Imanente. Transcendente.

Alteridade. Do latim, *alter*, outro. É o caráter daquilo que é outro, por oposição a uma identidade. É também a qualidade daquilo que é outro enquanto outro. Podemos falar da alteridade das coisas em geral, relativamente à consciência; também, de alteridade mais específica das outras pessoas, de outra pessoa com relação a mim. Há ainda, em antropologia e psicologia, o sentido do outro enquanto o diferente, o rival, o ameaçador... e, por isso, visto como inferior e intolerável.

▶ Consciência. Diferença. Tolerância.

Amor. Em grego, três são as palavras que expressam esse sentimento: eros, *philia* e *agape*. Eros é a paixão amorosa, aquilo que não temos, carência; o amor que falta ou o amor que toma para si. *Philia*, que ajuda a compor a palavra filosofia (em grego, *philosophia*, amor à **sabedoria**), é a amizade, o bem-querer; o amor que nos alegra, nos faz bem, o amor compartilhado. *Agape* é um conceito bem tardio, apareceu muito tempo depois de Platão* e Aristóteles*, que definiram os dois outros. Esse conceito se aproxima da noção de amor cristão, pois é o amor pelo outro sem querer nada em troca, mas que não é como a *philia*; é o amor que se dá, sem precisar ser amado.

Analógico

"Amar é alegrar-se."
Aristóteles*

"A amizade duplica as alegrias e divide as angústias pela metade."
F. Bacon*

▶ Eros. Filosofia. Paixão. Sabedoria (em Saber).

Análise. Operação mental que consiste em decompor um fenômeno ou um conceito em partes, mostrando como elas se encaixam ou se encadeiam. O procedimento analítico faz o contrário do sintético (que organiza um novo conjunto de elementos até então separados ou associados de outra forma). Analisar é explicar o que a síntese permite compreender. Raciocínios de tipo matemático são analíticos, e explicações de tipo filosófico são sintéticas. Por exemplo: em uma análise de sangue, o profissional decompõe o sangue nos diferentes constituintes: plasma, glóbulos vermelho, glóbulos brancos etc. Explicar um fenômeno é procurar suas causas. Dependendo da ótica, pode-se procurar explicar um suicídio, por exemplo, procurando os determinantes sociais que o provocaram. Mas compreender, ao contrário, supõe uma consideração global do suicídio, considerando o sentido, a intenção, os condicionantes etc.

▶ Discurso. Fenômeno. Juízo. Raciocínio (em Razão). Síntese.

Analógico. Um tipo de raciocínio que associa um ou mais elementos por semelhança ou por associação (estabelece uma identidade parcial entre realidades diferentes, previamente submetidas à comparação). Só podemos fazer uma analogia de elementos que tenham traços comuns, de correspondência. Por exemplo: alguém fala na cor vermelha, e logo pensamos em maçã, vemos um retângulo e associamos a um paralelepípedo, ou ouvimos uma música e ligamos a um episódio de nossa infância. A analogia também pode ser um raciocínio que passa de uma semelhança parcial a uma geral, como, por exemplo quando associamos um som, em determinada língua, a uma ou mais palavras diferentes. Não se trata de semelhança, pois esta supõe uma comparação entre dois termos, e dizemos que duas coisas são semelhantes quando a identidade das duas pode até mesmo se confundir, uma ser tomada pela outra. Por exemplo: A é semelhante a

Anarquia

B. Isso quer dizer que a identidade dos dois apresenta semelhanças. Mas $a/b = c/d$ é uma analogia de tipo matemático, porque aqui não estamos comparando simplesmente os termos, mas sim a relação que une esses termos, dois a dois. Em resumo, analogia é a relação de semelhança entre dois fenômenos, que ocorre por intermédio de um ou mais aspectos.

▶ Fenômeno. Raciocínio (em Razão).

Anarquia. Em linguagem comum, desorganização. Em teoria política, anarquismo é a doutrina ou atitude que recusa a autoridade (governo) e a disciplina, e preconiza (defende) o individualismo absoluto. Assim, cada pessoa deveria se autogovernar, se desenvolver livremente, sem a tutela de um governo. Segundo Pierre-Joseph Proudhon, que recusava a figura de qualquer mestre ou senhor, "o governo dos Homens (política) deveria ser substituído pela administração das coisas (economia)". A palavra vem do grego: *an+arché*, ou seja, ausência ou recusa de princípio regulador.

▶ Governo. Poder. Política.

Antinomia. Contradição real ou aparente entre duas ideias, princípios, leis filosóficas, que chegam a conclusões opostas, apesar de ambas as proposições serem coerentes e lógicas, o que demonstra os limites do conhecimento humano e/ou as contradições inerentes ao intelecto humano. Segundo Immanuel Kant*, significa, especificamente, o conflito entre as leis da razão pura ou o conflito das ideias transcendentais.

▶ Contraditório. Lógica.

Antítese. Na retórica, figura pela qual aproximamos duas palavras, duas expressões, duas ideias contrárias, para dar a elas maior destaque. Em Friedrich Hegel, ela é o segundo componente do movimento dialético, quando é feita a negação do momento anterior (*tese* ou *hipótese*) e se prepara a superação de ambas, no terceiro e último momento (*síntese*); de maneira geral, é a oposição entre duas proposições.

▶ Dialética. Hipótese. Síntese. Tese.

ANTROPOLOGIA

Antropocentrismo. Doutrina da era moderna, segundo a qual o ser humano é a referência principal e central para entender o Universo; o homem (em grego, *antropos*) coloca-se no centro, como elemento essencial da cultura, acreditando que o mundo foi feito para ele.

> **Renascimento**
>
> Renascimento, ou Renascença, é o período de redescoberta dos valores culturais da Antiguidade clássica, principalmente a grega. Isso se refletiu em especial nas artes e na filosofia. Sua característica principal foi o humanismo, movimento em que o ser humano e seu consequente ideal de cultura universal são valorizados. Numa visão ampla, o movimento renascentista vai do final do século XIII até meados do XVII, marcado pela perda de poder da Igreja católica, com a discussão e as transformações de vários aspectos da vida humana.
> Do ponto de vista histórico, fala-se de um amplo processo de transição, do feudalismo para o capitalismo, sinônimo de rompimento com as estruturas medievais. Mas seu maior alcance e significado se deram nos campos da filosofia, da nascente pesquisa científica e das artes, para as quais a Grécia passou a ser o grande modelo e a fonte inspiradora. Essa mudança de valores foi resultado de um processo, que incluiu as fogueiras da Inquisição e as repetidas investidas da Igreja, de negar as descobertas da ciência. Ao mesmo tempo, a forma de vida foi mudando, com o aparecimento das cidades, cuja estrutura e modo de funcionar se pareciam com as gregas. Outros fatores que fizeram parte do Renascimento foram o surgimento da imprensa, os descobrimentos geográficos, a economia comercial, a Reforma religiosa e a mudança importantíssima do referencial teórico na política, provocada pelo pensamento de Nicolau Maquiavel*, um dos pilares para a emergência e a construção da noção de indivíduo.

▶ Heliocentrismo. Humanismo.

Antropologia. Ramo do saber que estuda o ser humano, seu comportamento e desenvolvimento, em seu conjunto, tanto como membro do

Antropomorfismo

reino animal quanto da natureza psíquica. Abrangente, ocupa-se do ser humano não apenas em relação à sua natureza individual, mas também à sua existência coletiva, suas variações no espaço e no tempo (inclusive variações de raças), seus desenvolvimentos físico, material e cultural, sua evolução, seus costumes sociais e suas crenças.

▶ Cultura. Humanismo.

Antropomorfismo. Atitude que consiste em interpretar um fenômeno tomando o ser humano como modelo ou parâmetro e imaginando que toda e qualquer realidade é semelhante à humana. Também significa atribuir reações humanas aos animais e às coisas, ou conceber Deus à imagem do ser humano.

"*Se os triângulos construíssem um Deus, dariam a ele três lados.*"
                                                                            MONTESQUIEU

▶ Fenômeno. Mitologia. Religião. Verdade.

Aparência. Aspecto sensível, dimensão exterior de alguma coisa, oposta à essência ou à substância interior; fenômeno. Não necessariamente o aparente se confunde com o que é real, pois pertence ao domínio das ilusões, por exemplo, quando confundimos a aparência de uma coisa com a coisa em si, atribuindo a ela uma realidade objetiva.

Quando dizemos que "as aparências enganam", estamos nos remetendo a uma concepção formulada por PLATÃO*: o real como algo diferente das aparências, que são enganadoras porque não nos revelam como as coisas são de verdade. Ao fazer isso, ele está contrapondo o mundo sensível ao mundo das ideias; o que não quer dizer que esse mundo das ideias seja ideal no sentido de utópico, em absoluto. Ele está nos dizendo que há vários graus de conhecimento; tomar as imagens de algo, ou o reflexo das imagens como verdadeiro, é confundir ilusão e realidade, é confiar nas aparências.

▶ Boxe Teoria das Ideias (em Teoria). Conhecimento. Erro. Sensação. Verdade.

Ápeiron. Termo empregado por ANAXIMANDRO (ver o boxe Escola de Mileto em Filosofia) para designar aquilo que não possui propriedade determinada, a extensão infinita do Universo, mas sobretudo o princípio indeterminado. Na tentativa de identificar a *arché*, o princípio que regula

Arbitrário

a vida no Universo, ele chegou à conclusão que não se tratava de um elemento específico (a água, o ar, a terra ou o fogo), mas justamente de um princípio indeterminado, daí a palavra *apeiron*, que significa "aquilo que não tem perímetro", que não pode ser circunscrito.

▶ *Arché*. Princípio. Substância.

Apodítico. O que é necessário e verdadeiro. Contrário de contingente.

▶ Acidente. Contingente.

Apolíneo. O que segue um ideal de medida e serenidade. Opõe-se a dionisíaco.

▶ Dionisíaco. Mitologia.

Aporia. Problema insolúvel, dificuldade lógica intransponível, contradição para a qual não existe solução. Um exemplo de impasse lógico seria a famosa pergunta como se pode demonstrar que a realidade objetiva é realmente objetiva, e não uma criação ilusória da subjetividade de GEORGE BERKELEY.

▶ Contraditório. Demonstração.

Arbitrário. Sem razão, aquilo que depende unicamente de uma decisão individual, e não de uma norma reconhecida, de uma razão válida para todos. Também podemos dizer que é arbitrário tudo o que não é estabelecido por um método científico, ou não é conforme às conclusões da ciência. Essa expressão está ligada ao conceito de **arbítrio**, que significa aquilo que depende exclusivamente da vontade; por sua vez, ela nos remete ao conceito de **livre-arbítrio**, como uma ação que fazemos com a consciência de poder não fazê-la, ou seja, uma ação livre, porque não necessária, porque isenta de todo e qualquer condicionamento, de qualquer causa que a determine.

> **Reforma**
>
> Movimento reformista religioso e político ocorrido no século XVI na Europa, que dividiu a Igreja cristã, separando católicos e

Arbitrário

protestantes; estes foram assim batizados porque protestavam contra um certo número de coisas. Começou com a Reforma luterana, assim chamada porque seu líder foi o monge Martinho Lutero. As causas foram várias, mas podem, na verdade, ser resumidas em dois pontos principais interligados: a questão da salvação e a da corrupção (não no sentido aristotélico, mas de corrupção de práticas e costumes), cujo sintoma mais evidente era o excessivo comércio das indulgências (perdão dos pecados).

Havia um confronto teológico-político, mas o resultado mais importante da Reforma, para a história do pensamento, foi a necessidade de considerar a religião e a vida social de outra maneira. Para os cristãos, a Bíblia é a palavra escrita de Deus, as chamadas Escrituras. O que se estava discutindo, naquele momento, era a existência de falsos ensinamentos. A palavra católico significa universal, ou seja, verdadeira para todos. A Igreja católica afirmava ser a única autoridade, acima de todas as outras, porque sua linhagem de papas remontaria ao apóstolo Pedro. Essa linhagem direta, diziam seus líderes, justificaria a autoridade de seus ensinamentos e crenças. Os protestantes passaram a discutir – e esse é o ponto teórico que nos interessa – a autoridade religiosa com base na palavra de Deus, e não com base em uma ligação, quer real quer aparente, com os apóstolos.

Para a Igreja católica, ela é a única que pode interpretar corretamente as Escrituras e assim estabelecer a doutrina. Também defende que seu chefe supremo, o papa, é infalível, não erra nunca, pois fala *ex cathedra*, ou seja, no exercício de seu ministério de pastor de todos os cristãos (em latim, "do alto da cadeira", do trono). Em resumo, os ensinamentos que vêm do papa são os corretos porque os papas "descendem" todos de Pedro e dos apóstolos, a quem a verdade foi revelada. Seus ensinamentos têm a mesma autoridade que as Escrituras; essa é até hoje a principal diferença entre católicos e protestantes.

Do ponto de vista da teoria filosófica, foi Bertrand Russell quem melhor teorizou a respeito. Para os protestantes, dizia ele, o inconformismo é um valor positivo – inclusive porque sua doutrina

> (protestantismo) nasceu de uma revolta. Quanto aos católicos, uma das virtudes principais é a obediência, sua submissão à autoridade da Igreja oficial. Ou seja, os primeiros discutem as normas, enquanto os segundos as obedecem. Mas ambos concordam em que os mandamentos divinos são o fundamento da moral.

▶ Autoritarismo. Indivíduo. Vontade.

Arché. Termo grego que designa o princípio que regula alguma coisa. A fonte originária e o princípio de tudo, a realidade que pode nos ajudar a entender o aparente caos da vida, pois a regula. A filosofia começou justamente quando alguns pensadores, os chamados físicos (ou pré-socráticos), puseram-se a perguntar qual seria a origem da vida, qual coisa simples, qual elemento presente no Universo seria o responsável pela origem e pelo funcionamento da cadeia que chamamos vida. Dessa palavra vem o conceito de **arquétipo**, desenvolvido por CARL G. JUNG, que significa modelo, padrão, paradigma, ou seja, ideia que se reproduz e serve de base para classificar objetos e/ou coisas que acontecem. JUNG nos ensinou que todos passamos por situações **arquetípicas** na vida, como o nascimento, a morte, a separação, a perda, o início da vida sexual etc. O arquétipo é uma forma *a priori* de qualquer experiência humana, inscrita na estrutura do cérebro, que condiciona todo o esquema de pensamento e representação, porque está ligado ao que chamou de inconsciente coletivo (formado pelos elementos comuns a toda a humanidade, portanto, compartilhados e impessoais, apesar de nem serem expressos ou explicitados conscientemente). O inconsciente coletivo é um sistema de funções psíquicas latentes, transmitidas de geração a geração, nas quais se acumulam experiências de milhões de anos. Os arquétipos seriam disposições hereditárias que respondem a certas situações, e quando eles se exprimem no nível consciente, é sob a forma de imagens ou de mitos que os personificam ou simbolizam (mito da criação, imagem da serpente, da feiticeira).

A importância dada ao inconsciente coletivo deixa pouco lugar para o inconsciente pessoal. Como diz o próprio JUNG: "Costumamos acreditar que o termo 'arquétipo' designa imagens ou motivos mitológicos defini-

Argumento

dos: mas eles não passam de representações conscientes – seria absurdo supor que representações tão variadas possam ter sido transmitidas como herança. O arquétipo reside na tendência que temos de representar esses motivos, representação que pode variar conscientemente nos detalhes, sem perder seu esquema fundamental".

Em Aristóteles*, além do caráter primordial de algo, esse termo define também a natureza de sua composição.

▶ Caos. Inconsciente. Ordem.

Argumento. Elemento de prova que sustenta uma tese, direta ou indiretamente. **Argumentação** (ou raciocínio) é o conjunto de asserções (ou juízos) por meio das quais uma delas é sustentada pelas outras. Argumentação complexa é aquela que comporta mais de um argumento de prova como suporte de uma conclusão. Contra-argumento é uma objeção feita contra uma tese.

▶ Demonstração. Hipótese. Juízo. Síntese.

Arte. Em latim, *ars, artis*, é o talento, o saber-fazer. É o domínio do engenho humano, do conhecimento técnico; tradução do termo grego *techné*, técnica, saber-fazer. Ou seja, é o domínio da destreza, do talento, da perícia, da indústria humana, em oposição ao que pertence ao domínio da natureza. A arte é uma especificidade humana; ela é nosso espelho. Nele nos contemplamos e ao mesmo tempo nos questionamos sobre o que vemos. Ela nos revela. Ela é nosso prazer desinteressado, a satisfação que basta a si mesma. Molière dizia que sua "única regra é o prazer". O ser humano tem na razão sua excelência, aquilo que o define, mas precisa da ilusão. O belo nos faz felizes, a arte nos torna melhores.

O primeiro sentido da arte é o de conjunto de técnicas ou procedimentos que visam a um resultado prático, no quadro de um ofício. O sentido mais corriqueiro é o de atividade que tem como finalidade produzir belas aparências e representações. As chamadas belas-artes formam um sistema que compreende as artes plásticas (desenho, escultura, pintura, arquitetura) e as artes musicais (música, dança, poesia).

Segundo Aristóteles*, arte é criação de formas e manifestação de liberdade humana que intervém na Natureza; conjunto de procedimentos por meio dos quais conseguimos produzir algo (técnica). Para a teologia, são

ARTE

arte os nove corpos de saber próprios e dignos da pessoa livre (gramática, retórica, lógica, aritmética, geometria, astronomia, música, arquitetura e medicina) que se opõem às práticas artesanais praticadas por servos ou artesãos. Na Idade Média, a arte passa a designar o conjunto de disciplinas ensinadas pelos estabelecimentos oficiais (controlados pela Igreja): o *trivium* (gramática, retórica, dialética) e o *quadrivium* (aritmética, geometria, música, astronomia), herança grega (sofistas). Para IMMANUEL KANT* a arte é a atividade autônoma que visa à criação e obras que são ainda mais belas por não terem nenhuma finalidade (prática) preestabelecida, além de proporcionar prazer estético. De acordo com FRIEDRICH HEGEL, como manifestação sensível do espírito, a arte designa um modo de expressão do absoluto, que revela a verdade por meio das aparências. Para a sociologia contemporânea, a arte recobre todas as atividades reconhecidas e aprovadas pelas instituições qualificadas e/ou que suscitam um amplo consenso social. Na Modernidade, de modo geral, entende-se por arte o que chamamos de belas-artes (artes plásticas, música, poesia, dança), que se diferenciam das atividades que têm implicações práticas. Dessa forma, reaproximamos-nos dos gregos, de onde nos vem a primeira classificação das atividades e esferas de proteção das Musas (ver o boxe Mnemosyne em Memória).

Em ARTHUR SCHOPENHAUER, a arte é aquilo que permite a representação independentemente do princípio de razão. Ou seja, não importa se a representação do objeto que estamos vendo é razoável ou não. O que importa é que ele seja belo. Quando contemplamos esteticamente um objeto, isso preenche completamente nossa consciência. Nesse momento, o objeto passa da categoria objetiva (nossa razão) para a subjetiva, na qual esquecemos de nós mesmos. O importante deixa de ser o conhecimento e passa a ser a mera e pura contemplação. Nesse sentido, a arte, a contemplação do belo, nos liberta da vontade. Quanto mais belo for um objeto, mais próximo ele está de expressar sua respectiva ideia.

"Só como fenômeno estético a existência e o mundo aparecem como eternamente justificados."

NIETZSCHE*

"O que buscamos na arte, assim como no pensamento, é a verdade."

HEGEL

▶ Boxe Renascimento. Estética. Iluminismo. Modernidade. Representação.

Assertório

Assertório. O que é verdadeiro de fato e não por necessidade. O que é possível, mas não necessário. Por exemplo: Maria Antonieta foi morta em Paris. É verdade, mas poderia ter sido em outro lugar. Uma **asserção** ou assertiva é uma proposição, afirmativa ou negativa, que enuncia um juízo (julgamento), sendo defendida como verdade indiscutível.

▶ Apodítico. Juízo. Lógica. Proposição. Verdade.

Ateísmo. Atitude que nega a existência de qualquer divindade pessoal e viva, inclusive a do Deus dos três monoteísmos. Em grego, *theos* quer dizer deus, de onde derivam expressões como teologia (estudo da divindade, do divino), por exemplo. Por isso, ateísmo quer dizer, literalmente, não deus. Mas na Antiguidade esse conceito era desconhecido, porque para se considerar que alguém é ateu, ou seja, que não acredita em Deus, é preciso ter previamente estabelecida a existência desse Deus. O ateísmo costuma ser confundido com o deísmo, o ceticismo, o livre pensar e a crítica das superstições. Quando na verdade é uma simples recusa de aceitar a intervenção de qualquer tipo de divindade nos assuntos humanos.

"O ateísmo é uma forma de humildade. Consiste em tomar a si mesmo por um animal – o que na realidade somos – e nos encarregarmos de nos tornarmos humanos."
COMTE-SPONVILLE

▶ Alma. Ceticismo. Deísmo. Espírito. Niilismo. Religião.

Ato. É uma ação precisa, determinada (ao passo que ação é um conjunto de atos); o estado do que existe realmente, com todas as suas determinações e toda sua força, em oposição à virtualidade ou à simples potencialidade. Para ARISTÓTELES*, ato designa o que existe efetivamente, por oposição à potência (potencialidade), que designa o que pode ou deve ser. Dessa forma, segundo ele, na Natureza não existe nada em potência, só em ato. Por exemplo: a criança é um adulto em potência, enquanto o adulto o é em ato.

"O ser humano não é outra coisa, senão a sequência de seus próprios atos."
HEGEL

▶ Atual. Entelégia. Potência.

AUFHEBUNG

Atomismo. Corrente filosófica da Antiguidade que considera que o Universo e a matéria são constituídos de **átomos**, partes mínimas indivisíveis reunidas por acaso e de maneira puramente mecânica. Os autores dessa teoria são os gregos Leucipo e seu discípulo Demócrito, para quem a formação do mundo e a vida se explicam pelas posições, movimentos, colisões e associações desses átomos – palavra que em grego quer dizer aquilo que não pode ser dividido, ou seja, elemento último de tudo o que existe. Essa teoria teria como herdeiros o monismo e o materialismo.

Os **atomistas** elaboraram a primeira teoria do conhecimento; segundo eles, conseguimos conhecer porque somos compostos de átomos e, portanto, suscetíveis de interagir com os átomos que se movem no vazio. A luz, por exemplo, é formada de átomos lisos que entram em nossos olhos e provocam reações e nosso conhecimento íntimo do mundo. Portanto, o papel dos sentidos é essencial na organização do conhecimento.

"A tranquilidade do espírito vem da moderação no prazer."
Demócrito

▶ Materialismo. Monismo. Teoria do conhecimento (em Teoria).

Atributo. Propriedade essencial de alguém ou alguma coisa. Em lógica, significa a qualidade ou o caráter que se atribui a alguma coisa; aquilo que se afirma ou se nega de algo. Em metafísica, caráter essencial de uma substância, por oposição ao modo ou acidente que designa um caráter não essencial. Por exemplo: a extensão é um atributo da matéria (porque toda matéria é extensa), mas a cor é um modo, um acidente, pois algumas matérias não têm essa qualidade, como a água, que é incolor.

▶ Acidente. Essência. Substância.

Atual. O que passou da potência ao ato, plenamente realizado. É o antônimo de virtual, potencial.

▶ Ato. Enteléquia. Potência.

Aufhebung. Em Friedrich Hegel, no movimento dialético, passagem de um estado a outro; todo estado nasce da negação do estado anterior, com o objetivo de eliminá-lo, mas de certa forma o conserva. Pode-se traduzir a expressão em alemão como "superar conservando". Por

Autonomia

exemplo: o adulto não é mais uma criança, mas conserva alguma coisa de quando foi criança.

▶ Dialética.

Autonomia. Do grego *auto*, que quer dizer "si mesmo", e *nomos*, sinônimo de lei, regra, convenção. Ser **autônomo** é estabelecer as próprias normas de conduta e pensamento, e agir segundo elas. O contrário disso é a "heteronomia", quando outra pessoa toma decisões por nós (*hetero*, em grego, significa outro).

Leia o trecho a seguir: "A preguiça e a covardia são as causas que fazem que tantas pessoas prefiram continuar menores de idade durante toda a vida, muito tempo depois de a Natureza já tê-los liberado de qualquer decisão estrangeira (externa) a eles [...]; e essas mesmas causas tornam tão fácil para outros a pretensão de serem seus tutores. É tão cômodo ser menor de idade." IMMANUEL KANT* quis dizer que a menoridade, em sentido estrito, é um estado de proteção jurídica. Todas as crianças, alguns doentes e pessoas idosas, são, em alguns casos, colocados "sob tutela". Ou seja, em situação de heteronomia. Não são elas que tomam as próprias decisões. No caso de um adulto, uma situação assim só deve acontecer momentânea ou acidentalmente. A vocação do ser humano – por causa de sua natureza racional – é ser autônomo, ou seja, governar a si mesmo, seguindo as regras e leis que escolhe livremente. Mas quando a possibilidade de se emancipar (se tornar maior de idade) lhes é oferecida, muitas são as pessoas que preferem continuar "sob tutela". Se a frase de KANT* é severa ("a preguiça e a covardia são as causas" desse estado de coisas), ela tem contudo o mérito de chamar a atenção para o fato de que a liberdade não é um dom natural, mas uma conquista. Para se tornar livre, é preciso querer ser livre. Ora, nem todas as pessoas desejam ser livres de verdade, pois, como notou JEAN-PAUL SARTRE*, a liberdade não é somente uma alegria e um privilégio – ela também é um fardo. Quando somos livres, nos tornamos responsáveis. Por isso é preciso ter coragem.

▶ Alienação. Iluminismo. Liberdade. Razão.

Autoritarismo. Comportamento de pessoa que gosta de impor sua vontade aos demais, mesmo que de maneira disfarçada. Um regime **auto-**

ritário, na atualidade, é aquele no qual a autoridade política é absoluta, concentrada no poder executivo, ao qual, de um modo ou de outro, se submetem o poder legislativo e o poder judiciário.

> ### Ideologia
>
> Da palavra ideia vem o termo ideologia, que o marxismo definiu como pensamento que tem raízes socioeconômicas inconscientes, que ele apenas reflete, apesar de ter a ilusão de se desenvolver livremente. Essa expressão define hoje um conjunto mais ou menos coerente de ideias, teorias e doutrinas (filosóficas, políticas, econômicas) típicas de uma determinada época ou sociedade, que orienta as ações sociais. Por extensão de sentido, pode ser característica de uma classe ou grupo social, no sentido pejorativo, linha de pensamento ou conduta excessivamente calcada em uma teoria, e que dela pinça os elementos que são convenientes para justificar a ação política. Por exemplo: para forjar a imagem de "pai dos pobres", o ditador Getúlio Vargas justificava ideologicamente suas atitudes, muitas das quais questionáveis, mas que sustentavam seu populismo e popularidade.

▶ Democracia. Governo. Liberdade.

Axiologia. O ramo do conhecimento que estuda valores filosóficos, estéticos e morais.

▶ Estética. Ética. Moral.

Axioma. Proposição ou princípio indemonstrável, mas verdadeiro; hipótese autoexplicativa, postulado; fundamento de uma demonstração que é necessariamente considerado verdadeiro. Um axioma fundamental da filosofia é o princípio aristotélico da não contradição: "nada pode ser e não ser simultaneamente".

▶ Contradição. Lógica. Postulado.

B

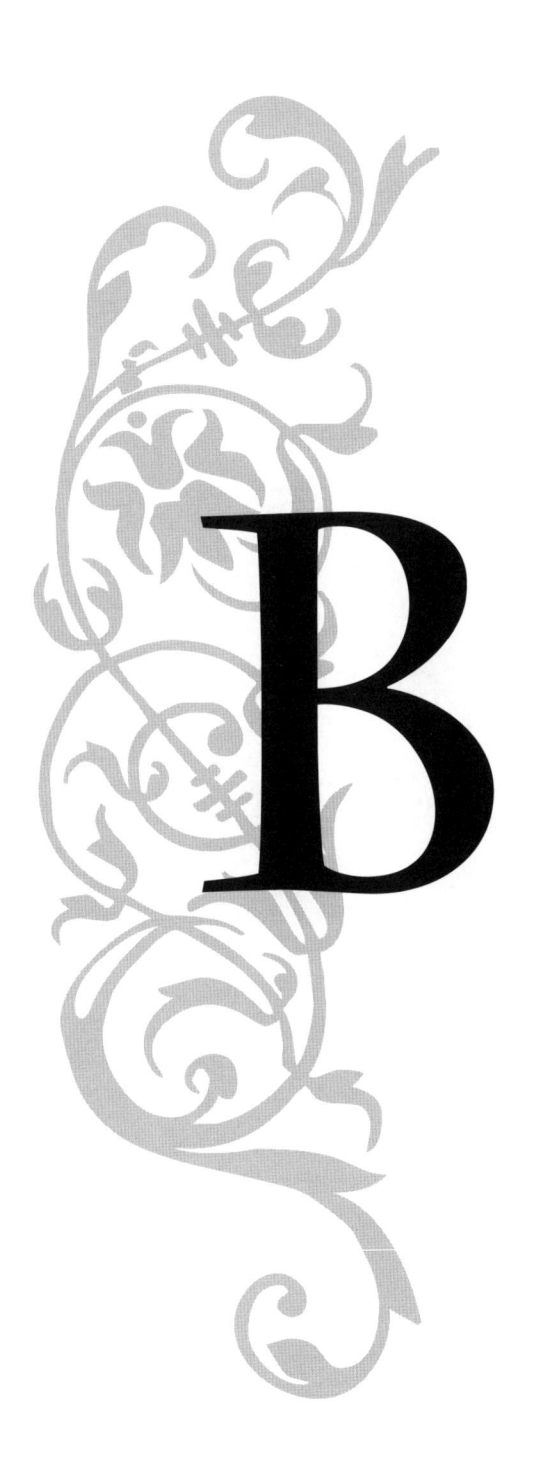

Barbárie. Contrapõe-se à civilização, às formas intelectuais, estéticas e morais do humanismo. Ela afronta também o mundo da cultura. Muitas vezes, sinônimo de brutalidade, atrocidade, violência, o contrário de suavidade, delicadeza. Comportar-se como um **bárbaro** é abrir mão de valores e atitudes que identificam a civilização: respeito e reconhecimento do outro e das diferenças; cuidado com o conteúdo e a forma do discurso; não brutalidade; não ferocidade; atenção ao aspecto simbólico de atos e palavras (não gritar, não insultar, não ofender, não dizer as coisas de qualquer jeito). **Barbarismos** são erros crassos de linguagem ou de escrita.

▶ Civilização. Cultura. Humanismo.

Behaviorismo. Teoria psicológica que estuda o comportamento dos indivíduos e dos animais, excluindo a introspecção. Em linguística, procura explicar os fenômenos da comunicação e da significação no uso da língua em termos de estímulos que podemos observar e de respostas produzidas em situações específicas.

▶ Linguagem. Sensação.

Belo. No *Banquete*, por meio da fala de uma das personagens, PLATÃO* nos diz que uma ação não é nem bela nem feia em si mesma – o que a torna assim é o modo de cumpri-la. Outro diálogo seu, o *Hípias maior*, termina com uma frase que ficou famosa: "As coisas belas são difíceis". Parece um comentário banal, mas ele abre uma discussão rica e atual: a confusão entre o belo e as encarnações do belo (uma pessoa bonita, uma bela flor, um belo desenho etc.). O que SÓCRATES* nos sugere, nos diálogos de PLATÃO*, é que o belo é uma realidade misteriosa e contraditória, enraizada no sensível, mas que não pode se resumir a ele. Experimentar o belo, ter o sentimento da **beleza**, admirá-lo, é fácil; defini-lo é praticamente impossível. Em geral, experimentamos o belo na arte, quando ela nos eleva e somos tomados pelo sentimento do sublime.

"A beleza das coisas existe no espírito daquele que as contempla."
HUME

▶ Arte. Experiência. Juízo. Sentimento.

Bem

Bem. Em IMMANUEL KANT*, união da felicidade e da **virtude**. Como concepção geral, o bem soberano é aquele que favorece o equilíbrio, o desabrochar do indivíduo, de uma coletividade ou de uma área de ação humana, sob todos os aspectos. É aquilo que corresponde às aspirações mais profundas da natureza humana; o conjunto de fatores que podem levar e manter cada ser no ponto mais alto de sua atuação vital, em especial por meio do aperfeiçoamento intelectual e espiritual.

"Tudo o que se faz por amor se faz além do bem e do mal."
NIETZSCHE*

▶ Mal. Sabedoria (em Saber). Virtude.

Bom-senso. No cartesianismo, razão, luz natural, que todo ser humano possui. Ou seja, a capacidade de julgar, de avaliar, de analisar criticamente. Na primeira frase do seu *Discurso do método*, RENÉ DESCARTES* diz que "o bom-senso é a coisa mais bem distribuída do mundo", o que não quer de modo algum dizer que todas as pessoas são sensatas, mas sim que todos temos um instrumental natural (nossa Razão) para refletir e separar o falso do verdadeiro, o ilusório e o imaginário do que pode ser comprovado. Bom-senso não é **senso comum**, pelo contrário. Por exemplo: um discurso de senso comum diria que nós brasileiros não somos responsáveis pela queima de milhares de hectares diários na Amazônia, porque, antes de nós, aqueles que nos criticam também já destruíram a Natureza. Um discurso movido pelo bom-senso diria que somos mais responsáveis do que aqueles que nos criticam, justamente porque já nos deram o exemplo do que não deve ser feito.

▶ Cartesianismo. Juízo. Razão.

C

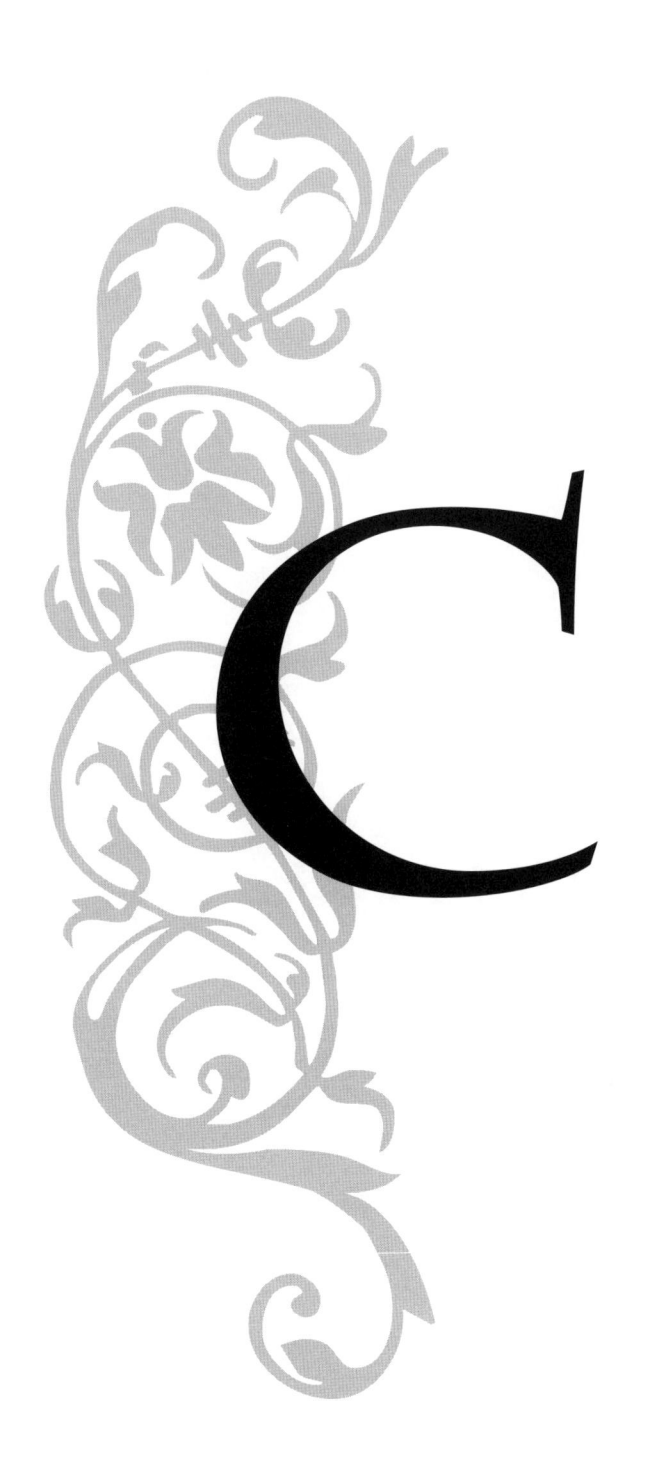

Caos

Caos. Desordem. O conceito vem da mitologia grega, de espaço imenso indiferenciado, preexistente a todas as coisas, e sobretudo à luz, porque é escuro. Caos é o contrário de ordem; ele é incoerente, sem sentido, obscuro, confuso, desequilibrado. Esse vazio primordial, sem forma nem limites, permitiu o aparecimento da vida, que brota da mãe-Terra (Gaia) a partir do impulso erótico (Eros). Na tradição judaico-cristã, caos é o espaço vazio e vago da Terra antes da intervenção criadora de Deus. Essa noção de caos se aproxima do conceito de acaso, ausência de leis predeterminadas que fazem um determinado conjunto funcionar. Na física contemporânea, a chamada Teoria do Caos é herdeira do princípio de indeterminação, da física quântica, que demonstrou que quanto maior for a exatidão com que quisermos medir a posição de uma partícula subatômica, menor será a exatidão da medida da sua velocidade (e vice-versa). Ou seja, as partículas que formam o Universo funcionam com uma combinação imprevisível de posições e velocidades; o que quer dizer que não se pode prever e controlar o que vai acontecer na Natureza, como defendia o determinismo. Quando falamos de falta de previsão, falamos de probabilidades. Não se pode conhecer o mundo com certeza. Nossas certezas, mesmo as trazidas pelas ciências, são superficiais e transitórias, mudam, se atualizam, o que contraria postulados filosóficos, religiosos e mesmo científicos, como os de ALBERT EINSTEIN. Não existe um encadeamento necessário entre causas e efeitos, o Universo é regido pela indeterminação. MITCHELL FEIGENBAUM, um físico contemporâneo, relata que, ao tentar fazer a equação concreta da velocidade de evolução de um sistema na direção do caos, descobriu que ela aumenta em progressão geométrica. Ou seja, o caos está no cerne (núcleo, centro, coração) da matéria.

Para FRIEDRICH NIETZSCHE*, o conceito de caos está associado ao de niilismo, a perda de valores que arruína a humanidade enfraquecida pela moral repressora imposta pela religião. Mas esse caos pode servir de mola propulsora da energia que mora dentro de nós, diz ele, para nos levar a superar nossa condição, pondo em prática o que chamou de vontade de poder, ou de potência, que nada mais é do que desenvolver as próprias potencialidades.

Cartesianismo

"Eu vos digo, é preciso ter caos dentro de si, para gerar uma estrela bailarina. E eu vos digo, vós tendes ainda caos dentro de vós."
NIETZSCHE*

▶ Acaso. Destino. Determinismo. Niilismo. Ordem.

Cartesianismo. Filosofia de RENÉ DESCARTES* e seus discípulos, que coloca o sujeito racional e consciente no centro do conhecimento. Considera que a razão (que ele chamou de bom-senso) é comum a todos os seres humanos, e os define como tais. MARTIN HEIDEGGER criticou essa concepção considerando-a uma abordagem racionalista, baseada na convicção do poder absoluto da ciência e das técnicas racionais. Além disso, dela pode resultar uma atitude antropocêntrica, cega e brutal: um cartesiano recusará tudo o que a ciência não pode explicar – o mistério, o incompreensível, as hierarquias, a fé, as ligações naturais, o sentimento de pertencer a uma terra, a uma cultura etc.

Na época em que elaborou sua teoria, RENÉ DESCARTES* não dispunha dos conhecimentos que temos hoje, trazidos pela psicanálise, sobre o inconsciente – realidade psíquica profunda subjacente à consciência (que vive na base dela, escondida), que constitui o reservatório de nossos desejos e de nossas pulsões mais obscuras. Filósofos como GOTTFRIED LEIBNIZ e PIERRE MAINE DE BIRAN, e mais tarde o francês HENRI BERGSON, diziam que o inconsciente é um conjunto de pensamentos e percepções acumulados que constitue o fundo permanente e a identidade profunda de cada indivíduo. Posteriormente, SIGMUND FREUD* tornou conhecida a teoria segundo a qual o inconsciente é o conjunto das pulsões e representações que constitue a base essencial de nosso psiquismo, mas que permanece reprimido, ou seja, não é admitido por nossa consciência. Para ele, o inconsciente é a parte mais importante de nossa personalidade, pois governa as outras partes. Assim, nossa mente está longe de ser a transparência tranquila defendida pelo cartesianismo.

"Todo o conhecimento acessível deve ser atingido por métodos científicos; e o que a ciência não consegue descobrir, a humanidade não consegue conhecer."
RUSSELL

▶ Cogito. Conhecimento. Consciência. Inconsciente. Razão.

Catarse. Purificação, purgação, alívio da alma. Esse conceito, de origem grega, tinha no platonismo o significado de libertação da alma por meio da renúncia aos prazeres e desejos; no aristotelismo, era o descarregar de afetos exagerados, sem medida, por meio da experiência estética do belo (música, poesia, teatro). Posteriormente, foi retomado por Sigmund Freud* como método de terapia, em que o efeito terapêutico procurado é uma descarga de afetos ligados a acontecimentos traumáticos, permitindo ao indivíduo evocar e até reviver esses acontecimentos, libertando-se do afeto ligado à sua recordação. Assim, o que caracteriza o método catártico é a descarga emocional.

▶ Afetar. Alma. Emoção. Sentimento.

Categoria. Em Aristóteles*, as categorias são conceitos gerais que servem de quadro para todos os nossos pensamentos, e que permitem organizar o conhecimento. São as divisões primeiras de tudo o que existe: substância, qualidade, quantidade, relação, tempo, lugar, situação, ação, paixão, saber (distribuídas entre quatro classes: quantidade, qualidade, relação, modalidade). Por isso dizemos que categoria é conceito *a priori* do entendimento; ideia que não vem da experiência, mas sem a qual não poderíamos organizar e orientar nosso conhecimento.

Segundo Immanuel Kant*, é o conceito primitivo do entendimento puro, que se aplica *a priori* aos dados da intuição: unidade, pluralidade, totalidade; realidade, negação, limitação; substância, causa, reciprocidade; possibilidade, existência, necessidade.

Assim, **categórico** é aquilo que é relativo às categorias abstratas que estruturam o conhecimento. Também é sinônimo do que não comporta alternativa nem condição; algo imperioso, impositivo. Esse é o sentido do conceito, segundo Aristóteles*: o contrário de hipotético. Para ele, um juízo, ou proposição categórica é uma proposição afirmativa e universal. Kant* forja o termo imperativo categórico: definição do dever categórico pelo próprio indivíduo. Obrigação moral incondicional que, segundo ele, pode ser expressa assim: "age sempre como se a máxima de tua ação fosse transformada em lei universal por tua vontade".

▶ Conhecimento. Imperativo. Intuição. Juízo.

Causa. De modo geral, aquilo que faz as coisas serem o que são. Na concepção determinista, aquilo que produz um efeito que, por sua vez, é provocado por ela. Considera-se que uma causa A deve ter um efeito B. Por exemplo: os objetos caem por causa da atração terrestre (lei da

Certeza

gravidade) – a atração é a causa e a queda é o efeito. Mas não podemos aplicar essa concepção às relações humanas, porque nunca uma coisa acontece em função de uma única causa, mas sim em função de uma série de fatores que interagem, se contrapõem e se modificam (dialética). A Teoria das Quatro Causas, de Aristóteles*, explica com clareza o conjunto de causas envolvidas na fabricação de uma caixa de mármore, por exemplo:

1. a causa material é o mármore do qual será feita a caixa;

2. a causa formal é o formato que o mármore vai assumir como caixa;

3. a causa eficiente é o escultor que modela o mármore para dar-lhe aquela forma;

4. a causa final é a razão da produção da caixa, a utilidade à qual foi destinada.

Há, para Aristóteles*, o que chamamos de "privilégio da causa final". Essa causa é considerada por ele a mais importante, porque a pessoa que projeta a caixa, que conhece sua utilização, determina sua fabricação. Por exemplo: uma caixa que vai servir de urna funerária não pode ser igual a uma caixa que servirá para guardar alimentos na geladeira – o material, por exemplo, deve ser outro, e o formato também. Outro exemplo é alguém que encomenda um par de sapatos; essa pessoa conhece melhor do que o artesão os tais sapatos, porque sabe em que situação eles serão usados e quais problemas é preciso evitar. Uma mulher que vai fazer uma caminhada na praia não deve usar sapatos de salto nem botas de cano alto.

"O amor é a alegria acompanhada da ideia de uma causa exterior."
Espinosa

▶ Determinismo. Dialética. Fim. Idealismo.

Certeza. Estado do entendimento relativo a um ou mais julgamentos que considera verdadeiros; convicção; oposto da mera opinião, no sentido de que é algo verificado, confirmado, resultado da dúvida e, portanto, da investigação. Não se confunde com crença, com a ilusão (verdadeira ou não) da posse da verdade. Assim, dizemos que é **certo** aquilo que oferece todas as garantias, que está de acordo (que obedece) com os

CETICISMO

critérios de verdade, no sentido de verificação da dúvida, de ausência comprovada de erro. Em linguagem corrente, certeza é o estado de espírito da pessoa que reconhece alguma coisa como fora de dúvida, sem reservas, apoiada sobre dados comprovados ou fortes presunções e probabilidades.

▶ Ceticismo. Cogito. Dúvida. Representação. Verdade.

Ceticismo. Corrente de pensamento que defende a importância da dúvida, por considerar que não é possível ter completa certeza do que se conhece, nem do que seja verdade. O filósofo deve ser um examinador, um cético, sem certezas absolutas; por não se poder ter certeza absoluta do conhecimento, deve-se estar aberto ao desafio. Ou seja, o ceticismo é o contrário do dogmatismo.

O ceticismo é a escola da confrontação de opiniões; os argumentos são sempre debatidos, todos os assuntos relativos à condição humana são objeto de discussão. Se assumirmos determinada posição, o mestre nos convencerá do contrário. Se concordarmos com ele, ele nos refutará. Se optarmos por outra, ainda, nosso argumento será demolido. Trata-se de proferir o discurso do sim e do não a respeito do mesmo tema; e ficamos desorientados, sem saber o que pensar. Esta é a ideia: baseado na contradição e na refutação, o discurso filosófico é aqui palavra terapêutica; ele age como purgativo. Se repetirmos essa prática, acabaremos por nos convencer de que todo e qualquer julgamento é vazio e sem fundamento. Penetraremos no universo da dúvida, e suspenderemos nossos juízos, optando pelo silêncio. A lição dessa corrente filosófica é não julgar; é observar, refletir e nada afirmar.

Seu principal representante na Antiguidade foi Sexto Empírico e, na Modernidade, Michel Montaigne e David Hume.

Não devemos confundir ceticismo com sofística. Duvidar é julgar as aparências do que nossos sentidos e nossa razão nos trazem, é verificar. Procurar a verdade é duvidar sempre de tê-la encontrado, é procurar sempre e mais. Certeza é aquilo de que não podemos duvidar, é um conhecimento demonstrado ou provado. Por exemplo: durante séculos a humanidade acreditou que a Terra era o centro do nosso sistema cósmico. Hoje sabemos que não é assim, que no centro está o Sol, e que a Terra é só mais um planeta girando em torno dele.

Cidadão

O ceticismo consiste em separar crença e ilusão do que pode ser verdadeiro. A sofística, ao contrário, afirma que nada é verdadeiro nem falso, que tudo pode ser ou não ser, que cada um tem suas próprias verdades.

▶ Certeza. Cinismo. Cogito. Dogmatismo (em Dogma). Verdade.

Cidadão. Membro de uma comunidade política organizada. O conceito é grego: aquele que preenche as condições de **cidadania**, em especial o exercício da atividade política da cidade, lembrando que político vem de *pólis*, que em grego significa cidade. Assim, o que define a cidadania é essencialmente a discussão das questões da *pólis* e a votação das decisões a serem aplicadas em decorrência dessa discussão. Ser cidadão é ter consciência de seus deveres e não meramente de seus direitos.

▶ Democracia. Dever. Direito. Politeia. Política.

Ciência. Tipo de discurso que trata racionalmente daquilo que é observável, mensurável e quantificável (aquilo que pode ser observado, medido e contado). Conjunto de conhecimentos teóricos e práticos sobre um determinado domínio, sobre uma categoria de fenômenos ou objetos. Esses conhecimentos se fundamentam em princípios evidentes ou demonstráveis, ou seja, sobre raciocínios verificados pela experimentação. Enquanto cada ciência tem um único objeto de investigação, determinado e circunscrito, a filosofia, pelo contrário, investiga e reflete sobre todos os domínios do conhecimento, sem uma delimitação. Por exemplo, a biologia (em grego, *bio* = vida, *logos* = discurso racional) se ocupa dos seres vivos; já a psicologia é a ciência que trata da psique humana, e assim por diante. Essa separação só aconteceu no século XIX, quando os ramos do saber humano foram divididos, categorizados. Até então, desde a Grécia Antiga, um filósofo era o que chamamos hoje de um cientista, porque os campos do saber não tinham sido especificados e fragmentados. O teórico e historiador da neuropsicologia, Jules Sovry, definiu a ciência em 1896:

"O que constitui o Homem, o que o torna capaz de abstrair o mundo, de representá-lo sob a forma de um símbolo, de criar a ciência, é a palavra. Era preciso a palavra, para criar o mundo das abstrações, o mundo dos símbolos em que vivemos, quase que exclusivamente."

Cinismo

Um conhecimento é dito **científico** se for verificável e objetivo. Ele se opõe à opinião, que é uma afirmação arbitrária e subjetiva, por definição. A epistemologia é a teoria das ciências (do grego *episteme*, conhecimento). Ela se ocupa do estudo crítico dos postulados, conclusões e métodos de uma ciência particular, e dos problemas que levantam, buscando encontrar um método universal que unifique todas as atividades científicas.

Há vários tipos de ciências: as formais (como a matemática e a lógica), que se baseiam em axiomas e deduções, sem verificação experimental; as experimentais (como a física, a química e a biologia), que tentam estabelecer leis ou relações constantes – as mesmas causas produzem os mesmos efeitos – para descrever as relações entre os diferentes fenômenos, e cujos trabalhos são validados por controles experimentais; as humanas (como sociologia, psicologia, história e política), nas quais se aplicam métodos das ciências naturais. Mas como estas últimas se aplicam ao ser humano e a toda sua complexidade, quando elas se dedicam a interpretar as intenções humanas, falamos de hermenêutica, que é a ciência da interpretação de signos, e de seu valor simbólico (arte, símbolos religiosos, mitos etc.).

Chamamos de **cientificismo** a atitude que consiste em tomar o conhecimento e os postulados científicos de forma dogmática, ou seja, como conhecimento e postulados imutáveis e indiscutíveis.

▶ Conhecimento. Filosofia. Postulado. Verdade.

Cinismo. Escola grega de pensamento que pregava a via da "loucura". O filósofo cínico é, sem dúvida, divertido e interessante. Quem nunca ouviu falar de Diógenes de Sínope (ver o boxe Diógenes, a seguir), aquele que andava vestido com uma barrica, e que, numa ocasião, perguntado por Alexandre Magno o que este poderia fazer por ele, respondeu: "Se afastar, porque está tapando meu Sol". Alexandre, então o senhor do mundo, teria declarado mais tarde: "Se eu não fosse Alexandre, desejaria ser Diógenes".

O cínico (palavra que em grego deriva de "cão") é aquele que zomba das convenções sociais, que prescinde delas, em favor das próprias convicções e posturas. Não devemos confundir o cínico com o anarquista. O cínico prega uma vida liberta das coisas materiais, desprezando honrarias

Circunstância

e riquezas; acredita que não adianta se preocupar nem com a riqueza, nem com a saúde, nem com a morte.

Ele opta por curar a sociedade doente, cessando de construir uma personalidade doentia, para se adaptar ao grupo social. Para tanto, transforma-se em "louco". Mas um louco convicto, deliberado, consciente – um sábio. Na verdade, para corresponder às expectativas sociais, às convenções, construímos para nós mesmos uma falsa personalidade. Negamos a nós mesmos, cortamos fora o que pertence espontaneamente a nossa verdadeira natureza, nos transformamos em seres convencionais, dominados pelo olhar alheio, ou seja, um ser artificial.

A lição dessa escola é nos livrarmos das convenções, dos artifícios. Em suma, do olhar de censura do outro. É preciso coragem para agir sem justificativa, sem fundamento claro; em aparente incongruência para dispensar a aprovação alheia. Essa via, segundo os cínicos a mais curta para a sabedoria, exige sofrimento. É o caminho que nos conduz a nós mesmos; aos fundamentos mais autênticos e profundos de nosso ser, aqueles que prescindem completamente da aprovação do outro e do desejo de ser amado e aceito.

> ### Diógenes
>
> Diógenes de Sínope (413-327 a.C.) andava com um candeeiro suspenso à mão, dizendo sempre: "Procuro um homem [verdadeiro]". Ele, que também costumava repetir ser um 'cidadão do mundo'. Conta-se que certa feita, instado a aceitar um discípulo, Diógenes o convidou a andar com ele pelas ruas de Atenas arrastando um peixe pela cauda. Depois de algum tempo, o discípulo desistiu e Diógenes, rindo, disse a ele: "Um arenque rompeu nossa amizade".

▶ Epicurismo. Estoicismo. Sabedoria.

Circunstância. Particularidade, detalhe próprio de uma coisa concreta ou abstrata. O que é conforme a uma situação determinada. **Circunstancial** é aquilo que depende de outros fatores ou de um elemento principal. É o elemento secundário, condicionado por outros que não ele

CIVILIZAÇÃO

mesmo; é o contingente, acessório, o não necessário, o eventual; por vezes, um fato que se basta e que assume certa importância em dado momento; o que nos remete a ARISTÓTELES*, que opõe os conceitos de essência e acidente: é essencial aquilo que em nós não muda, e acidental o que pode variar ou mudar. Um pensador contemporâneo, JOSÉ ORTEGA Y GASSET, afirma "eu sou eu mesmo e minha circunstância", ou seja, o mundo que me rodeia é a outra metade de mim. Mas, diferentemente dos animais, o ser humano não é completamente governado pelas circunstâncias. Tem a capacidade de refletir. É uma interioridade, uma intimidade face à exterioridade do mundo que o cerca. É solidão, está condenado a ser livre, como diz JEAN-PAUL SARTRE*. Mas também é corpo, e é assim que se liga ao mundo e às outras pessoas, ou seja, é convivência. É conflito e interação com as circunstâncias, as pessoas e as coisas. Para viver, somos obrigados a sair de nós mesmos e ter uma relação pragmática (prática) com o mundo. As circunstâncias nos afetam, mas o essencial não é o que fazemos com a circunstância, mas sim o que fazemos com o que a circunstância fez de nós, afirma ORTEGA Y GASSET. Ou seja, a vida humana consiste em tomar decisões – e ser responsável por elas e por suas consequências.

▶ Contingente. Existencialismo. Liberdade.

Civilização. Conjunto de elementos que definem o domínio superior da ação humana, sinônimo de abandono da condição primitiva (estado de natureza), de evolução no domínio do conhecimento, das ideias, da cultura, das instituições e dos costumes.

Para SIGMUND FREUD*, o complexo de culpa é o pilar do que chamou de mal-estar da civilização. Esse complexo de culpa é resultado da tensão entre o ego e o superego, entre instinto e moral. A angústia que nasce da tentativa de equilibrar esses contrários provoca o sentimento de culpa, que na verdade aparece no lugar da agressividade e funciona como instrumento de controle dos instintos humanos. Esse controle está na origem da cultura, da civilização, do progresso. A pessoa **civilizada** é aquela que troca uma parcela de felicidade possível por uma de segurança certa.

▶ Consciência. Cultura. Estado de natureza (em Estado). Inconsciente. Progresso.

Claro

Claro. Em lógica, o contrário de obscuro, de confuso. Uma ideia é clara quando seu objeto não se confunde com nenhum outro, e sua extensão é bem conhecida. Em René Descartes*, o claro e distinto é uma afirmação sem qualquer aspecto obscuro ou confuso, como, por exemplo, sua famosa afirmação "Penso, logo existo", pois é impossível alguém dizer que pensa, sem simultaneamente se dar conta de que existe. Ele afirma ser distinto o conhecimento "de tal modo preciso e diferente de todos os outros [...]", ou seja, a ideia distinguida de outras ideias que podem ser próximas ou parecidas. Mas para Gottfried Leibniz, ela é distinta em si mesma, quando conhecemos perfeitamente seus elementos constitutivos.

▶ Certeza. Cogito. Distinto. Dúvida. Verdade.

Clássico. Em latim, *classicus*, que pertence à primeira classe, que é de primeira ordem, de excelência. Consagradamente, considera-se clássico tudo que diz respeito à cultura, às artes, à literatura da Antiguidade greco-romana. Por extensão de sentido, obras que se inspiram nesses temas ou na pureza da língua e no respeito às regras estabelecidas. Sóbrio, de bom gosto. Também, conforme aos cânones (padrões) de beleza antigos; e ainda, mais contemporaneamente, um modelo ou referência no gênero.

▶ Arte. Boxe Renascimento. Cultura. Iluminismo.

Coerente. Aquilo cujas partes aderem estreitamente entre si, se encadeando de modo a formar um conjunto harmonioso, sem contradição, lógico, consistente, compacto, homogêneo. Assim, podemos dizer que **coerência** é aderência mútua, ausência de contradição, encadeamento lógico das partes de um raciocínio, de um discurso.
Critério de coerência é o critério necessário da justificação racional segundo a qual deve ser possível, para todas as asserções que compõem uma argumentação, serem verdadeiras ao mesmo tempo.

▶ Contradição. Discurso. Lógica. Raciocínio (em Razão). Razão.

Cogito. O **entendimento** costuma ser definido como a faculdade de compreender e de pensar. A expressão foi tornada célebre por René Descartes*, com sua frase em latim "*Cogito, ergo sum*", ("Penso, logo exis-

Conclusão

to"). Ao duvidar metodicamente da verdade, percebendo a incerteza do conhecimento, ele procura estabelecer um método de verificação. Em seu *Discurso do método*, faz o seguinte raciocínio: se duvido de tudo, se questiono a verdade, é porque estou pensando. E se estou pensando é porque existo. Disso posso ter certeza. Ou seja, o ser humano é uma substância que pensa. Este é o ponto central da reflexão filosófica da época: a contraposição entre racionalismo (a origem do conhecimento é a razão humana) e empirismo (a origem do conhecimento é a experiência). A teoria cartesiana funda o subjetivismo, com o ser humano voltado sobre si mesmo, só tendo certezas por sua própria razão, só conhecendo por meio do seu pensamento.

▶ Certeza. Ceticismo. Claro. Dúvida. Modernidade. Verdade.

Conceito. Concepção abstrata e geral na qual podemos unir diversos elementos particulares. Operação mental de elaboração e representação de uma ideia, objeto, situação, processo etc. por meio de uma expressão verbal (palavra). O conceito é resultado dessa operação. Neste dicionário, a maioria dos verbetes, das palavras, é constituída de conceitos. É a ferramenta, por excelência, da filosofia. Todo filósofo trabalha com conceitos, isto é, representações cujo sentido se explicita no interior de uma determinada teoria.
Conceitualismo é a teoria segundo a qual as ideias gerais que nos ajudam a organizar nosso conhecimento são instrumentos intelectuais forjados por nossa mente e que não existem fora dela.
Conceitualizar é explicar, definir.

▶ Abstração. Entendimento. Razão. Representação.

Conclusão. Asserção ou juízo que tem o suporte ou é derivado de outras asserções ou juízos.
Conclusão intermediária: aquela que, em uma cadeia argumentativa, defende outra conclusão.
Conclusão última: aquela que, em uma cadeia argumentativa, não defende outra conclusão.
Conclusão necessária: A é uma condição necessária de B se, e somente se, a ausência ou falsidade de A garantir a ausência ou a falsidade de B.

Concreto

Conclusão suficiente: A é uma condição suficiente de B se, e somente se, a presença ou a veracidade de A garantir a presença ou a veracidade de B.

▶ Assertório. Discurso. Juízo. Verdade.

Concreto. É o determinado, preciso, aparente, consistente – mas não necessariamente palpável. O concreto está ligado ao que é experimental, empírico, objetivo, observável. Dessa concepção decorre o sentido pejorativo de que seu contrário, o **abstrato**, é o domínio do ilusório, imaginário, especulativo, hipotético, utópico. Mas sabemos que não é assim: a abstração é uma operação mental que separa ou distingue o que nossos sentidos nos apresentam junto.

Por exemplo: vemos uma maçã vermelha, um tomate vermelho, mas nunca o vermelho sozinho – precisamos fazer uma abstração, pensar nele separadamente de qualquer objeto. Por isso dizemos que tudo o que é sensível é concreto, mas nem tudo o que é concreto é sensível. Outro exemplo: os efeitos da poluição no planeta são bastante concretos, apesar de nem sempre serem palpáveis (nem sempre podemos tocá-los, pegá-los com a mão).

▶ Abstrato (em Abstração). Conhecimento. Entendimento. Sensação, sensível.

Condicional. Proposição que tem geralmente este formato: "se A existe, então B também existe", onde A é o antecedente, e B é o consequente da condicional.

▶ Proposição. Raciocínio (em Razão).

Conhecimento. Em grego, *episteme*, originou palavras como epistemológico, epistemologia. É o ato do pensamento que se apodera de um objeto (pelos sentidos ou não), produzindo uma representação intelectual na forma de ideia, raciocínio, conceito, teoria etc. O filósofo Lucrécio disse que "os olhos não podem **conhecer** a natureza das coisas". Nessa frase está toda a questão da diferença entre conhecimento e verdade. Por mais que conheçamos alguém ou alguma coisa, não podemos nunca ter a certeza de conhecer por completo, de modo absoluto, nem que esse conhecimento seja verdadeiro. Isso porque esse tipo de conhecimento é mediado, e não imediato; quer dizer, os sentidos fazem a mediação entre a pessoa que conhece (sujeito) e a coisa conhecida (objeto). Não se

Conhecimento

pode separar o ato de compreender uma coisa, o ato de raciocinar nem o ato de perceber de um conjunto de elementos que muda de pessoa para pessoa, como história de vida, ética, cultura etc.

Conhecer é passar a ter consciência de algo, entrar em contato e distinguir, fazer uma ideia total ou parcial daquilo, verificar, experimentar, vivenciar, estudar, informar-se, reconhecer, calcular, apreender, aprender, identificar; sem que isso signifique que qualquer conhecimento seja completamente objetivo nem absolutamente verdadeiro, por isso a necessidade do questionamento e da pesquisa contínuos.

Do ponto de vista da classificação, existem vários tipos de conhecimento: o empírico (a partir dos dados que nos são fornecidos por nossos sentidos); o intuitivo (que não passa pelo raciocínio); o revelado (de tipo religioso); o científico (que vem de especialistas, professores, pesquisadores e profissionais reconhecidos); o racional (derivado de juízos universalmente válidos e coerentes entre si, porque derivados da razão); o filosófico (resultado de interrogações, reflexão e questionamentos).

PLATÃO* estabeleceu quatro degraus de conhecimento:

1. *eikasia*, sensação – confundimos as imagens com as coisas que elas representam; há cópias, simulacros; há a ilusão dos sentidos;

2. *pistis* e *doxa*, crença e opinião – nesse nível, lidamos com as próprias coisas sensíveis; nosso erro é acreditar que aquilo que a nossa percepção nos dá é o real, o que é. Ou seja, temos um saber não fundamentado, ele se baseia unicamente em nossa opinião, que é subjetiva;

3. *dianoia*, raciocínio, do qual fazem parte o pensamento discursivo e o conhecimento de tipo matemático; ele opera por definições, axiomas, teoremas, e deles deduz suas proposições, ou seja, é um conhecimento hipotético;

4. *episteme*, conhecimento, nível da intuição intelectual – a ideia, ou seja, a filosofia (reflexão, conhecimento verdadeiro), o conhecimento dialético; é a visão do real, e só a alcançamos quando nos livramos dos sentidos e trabalhamos unicamente com a inteligência.

Na Modernidade, a questão epistemológica – a questão da natureza do conhecimento e sua relação com a verdade – se converte no ponto central da discussão filosófica, com a pergunta: A verdade do conhecimento

Conhecimento

está na razão – como querem os racionalistas – ou na experiência – como pretendem os empiristas? De qualquer forma, conhecimento não é verdade em si mesmo, é correspondência, adequação, relação entre a mente e o mundo, entre sujeito e objeto.

"Todo conhecimento degenera em probabilidade."
Hume

"Não sabemos nada, só podemos conjecturar."
Popper

Enciclopédia

Em 1751 era editada na França a *Enciclopédia* (*Encyclopédie*), grande obra organizada por Jean le Rond d'Alembert e Denis Diderot*. Foi a obra mais importante daquele século; um compêndio de todo o saber da época, que explicava os princípios básicos das artes liberais e das artes mecânicas. Trata-se de uma síntese e uma organização das fontes do pensamento moderno. Muitos foram os intelectuais que colaboraram (chamados depois de enciclopedistas). Apesar de tratar dos mais variados assuntos, como em qualquer enciclopédia, e não só de religião – as explicações iam da fabricação da pólvora a meias de seda –, nela elogiava-se Francis Bacon*, René Descartes*, Isaac Newton, John Locke, porque arautos de um novo tipo de saber. Ela foi feita às escondidas, para espalhar as Luzes – isso é a filosofia moderna, que combatia ao mesmo tempo o trono e o altar (a monarquia e a Igreja). Conta-se que a favorita do rei da França, Madame de Pompadour, teria dito a este: "Que livro tão delicioso! Por acaso vós o mandastes confiscar para desfrutá-lo sozinho e ser o único sábio do reino?".

Na ilustração da primeira página (naquela época, não era uma capa, como hoje em dia) vemos a Verdade, irradiante, e à direita, a Razão e a Filosofia, que a desnudam, arrancando o véu que a cobria.

Conjectura

Frontispício da Encyclopédie ou Dictionnaire raisonné des sciences, des arts et des métiers, de Diderot e M. d'Alembert; 1772, Paris, França.

O espírito filosófico de busca incessante da verdade, simbolizado pela imagem da Razão e da Filosofia ladeando a Verdade por elas desnudada.

"*O que caracteriza o filósofo e o distingue do vulgar,
é que ele não admite nada sem prova,
que ele não concorda com noções enganadoras
e que ele estabelece com exatidão os limites que separam o certo do provável e do duvidoso.
Com o tempo, esta obra certamente produzirá uma revolução nos espíritos,
e eu espero que
os tiranos,
os opressores,
os fanáticos
e os intolerantes não ganhem essa luta.
E nós teremos servido à humanidade.*"

Diderot*

▶ Empirismo. Epistemologia. Racionalismo (em Razão). Razão. Verdade.

Conjectura. Suposição. Ideia não verificada que se baseia na aparência ou possibilidade. Explicação antecipada que necessita demonstração ou prova (confirmação racional), seja da experiência sensível, seja do raciocínio.

▶ Aparência. Demonstração. Hipótese. Juízo.

Conotação

Conotação. Propriedade que um conceito possui de designar um ou mais caracteres que fazem parte de sua definição, mas que são distintos dela. Um exemplo: o conceito de Homem conota animal, mas também pode ser o conjunto de ideias ao qual se refere a palavra. Outro exemplo: a idade de que vermelho é igual a perigo, beijo ou sangue.

▶ Conceito. Distinto.

Consciência. É a faculdade de apreender e representar o que existe, de tomar a si mesmo como objeto e de julgar a si próprio. É a capacidade de perceber o que se passa conosco e no ambiente que nos cerca. No sentido social ou político, o contrário de ser **consciente** é ser alienado. A consciência é uma forma de presença ou atenção ao mundo, sendo a faculdade de tomar a si mesmo como objeto de reflexão, ou de estudo, exclusiva do ser humano. Por isso distinguimos, de um lado, a consciência espontânea (pertencente aos animais), e de outro a analítica, a reflexiva e a moral (humanas). A consciência analítica é o olhar que a mente tem sobre si mesmo quando está operando. Ela é espontânea quando não toma a si mesmo como objeto.
Para Friedrich Nietzsche*, ela é o meio de comunicação entre as pessoas. Já para René Descartes*, a consciência é o atributo essencial do pensamento. De acordo com Sigmund Freud*, está ligada a uma parte ínfima de nossa atividade mental. Trata-se do sistema percepção-consciência, que se encontra na periferia do aparelho psíquico, recebendo ao mesmo tempo as informações do mundo exterior e do mundo interior. Opõe-se ao inconsciente e ao pré-consciente, e dispõe de uma energia livre e móvel, que é investida em algo, através da atenção.
Desempenha um papel importante na dinâmica do conflito psíquico, procurando evitar o que é desagradável, e também no tratamento psicanalítico, através da função e do limite da tomada de consciência.
Acreditamos que somos conscientes de tudo o que fazemos, sentimos e queremos. Mas, na verdade, a maior parte de nosso aparelho psíquico é ocupada pelo inconsciente.

▶ Alienação. Conhecimento. Inconsciente. Pensamento. Psique.

Consequência. Efeito, resultado, decorrência, conclusão, resultante. Por exemplo: abrir demais as torneiras tem como consequência o gasto exa-

Contraditório

gerado de água, o que por sua vez tem como consequência futura a falta de água no planeta, inclusive para beber.

Em lógica, uma dedução é um raciocínio pelo qual obtemos uma conclusão evidente e necessária, partindo de uma verdade (ou de uma suposição aceita como verdade). Consequência lógica é aquela que só pode ser verdadeira quando todas as premissas das quais ela decorre são verdadeiras. Da mesma forma, um raciocínio hipotético-dedutivo parte de uma proposição (cuja veracidade será verificada posteriormente) e dela deduz outras proposições que são sua consequência lógica.

▶ Causa. Discurso. Evidência. Raciocínio (em Razão).

Contingente. Aquilo que poderia não existir. Ou seja, que pode ser ou não ser. É o contrário de necessário, de tudo aquilo que deve obrigatoriamente ser ou existir; o que podemos ter ou não ter, que não é indispensável. Por exemplo: gostaria, mas não posso ir ao cinema amanhã; o "eu ir" é contingente, pois posso decidir livremente ir ou não ir ao cinema; não é necessário ou imprescindível que eu vá.

▶ Acidente. Circunstância. Necessário.

Contraditório. Algo que é incoerente, que tem sentido **contrário** ao que se pretende ou não tem sentido.

O princípio de **não contradição** é um dos três princípios fundamentais da lógica em Aristóteles*. Ele é formulado da seguinte maneira: não se podem afirmar ao mesmo tempo duas proposições contraditórias. Por exemplo: não posso afirmar, a um só tempo, que um objeto é branco e não branco. Quando isso acontece, uma das duas proposições é necessariamente falsa, se a outra for verdadeira. Mas um discurso lógico (portanto coerente) pode ser falso, ou seja, estar em contradição com o real, se uma de suas premissas for falsa.

Contrários são as extremidades de algo. Por exemplo: branco e preto são extremidades em termos de cor. Se uma proposição é verdadeira (esse objeto é branco), a proposição contrária é falsa (esse mesmo objeto é negro), mas elas podem ser ambas falsas, por exemplo, se o objeto em questão for azul.

Isso é diferente de **inverso**; uma coisa é inversa a outra quando é simetricamente oposta a ela, quando está em sentido contrário ao de uma

Contrato

determinada ordem. Por exemplo: depois de dois anos de separação, Fernanda gosta mais de Rosa do que antes, mas Rosa gosta menos de Fernanda do que gostava antes. Já o contrário é um **oposto** mais radical, mais do que o apenas invertido, o avesso.

Oposto, por sua vez, é o que está em sentido e/ou em ação contrária. Por exemplo: a igreja está do lado oposto da escola, fica do outro lado da rua. Outro exemplo: a Igreja tem posição contrária à educação escolar, pois seus ensinamentos opõem-se a algumas ideias da educação laica; o oposto, aqui, revela um contraste.

▶ Discurso. Inverso. Lógica. Oposto.

Contrato. Acordo voluntário entre duas ou mais partes (pessoas, nações, instituições etc.), estabelecendo um determinado número de obrigações e direitos recíprocos. Contrato social, ou **pacto social**, é um acordo entre todos os membros da comunidade política para a formação do estado civil, ou, então, entre todos e seus chefes ou componentes do governo. Segundo Jean-Jacques Rousseau*, no estado natural as pessoas são todas iguais, mas não na sociedade civil constituída, em que ocorre a desigualdade. Dessa forma, o contrato social seria o garantidor, se não da igualdade, ao menos da equivalência diante da lei. Ao lado da noção de liberdade, o conceito de equivalência, ou isonomia, é a maior herança da Revolução Francesa; rei ou não, rico ou pobre, governante ou governado, somos todos pessoas comuns, ao menos diante da lei. Ninguém, por direito natural ou divino, é merecedor nem portador de privilégios, como acontecia na época da monarquia. A perda do estado legal (civil, social) é sinônimo de volta ao estado natural, no qual impera a barbárie, a violência, a lei do mais forte. Outra resposta à questão do estado natural, no qual impera a lei do mais forte, é a de Thomas Hobbes, diferente da de Rousseau*. Segundo ele, o ser humano, na ausência de um poder superior, de um juiz, é um animal lupino ("o homem é lobo para o homem"), por isso se faz necessário um pacto social em que a população conceda a um governo central o direito de defender a todos. Esse poder central teria, assim, o monopólio do uso da força, proibida aos cidadãos. Para Rousseau*, no estado de natureza o ser humano é bom ("o bom selvagem"), mas a sociedade o corrompe. Para Hobbes, na ausência de uma autoridade, o ser humano se torna agressivo e mau, e instaura o que chama de "guerra de todos contra todos" na sociedade. Ambos concordam que a solução para isso está no pacto social; mas para Rousseau* o estado civil deve preservar a liberdade dos contratantes (a população), ao passo que para Hobbes deve-se limitá-la ao máximo.

▶ Direito. Estado de natureza (em Estado). Igualdade. Poder. Política.

Convenção. Acordo, pacto entre partes. Com ela, se criam, se estendem, ou se modificam as obrigações. As leis são convenções. Muitas vezes uma convenção é um acordo tácito, não escrito, estabelecido pelos usos e costumes. Em tratativas internacionais, por exemplo, não se assinam contratos, mas sim convenções. Na vida civil e cultural, também: convencionamos falar de tal ou tal maneira, nos comportar de tal ou tal maneira. Esse conceito vem dos gregos, que o opuseram a *physis*, Natureza. Assim, **convencional** é o oposto de natural, aquilo que foi estabelecido por um acordo comum. Por exemplo: temos a tendência natural a gritar e insultar as pessoas que discordam de nós; mas na vida social, em nome das boas relações, da moderação, do bom exemplo não devemos nem falar aos berros, nem ser grosseiros ou insultar as outras pessoas. Como aprendemos com Aristóteles*, o ser humano é um animal político, ou seja, faz parte de sua natureza querer viver em sociedade, e não sozinho. Ora, se nossa natureza animal puder agir livremente, fazendo simplesmente o que quer, dando vazão a seus impulsos agressivos (gritos, insultos, grosserias, violência), a vida em comum se torna impossível. Modernamente, o conceito de convenção assume o caráter de pacto, de contrato social.

▶ Civilização. Contrato. Cultura. *Physys*.

Convencer. É fazer apelo à razão de alguém, ao seu entendimento, é apresentar provas, demonstrar a verdade de uma proposição. É diferente de persuadir, apesar de em ambos os casos estarmos falando de obter o acordo da outra pessoa. Persuadir é fazer apelo às emoções, à afetividade do outro – aqui, podemos entrar no domínio da manipulação. Podemos convencer alguém por meio da *demonstração*, da *persuasão* ou da *prova*. Demonstrar é o ato pelo qual fazemos uma demonstração, ou seja, uma operação mental que consiste em estabelecer a verdade de uma pro-

Corolário

posição, ligando-a a outras proposições evidentes ou admitidas como verdadeiras. Nela, procuramos "mostrar" a verdade das proposições. Ou seja, apelamos para dados concretos e objetivos.

Persuadir é levar alguém a pensar alguma coisa usando a sensibilidade da pessoa, em vez de sua razão (argumentos racionais). Ou seja, recorrendo à emoção do outro, com dados em geral subjetivos. Como disse François de La Rochefoucauld, "O homem mais simples que tem mais paixão persuade mais do que aquele que fala melhor, mas sem paixão", por isso é tão fácil enganar com discursos inflamados (no caso de alguns políticos) ou com frases de efeito (no caso de vendedores).

Provar é estabelecer a verdade de uma proposição, sua adequação aos fatos. Em geral, isso se faz recorrendo à experiência sensível, mas nem sempre. A verdade pode ser estabelecida por um raciocínio, por um fato, um testemunho, um cálculo. A prova é uma demonstração flagrante, irrefutável.

Mas muitas vezes, nenhuma dessas operações de convencimento é capaz de erradicar (eliminar) um preconceito, ou "prejuízo"; esse tipo de convicção nunca se baseia em provas, e mostrar que não corresponde à verdade é difícil justamente por isso. Como não se baseia na realidade, como fica no domínio da crença, em geral a pessoa assim convicta resiste a um exame objetivo que poderia demonstrar que aquele juízo é falso.

▶ Contrato. Demonstração. Política. Prova. Verdade.

Corolário. Consequência formal. Proposição que decorre direta e imediatamente de outra, já demonstrada. Verdade que decorre (é consequência) de outra, sequência natural e necessária.

▶ Demonstração. Proposição.

Corpo. Conjunto das partes materiais que constituem um organismo, sede das funções físicas, psicológicas, mentais, cognitivas, ou seja, a pessoa em sua totalidade. Como o corpo humano é um conjunto de órgãos com funções determinadas, ele serviu de metáfora para a concepção de corpo político, referindo-se ao conjunto organizado de cidadãos como um organismo vivo, com um sentimento de unidade.

▶ Alma. Dualismo. Espírito. Materialismo. Monismo.

Cosmos. Do grego, *kosmos*, ordem, harmonia, é sinônimo de Universo, de conjunto ordenado, a Natureza como um todo harmonioso. Opõe-se a caos (desordem, conjunto indistinto). A palavra compõe outras duas, fundamentais, pela sua junção com dois outros termos gregos: *genos* (gênese, origem, criação) e *logos* (discurso racional, conhecimento), formando:
- cosmogonia, em que o cosmos no universo do mito é explicado por deuses, identificados a forças da Natureza, e por pares de opostos que davam gênese ao Universo e seus componentes;
- cosmologia, o universo do *logos*, em que as explicações rompem com a religiosidade, passando a ser racionais. O fundamento de todas as coisas já não é localizado num tempo mítico, passando a ser princípio teórico. Cosmologia finalista é o discurso global e racional sobre a origem e a estrutura do Universo. ARISTÓTELES* nos fala de um gigantesco organismo vivo cuja organização geral é comandada pela finalidade do todo, do conjunto (o bom funcionamento, estável e harmonioso); tudo o que existe no Universo tem um local e uma função definida, subordinada ao interesse do conjunto (finalidade).

O cosmos não é separação de opostos, tudo é um devir (vir a ser, moção) constante, nele tudo se transforma; nele acontece o que ARISTÓTELES* chamou de *kinesis*, movimento, mobilidade, toda e qualquer alteração no espaço, quantidade, qualidade, geração ou corrupção. Este último conceito gerou, por exemplo, a expressão cinética.

▶ Caos. Infinito. Movimento. Mundo. Natureza. Ordem.

Crença. Certeza pela qual se acredita, na verdade ou na realidade de alguma coisa. Adesão da mente que, sem ser completamente racional, exclui a dúvida e comporta uma certa convicção íntima.

Crer é considerar como real a existência de algo que não é perceptível pela experiência ou demonstrável pela ciência. É atribuir o caráter de verdade a alguma coisa, considerá-la como verdadeira, sem exame nem crítica, estar convencido de seu valor. A palavra vem do latim *credere*, que significa acreditar, ter confiança. Equivale a um modo de pensar que permite afirmar verdades, sem espírito crítico nem possibilidade de

CRIACIONISMO

provar que elas podem ser falsas. Ou seja, crer é estar persuadido, ter certeza da verdade de uma proposição, sem prova nem demonstração. A fé religiosa (crença em uma proposição doutrinária que não é evidente nem demonstrável, atribuída a uma revelação superior) é um caso particular de crença. Em geral, resulta do contato com textos dogmáticos; opõe-se ao saber, baseado na certeza de poder apresentar prova ou demonstração.

▶ Certeza. Ceticismo. Distinto. Dogma. Dúvida.

Criacionismo. Doutrina segundo a qual todas as espécies animais, inclusive a humana, foram criadas exatamente como são atualmente. Essa concepção, baseada em crenças originárias de uma revelação, nega as descobertas e demonstrações da ciência, em especial a teoria de CHARLES DARWIN, conhecida como evolucionismo ou darwinismo, segundo a qual as espécies não são atualmente como foram em outros tempos, mas evoluíram, se modificaram – sobrevivendo e evoluindo as que melhor se adaptam às condições e mudanças do mundo natural (como as climáticas, por exemplo). Isso explica o desaparecimento de algumas espécies e a transformação de outras. Mais recentemente, um círculo de discussões cristão americano desenvolveu uma tese – completamente discutível – de que "certas observações do Universo e do mundo vivo são melhor explicadas por uma causa inteligente, do que por processos aleatórios como a seleção natural". Essa crença nada mais é do que uma tentativa de relançamento da doutrina do criacionismo em nova apresentação; ao mesmo tempo, o evolucionismo tem sido crescentemente proibido de ser ensinado em escolas religiosas, inclusive da Inglaterra, a pátria de DARWIN.

▶ Crença. Darwinismo. Evolucionismo. Revelação.

Critério. É uma norma que permite reconhecer os valores, avaliar, comparar, escolher; índice, referência, prova, princípio, elemento ao qual nos referimos para apreciar, julgar, definir alguma coisa, decidir entre várias alternativas; propriedade (de algo ou alguém) que serve de base para uma avaliação.

CRÍTICA

Critério de verdade é o signo (sinal) extrínseco ou caráter intrínseco que permite reconhecer a verdade e distingui-la do erro em uma proposição, raciocínio, juízo etc.

Critério de credibilidade é o critério necessário à justificação racional, segundo a qual a credibilidade das premissas de uma argumentação deve resistir a um exame crítico.

Critério de suficiência é aquele necessário à justificação racional, segundo a qual as premissas de uma argumentação devem fornecer um peso adequado à conclusão.

Em grego, *kriterion* significa "faculdade de julgar, regra para separar o verdadeiro do falso". Esse sentido nos aproxima do conceito de **crise**, que em grego tem vários sentidos, mas um deles é o de "distinguir, discernir, separar, decidir". O significado mais comum desse termo é de situação de perturbação, por causa de uma ruptura de equilíbrio, podendo provocar agitação e mal-estar (sobretudo no nível psicológico), mas também pode significar abalo, convulsão – o que provoca a necessidade de uma revisão de valores quando distinguimos, separamos (o que é mais ou menos importante, os valores, as prioridades), decidimos. Exemplos: crise moral, de valores, política, de costumes.

▶ Crítica. Juízo. Raciocínio (em Razão). Verdade.

Crítica. Análise, exame; análise feita dentro do espírito de exame, de verificação e de dúvida. Discernimento, apreciação.

Por isso dizemos que **espírito crítico** é a disposição de não aceitar sem verificação, não admitir nenhum enunciado ou asserção sem nos perguntarmos primeiro sobre seu valor. É a capacidade da mente de julgar o justo valor de um ser, de uma coisa, depois de separar, distinguir seus méritos e defeitos, suas qualidades e imperfeições; o espírito de livre exame que, em seus juízos (julgamentos), recusa a autoridade das convenções, preconceitos, dogmas.

Em IMMANUEL KANT*, a crítica é o exame do "poder da razão em geral, relativamente a todos os conhecimentos aos quais ela pode aspirar, independentemente de toda experiência".

▶ Análise. Dúvida. Juízo. Metafísica. Razão. Verdade.

Cultura

Cultura. É o conjunto de elementos que fazem, por exemplo, que o azul seja desde o século XIX a cor preferida dos europeus, enquanto durante toda a Idade Média ele era desprezado e mesmo desgostado. Cultura é estruturação e aplicação de ideias, costumes, regras, valores, símbolos e comportamentos na vida social.

Cultura vem de cultivar; cultivamos o espírito (mente) humano (a) com uma enxada invisível, quando o colocamos em contato com um determinado tipo de conteúdo inexistente no mundo natural. A produção humana é cultural. Vivemos mergulhados em um mundo de cultura, de civilização. A cultura humana é um conjunto de saberes e cuidados que melhoram nosso espírito (mente). É a frutificação destes que permite que nos elevemos acima de nossa condição inicial (estado natural) e tenhamos acesso, individual ou coletivamente, a um estágio superior de humanidade. É o conjunto de meios e recursos que melhoram e desenvolvem nosso conhecimento e as faculdades de nosso espírito (mente), em especial as de juízo e de gosto.

Mas cultura e Natureza não são excludentes entre si, podendo coabitar sem conflito. Uma pessoa culta é alguém que cultivou seu espírito, sua natureza – e que vai respeitar tanto a Natureza quanto a natureza dos outros. Cultura não é só a letrada (o que lemos), é um conjunto de conhecimentos, mas sobretudo de valores abstratos que esclarecem o ser humano sobre si mesmo e sobre o mundo. Podemos cultivar nossa natureza de muitas maneiras, e assim nos transformar em pessoas melhores. Quando aprendemos coisas novas, quando paramos para pensar, quando melhoramos nosso modo de falar, quando aprendemos a ouvir, isso se reflete no modo como agimos: falamos com mais delicadeza com as outras pessoas; não agredimos ninguém; respeitamos; não dizemos bobagens nem grosserias; não gritamos; entendemos melhor os demais; somos menos preconceituosos não agredimos o meio ambiente. Ou seja, vivemos melhor e fazemos a vida das outras pessoas melhor também. Por isso costuma-se dizer que alguém é bem-educado – porque essa pessoa educou sua natureza, seu espírito, sua maneira de ser. Para o conceito de cultura de massa, ver o boxe Escola de Frankfurt a seguir.

"O sentimento de culpa é o problema mais importante da evolução da cultura."

Freud*

Cultura

Escola de Frankfurt

A chamada Escola de Frankfurt (que surgiu no fim dos anos 1920, na Alemanha) forjou uma nova visão de mundo (*Weltanschauung*, em alemão), uma nova filosofia. Walter Benjamin nos brindou com a bela imagem da História; ele a via como um anjo que voa com as asas ao contrário. Ao lado de Theodor Adorno e Max Horkheimer, foi um dos mais importantes filósofos dessa escola de pensamento. Adorno defendeu uma dialética negativa, na qual é privilegiado o momento da negação, da contradição, pois é isso que permite desmascarar as falsas aparências sob as quais se esconde a ordem dominante.

Indústria cultural, cultura de massa, sociedade de consumo, foram temas trazidos por essa escola de pensamento. A cultura de massa é o produto ideológico perfeito; distrai e satisfaz os desejos "deslocados", promovendo a passividade do espectador. Ela desfaz as fronteiras entre consumo, entretenimento, informação e política, derretendo a capacidade de pensamento crítico. A indústria cultural é o sistema econômico e político que transforma a cultura (livros, filmes, música popular etc.) em mercadoria - para poder vendê-la e lucrar com isso. Dessa maneira, transforma tudo em produto de consumo, alienando os consumidores. Quanto mais fácil de digerir (disfarçada de entretenimento), mais ela serve de instrumento de dominação política. Adorno e Horkheimer denunciaram ainda os meios de comunicação como uma perversão dos ideais iluministas (progresso da razão e da tecnologia, promovendo uma sociedade mais democrática e livre das superstições), por colocarem a máscara da simplicidade e do entretenimento, da democracia dos costumes, do "todo mundo faz assim", para esconder o fato de estarem na realidade "vendendo" assuntos importantes (inclusive representantes políticos) como se fossem sabonetes.

▶ Arte. Civilização. Educação. Natureza.

D

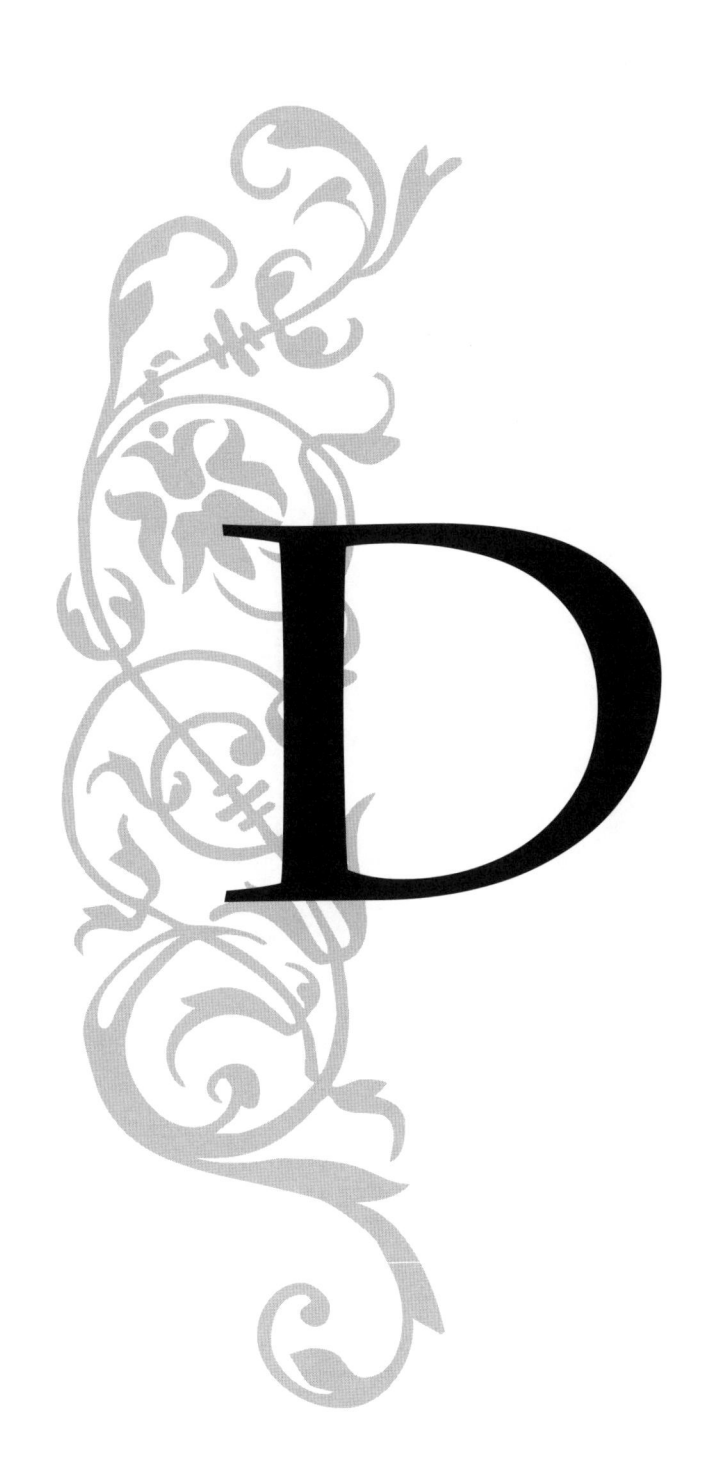

Darwinismo

Darwinismo. Teoria de Charles Darwin (1809-1882) sobre o evolucionismo, fundada no princípio da seleção natural: só os que têm capacidade de se adaptar às mudanças sobrevivem e evoluem. Para Darwin, os seres não são imutáveis; ocorre uma modificação gradual, que inclui a formação de novas etnias e de novas espécies. Tal teoria se contrapõe, necessariamente, à noção de criacionismo, segundo a qual os seres vivos foram criados por uma vontade soberana, foram e são sempre os mesmos, assim, Deus criou o ser humano (Adão e Eva) exatamente como somos hoje. Porém segundo o evolucionismo, o ser humano vem de um ancestral comum a outras espécies de primatas, como chipanzés e gorilas.

O pioneiro dessa noção de que as etnias e espécies não são imutáveis foi o pesquisador francês Jean-Baptiste de Lamarck (1744-1829). Ele observou que fatores ambientais podem modificar determinadas características dos indivíduos. Por exemplo: se um grupo de pessoas vive em um lugar onde faz mais sol, elas se tornam mais morenas e transmitem a seus filhos essa característica, que assim passaria a ser genética. Isso explicaria por que os africanos são mais morenos do que os finlandeses, os suecos ou os esquimós. Da mesma forma, isso explicaria, segundo ele, o aparecimento de novas espécies: quando um grupo passa a viver em um ambiente diferente, este cria novas necessidades, e novas características são desenvolvidas e transmitidas, tornando-se hereditárias. Todos os portadores dessas novas características formariam uma nova espécie.

As discussões e pesquisas demonstraram que a primeira parte da teoria de Lamarck estava correta (o ambiente provoca no indivíduo modificações de adaptação). Mas Darwin percebeu posteriormente que as características assim adquiridas não se transmitem à prole; ele introduz o conceito de seleção natural no mecanismo da evolução, observando que dentro de uma mesma espécie os indivíduos são diferentes uns dos outros, e na luta pela existência há uma competição entre indivíduos de capacidades diversas – os que deixam maior número de descendentes são aqueles que melhor se adaptam às mudanças.

Sua teoria também sofreu alguns ajustes. Hoje sabemos que os principais fatores da evolução são a seleção natural, mas também as mutações, as recombinações de genes, as diferenças de ambiente, os movimentos migratórios e o isolamento (geográfico e reprodutivo).

Dasein

Resumindo: o lamarckismo nos ensinou sobre a influência do meio no processo evolutivo; o darwinismo, sobre a seleção natural; o mutacionismo contribuiu com a noção de criação de novas espécies por meio de modificações genéticas; e o neodarwinismo – corrente mais recente – nega a hereditariedade dos caracteres adquiridos e analisa a evolução no nível das transformações dos genes e dos cromossomos.

"As espécies que sobrevivem não são as mais fortes, nem as mais inteligentes, mas as que melhor se adaptam às mudanças."
DARWIN

▶ Ciência. Criacionismo. Evolucionismo. Religião.

Dasein. Essa palavra foi forjada por MARTIN HEIDEGGER para traduzir o fato concreto de existir, mais do que a ideia abstrata de existência. Em alemão, quer dizer "ser-aí": o ser humano está no mundo. Isso implica a consciência da própria existência, percebendo o mundo e agindo sobre ele. *Dasein* é a essência do ser, a consciência interior de nós mesmos é uma só e mesma coisa que a experiência do tempo. É o ser de nossa existência humana, uma existência singular, concreta.

Essa corrente de pensamento, dita existencialista, afirma que só o que temos é nossa existência. Que somos "jogados no mundo", que "estamos simplesmente" aqui, e que quando nascemos somos condenados à solidão de não ter referências, de ter de aprender tudo sozinhos, com a vida. Chamamos isso de derelicção: estado de abandono, sentimento de abandono, de solidão moral, de isolamento.

Por isso JEAN-PAUL SARTRE* afirmou que o "ser humano é condenado à liberdade", pois precisa obrigatoriamente fazer suas escolhas e se responsabilizar por elas. Sem qualquer garantia externa, precisa decidir por si mesmo quais são seus valores; encontrar suas referências e construir seu destino. O ser humano existe primeiro (nasce) e se define depois (escolhe), ou seja, não há qualquer "essência", só a vida. "É sendo jogado no mundo, e sofrendo, lutando, que o ser humano se define pouco a pouco, e a definição está sempre em aberto" (nunca terminada, enquanto houver vida).

▶ Essência. Existencialismo.

DEMIURGO

Dedução. Raciocínio que consiste em formular a partir de uma proposição geral outra proposição que é consequência da primeira. Fazemos isso quando passamos do geral ao particular. É o antônimo de indução. Em matemática, demonstração tradicional que vai dos princípios gerais (axiomas) às consequências ou casos particulares (teoremas), sem necessidade de qualquer experiência empírica – por oposição, justamente, ao raciocínio experimental, que estabelece leis por meio da verificação dos fenômenos empíricos.

▶ Discurso. Indução. Proposição. Raciocínio (em Razão).

Definição. Fórmula que expõe e explica o significado de uma palavra, expressão, conceito. Ela deve ser conveniente ao definido – mas só àquele definido. Ela é uma operação mental que consiste em determinar os limites e o conteúdo de um conceito. É uma proposição que estabelece uma relação de equivalência entre algo a ser definido e um conjunto de atributos que determina suas características essenciais.

▶ Conceito. Descrição. Lógica. Proposição.

Deísmo. Crença em um ser único, supremo, criador ou ordenador do Universo, que, contrariamente ao teísmo, não interage com o mundo e não intervém no destino da humanidade. Aqui não existe dogma nem revelação divina; a divindade nem precisa ser representada. Segundo essa concepção, a razão pode aceder ao conhecimento da existência de Deus, mas não consegue determinar seus atributos. Essa concepção de pensar a divindade como causa primeira do mundo (crença puramente racionalista) parece tão frágil quanto acreditar na existência de uma divindade.

▶ Dogma. Revelação. Substância. Teísmo.

Demiurgo. Divindade organizadora do mundo. Nome dado por PLATÃO* ao deus que teria dado forma ao mundo a partir de uma matéria preexistente e que seria o arquiteto do Universo. Em grego, a palavra significa deus-operário, divindade que molda. Essa noção seria incorporada pelo cristianismo, de uma divindade criadora do mundo porque o teria pensado.

Democracia

No gnosticismo, ele é uma divindade irascível, que teria emanado do verdadeiro Deus, sendo assim a causa do mal por misturar a matéria impura à fagulha divina.

"O ser humano é o único animal que acredita em deuses."
SÓCRATES*

▶ Gnosiologia. Teoria das Quatro Causas (em Causa).

Democracia. Do grego *demos*, povo, e *kratos*, poder. Governo em que o poder pertence ao povo, ao conjunto de cidadãos. Nessa forma de organização política, é reconhecido a cada um dos membros da sociedade o direito de participar da direção e gestão dos assuntos públicos e sociais (atualmente, indiretamente, por meio de representantes). A participação, por sua vez, é baseada no princípio da isonomia (igualdade de todos diante da lei).

Um sistema democrático de governo não é necessariamente sinônimo de governo democrático. Exemplo: um governo que censura a imprensa (um jornal, certo tipo de matéria jornalística etc.) não é democrático, apesar de o sistema oficial ser democrático. Nesse caso, ele é autoritário. Assim foram os governos de esquerda, em especial os de caráter comunista, como o da antiga União Soviética (URSS) ou a ditadura ainda vigente em Cuba, no qual se considera que a democracia representativa ou parlamentar não seria uma boa tradução dos ideais democráticos, pois só serviria para legitimar o poder dos grupos econômica e socialmente hegemônicos.

A primeira classificação das formas de governo que conhecemos foi feita por ARISTÓTELES*, para quem a política é o desdobramento natural da ética. Isso porque se a ética está preocupada com a felicidade individual do Homem, a política se preocupa com a felicidade coletiva da *pólis*. Desse modo, é tarefa da política investigar e descobrir quais são as formas de governo e as instituições capazes de assegurar a felicidade coletiva. Trata-se, portanto, de investigar a constituição do Estado.

Ele estabeleceu o que chamou de três formas "puras":

1. Monarquia, regime no qual a autoridade real e suprema está nas mãos de um só;

2. Aristocracia, regime no qual o poder e a autoridade estão nas mãos de um grupo de pessoas sábias; é o governo dos melhores;

3. República, regime cuja autoridade emana das mãos da maioria, em benefício da coletividade.

E suas respectivas "corrupções", as formas pervertidas:

1. Tirania, equivalente ao que mais tarde se chamará também de autoritarismo;
2. Oligarquia, a degeneração da aristocracia ou os desvios ocasionados pela aristocracia no momento em que tende a se perpetuar no poder. Ocorre quando um grupo ou facção, ou partido político governa em interesse próprio;
3. Democracia, quando a maioria governa em favor próprio – e como essa maioria é sempre pobre (disse Aristóteles*), a democracia será a tirania dessa fatia da população.

Governo	Forma justa	Forma pervertida
um único governante	realeza (monarquia)	tirania
um pequeno número de cidadãos	aristocracia	oligarquia
a maioria dos cidadãos	república (politeia)	democracia

▶ Autoritarismo. Ética. Isonomia. Governo. Política.

Demonstração. Ação de demonstrar pelo raciocínio, em que se procura estabelecer a verdade de uma afirmação. Em lógica, é o raciocínio que apresenta a verdade de uma proposição dedutivamente, ou seja, estabelecendo uma ligação necessária a outras proposições admitidas como verdadeiras ou anteriormente demonstradas.

▶ Lógica. Prova. Raciocínio (em Razão). Verdade.

Deontologia. Do grego *deon* (o que convém) e *logos* (discurso racional), daí o significado: ciência do que é preciso fazer (regras, normas). Ramo da filosofia que estuda as normas.

Por exemplo: o código moral de uma profissão, como o juramento de Hipócrates, de prática da medicina (feito pelos médicos quando se formam).

▶ Filosofia. Moral.

Desconstrutivismo

Desconstrutivismo. Ver o verbete Estruturalismo.

Descrição. Estudo empírico e indutivo de um objeto. É diferente da definição por se basear apenas nos caracteres sensíveis e exteriores.

▶ Discurso. Experiência. Lógica. Sensível (em Sensação).

Desejo. Tomada de consciência de uma inclinação e de um interesse em relação a um objeto conhecido ou imaginado; aspiração profunda tornada consciente. Essa inclinação, essa tendência própria do ser humano, distingue-se da necessidade porque sempre envolve o imaginário afetivo. É por isso que o desejo é em geral acompanhado de um sentimento de privação, de carência, de falta. Temos dificuldade de saciar nossos desejos, pois nem sempre sabemos muito bem o que desejamos e quando são acessíveis os objetos desejados tendem a nos decepcionar. Para Baruch Espinosa, o desejo tende a se confundir com a vida. Ele chama de *conatus* (tendência, esforço) esse esforço de perseverar que define a essência de todas as coisas; quando ele é acompanhado de consciência (como é o caso do ser humano), chama-se desejo.
Não devemos confundir desejo nem com vontade nem com necessidade, que é vital, fácil de satisfazer; o desejo nem sempre se relaciona ao que é possível obter. A vontade é uma força de afirmação, enquanto o desejo se dissipa e se desfaz, às vezes em sonho ou fantasia.

"Não desejamos as coisas porque são boas: dizemos que são boas porque as desejamos."
    Espinosa

▶ Consciência. Psique. Pulsão.

Despotismo. Do grego *despotés*, mestre absoluto. Autoridade concentrada em uma única pessoa ou poder. Todo e qualquer governo ou poder que tem tendência a se tornar absoluto e opressivo, mesmo que de forma dissimulada. Por exemplo: a censura ou o controle de jornais e/ou órgãos da imprensa é um ato de despotismo.

▶ Arbitrário. Autoritarismo. Democracia.

Destino. Poder personificado ou misterioso que supostamente governaria o mundo; fatalidade, fatalismo, concepção segundo a qual uma força

DETERMINISMO

exterior à vontade humana regeria (comandaria) todo o Universo, fixando o curso dos acontecimentos, segundo um encadeamento necessário e imprevisto, que comporia a vida humana, independentemente de nossa vontade, o que exclui a liberdade. É a noção de que tudo está escrito, que não somos donos do rumo de nossa vida, que não temos poder de intervenção. Chamamos isso de determinismo em metafísica: o **livre-arbítrio** do ser humano é negado, tudo obedece a uma necessidade prévia, que não controlamos, que nos escapa.

Em psicanálise, SIGMUND FREUD* postula a existência de um determinismo psíquico: todos os fenômenos psíquicos são produzidos por uma causa, não existe acaso.

▶ Determinismo. Liberdade. Livre-arbítrio (em Arbitrário).

Determinismo. Conjunto de causas ou condições necessárias à determinação de um fenômeno; princípio científico segundo o qual todo e qualquer fenômeno é regido por uma ou mais leis necessárias, de modo que as mesmas causas provocam, nas mesmas condições ou circunstâncias, os mesmo efeitos. Este é o princípio básico das ciências naturais: todo fenômeno tem uma causa, e uma determinada causa sempre tem um determinado efeito. Também chamamos esse tipo de relação de mecanicista, porque ela é mecânica: uma causa A sempre provoca um efeito B.

O problema está na aplicação dessa concepção à esfera humana. O determinismo considera que as ações humanas estão, como os fenômenos naturais, submetidas a um conjunto de causas exteriores. Exemplo: uma pessoa morreu porque o coração parou. Aqui, a parada do coração é a causa A e a morte é o efeito B. Não que isso não seja verdade, mas a questão é saber o que fez o coração parar. Uma overdose de drogas, por exemplo, faz o coração parar. Qualquer coisa que provoque a morte de alguém acaba fazendo o coração parar. Em todos os casos, várias coisas que acontecem ao mesmo tempo, ou interligadas, provocam o tal resultado B, e não somente uma causa A. Outro exemplo é a globalização: coisas que acontecem do outro lado do mundo influenciam o que acontece aqui, e várias delas ao mesmo tempo, ou em cadeia. Porque a vida humana não é um campo de leis precisas e exatas, ao contrário do que supõe o determinismo, o qual, mais recentemente, a própria física quântica e a Teoria da Relatividade de ALBERT EINSTEIN se encarregaram de contestar.

Deus

A palavra determinismo vem da noção de determinar, que significa definir, fixar limites. Uma coisa determinada é definida, conhecida, e por isso submetida a condições, ligada a outra coisa de modo causal. Nesse sentido, determinismo é o contrário de liberdade.

▶ Acaso. Caos. Destino. Liberdade. Livre-arbítrio (em Arbitrário).

Deus. Em grego, *theos*. Nas religiões não monoteístas, a palavra deus se escreve em letra minúscula, pois se considera que existem vários **deuses**, sempre relacionados à Natureza. Nas religiões monoteístas (judaísmo, cristianismo e islamismo), se escreve com maiúscula, pois se acredita que só existe um, superior ao ser humano, soberano e absoluto, e também superior aos outros deuses, das outras religiões.

Para a filosofia, é um princípio abstrato que a razão, na forma de discurso filosófico, tenta compreender. Em geral, representa a causa primeira do Universo e a perfeição. Sua existência só depende de si mesmo, portanto não é resultante de nenhuma revelação, nem de nenhum ato de fé; também não existe nem a noção de temor nem a de veneração, pois a divindade é somente o conceito de um absoluto ideal e impessoal.

Na caracterização das principais formas de crença ou de atitudes relativas a Deus ou aos deuses temos:

- os teístas, que creem na existência de um Deus único e pessoal, como causa transcendente do mundo;
- os deístas, que acreditam em um Deus bastante próximo da concepção da filosofia, mas que não interage com o mundo nem se dá a conhecer aos humanos;
- os panteístas, que consideram que Deus está em tudo, na própria natureza das coisas (imanência);
- os agnósticos, que sustentam que não é possível tomar uma posição relativamente à existência ou não de um Deus;
- os ateus, que não acreditam em Deus, por considerarem que se trata de uma invenção humana.

"*Deus é para o ser humano o que as cores são para um cego de nascença: é impossível imaginá-las.*"
   Marquês de Sade

▶ Dualismo. Monismo. Niilismo. Religião. Teísmo. Teologia. Verdade.

DIALÉTICA

Dever. Obrigação social ou moral. O dever pode ser condicional (relativo a um objetivo particular) ou incondicional. Filosoficamente, chamamos de dever a obrigação incondicional, que se impõe a todo ser humano e que é válida para todos. Isso supõe a ideia de uma lei que possa ser reconhecida e adotada por todas as vontades razoáveis, ou seja, por todos os seres dotados de razão. A contrapartida social do dever é o direito, o poder de exigir algo em virtude de uma regra ou de um princípio reconhecido, aceito. É importante lembrar que esses dois conceitos são recíprocos, ou seja, um não existe sem o outro: não é possível reivindicar seus direitos sem se lembrar de seus deveres.

A noção de dever é intimamente ligada à de dívida e de obrigação. Dever é uma necessidade inevitável à qual o sujeito está submetido, independentemente de sua vontade.

▶ Direito. Moral.

Devir. Vir a ser; tornar-se o que não se era antes. Ou seja, fluxo contínuo que tudo transforma. Moção, movimento contínuo e ininterrupto que rege o Universo e a vida.

▶ Movimento.

Dialética. Do grego *dialegesthai*, dialogar, e *dialegein*, escolher, distinguir. De onde originou-se o sentido de discutir por perguntas e respostas, empregado em especial por filósofos socráticos. Para PLATÃO*, movimento de elevação do sensível ao inteligível (ideias), passando por etapas; discussão que progride, ultrapassando objeções e contradições feitas por um adversário, por exemplo, em um diálogo. Para os pensadores gregos, de modo geral, é a arte da discussão, do diálogo.

Para IMMANUEL KANT*, raciocínio ilusório sobre objetos impossíveis de conhecer, porque fora do domínio da experiência sensível. É o movimento da razão que ultrapassa seus limites e produz ilusões (Deus, o eu).

Segundo FRIEDRICH HEGEL, movimento mental cujo motor é a contradição. Aqui, ela não é um método, como em PLATÃO*, mas o processo ideal que gera o real. A dialética é a propriedade comum do pensamento e das coisas, que consiste sempre num movimento ternário (três partes): a tese (afirmação), a antítese (negação) e a síntese (resolução). Desta

Dicotomia

última concepção decorre o sentido, mais conhecido, de dialética como relação que se baseia no princípio de tensão-oposição entre dois termos, duas situações, e da ultrapassagem dessa oposição. Ou seja, dialética é o movimento mental que ultrapassa uma contradição para chegar a uma síntese, a uma nova ideia ou novas ideias.

Em Marx, progresso necessário da história, ultrapassando as contradições implicadas pelos antagonismos econômicos e sociais em sua tradução ideológica e política, a "luta de classes".

Por extensão de sentido, consideramos dialético todo método de investigação, em ciências humanas, que se baseia no princípio da antinomia e na superação da antinomia (contraposição e resolução da contraposição).

▶ Dicotomia. História. Idealismo. Materialismo. Síntese.

Dicotomia. Divisão de um conjunto em partes iguais. Na dialética platônica, divisão de um conceito em dois outros, geralmente contrários, mas complementares, que esgotam, que dão conta do sentido do primeiro conceito. Exemplos: vertebrado e invertebrado (animais); homem e mulher (seres humanos).

▶ Boxe Teoria das ideias (em Teoria). Dialética.

Diferença. Caráter ou conjunto de caracteres que são próprios de uma coisa e a distinguem de outra. É o antônimo de analogia, semelhança, igualdade.

Diferenciação é o processo pelo qual, em biologia, funções ou órgãos originariamente semelhantes se transformam em funções ou órgãos diferentes. Em economia, é a especialização. Em sociologia, é o fenômeno que divide as pessoas na escala social, no processo que conhecemos como estratificação (divisão em estratos, em camadas). De modo geral, diferenciar é ressaltar as características distintivas de um objeto, pessoa, grupo social, instituição etc.

▶ Igualdade. Raciocínio (em Razão).

Dionisíaco. Que tende ao desmedido, à embriaguez do entusiasmo e do irracional. Opõe-se a apolíneo.

▶ Apolíneo. Mitologia.

Discurso

Direito. Aquilo que é correto, reto, justo; daí a disciplina do direito, como estudo dos princípios e normas que procuram definir e aplicar à vida em sociedade o que é correto e justo.

É o Direito que determina o que é legal e ilegal e, também, o que é obrigatório; é ele que determina as prerrogativas e liberdades, os direitos e deveres dos cidadãos. Para tanto, são formuladas leis. O conjunto de leis em vigor em determinada sociedade é chamado de direito positivo. Filosoficamente, direito natural é o que resulta da natureza humana, do equilíbrio e do bom senso em geral, anteriores a qualquer disposição convencional, social e política. Por isso ele é considerado superior a qualquer legislação, ao direito positivo. Direito público é o conjunto de relações entre o cidadão e o poder. O direito internacional rege as relações entre as nações e entre cidadãos e nações. Na filosofia de THOMAS HOBBES, teórico da chamada "guerra de todos contra todos", para haver paz social – objetivo maior –, é preciso instituir um contrato social para frear a violência instintiva do ser humano. Esse contrato (ou pacto) supõe, por sua vez, que se renuncie ao direito natural e à liberdade individual em favor da paz, e que se obedeça às leis.

▶ Contrato. Dever. Filosofia. Lei. Liberdade. Política.

Discurso. Em grego, *logos*, que originou a palavra lógica, por exemplo, e também a terminação "logia" de tantas expressões, como sociologia, psicologia, biologia. *Logos* quer dizer três coisas ao mesmo tempo: palavra, discurso e razão. Ou seja, é a palavra articulada racionalmente na forma de discurso. Assim, socio/logia é o discurso sobre o social, psico/logia é o discurso sobre a psique e bio/logia é o estudo da vida. O processo discursivo exige a mediação de um processo lógico, de um raciocínio, ao contrário da intuição, que nos traz algum conteúdo de imediato, de uma só vez, sem passar pelo raciocínio.

Aprendemos com ARISTÓTELES* que existem três tipos ou estilos de discurso:

1. *Ethos*, textos cujo apelo se baseia no caráter de quem fala; eles passam a imagem do autor, que reflete seu prestígio, e convidam a confiar naquela fala (discursos políticos, depoimentos);

Distinto

2. *Logos*, textos cujo apelo é baseado na lógica ou na razão (textos escolares, de trabalho, artigos de jornal, matérias científicas);

3. *Pathos*, textos que apelam à emoção (como os textos de propaganda).

Assim, em todo tipo de discurso temos o conjunto dos três: o *ethos* do orador, o *logos* do discurso e o *pathos* de quem ouve. Vale ressaltar que o *logos* é fundamental, porque é ele que faz a intermediação entre o sujeito do discurso e o seu público.

▶ Linguagem. *Logos*. Raciocínio (em Razão). Sujeito.

Distinto. Claro, preciso, explícito, discernível. É o antônimo de confuso, ambíguo, equívoco, vago.

Para RENÉ DESCARTES*, é o que ele chamou de "ideia clara e distinta" relativamente a outras ideias; para GOTTFRIED LEIBNIZ, é a ideia distinta em si mesma, quando reconhecemos com perfeição os elementos que a constituem.

Esse conceito de "ideias claras e distintas" é uma das bases do racionalismo fundado por DESCARTES*. Segundo ele, a razão é a característica que distingue o ser humano dos animais. Ela é definida como juízo e bom-senso: o poder de bem julgar e a capacidade de distinguir o falso do verdadeiro, por meio da dúvida. Como todos os seres humanos são dotados dessa razão, todos têm o que ele chama de ideias gerais, que são inatas e universais. Mas como correm o risco de se enganar pela realidade (considerando como evidência o que pode ser um erro de pensamento ou uma ilusão dos sentidos), ele defende a tese de que é preciso decompor o que se quer conhecer em partes isoladas, usando a razão como filtro. Essa é a origem de seu *Discurso do método*, no qual explica aquele que julga ser o método mais seguro para se ter um conhecimento verdadeiro.

"O poder de bem julgar e distinguir o verdadeiro do falso, que chamamos de bom-senso ou razão, é naturalmente igual em todos os homens."

DESCARTES*

▶ Cartesianismo. Ceticismo. Claro. Conhecimento. Verdade.

Divino. Aquilo que diz respeito à divindade e, portanto, ao sagrado, ao sobre-humano, em oposição ao profano, ao laico, ao humano, ao natural.

▶ Humanismo. Laico. Religião. Transcendente.

Dualismo

Dogma. Em grego, dogma quer dizer doutrina. É um princípio máximo que não pode ser questionado; afirmação, tese, opinião emitida como verdade indiscutível. Proposição teórica estabelecida como verdadeira por uma autoridade que não aceita contestação, refutação, dúvida ou exame. Nas religiões monoteístas, é o fundamento da doutrina relacionado ao conceito de revelação divina. Um dogma é um postulado, algo que se aceita sem discussão e que serve de referência aos crentes para sempre. Um exemplo é a Trindade cristã (Pai, Filho e Espírito Santo).

Assim **dogmatismo** é a atitude que consiste em admitir que a mente humana pode alcançar verdades certas e seguras; acreditar que a razão pode construir *a priori*, sem a experiência sensível, sistemas válidos, sem qualquer exame crítico prévio. É diferente de ceticismo. Em linguagem corrente, dogmatismo é a atitude que consiste em afirmar sem provas, de modo intransigente.

Dogmático é o sujeito ou a postura que afirma algo de modo categórico, definitivo, sem aceitar discussão ou dúvida.

▶ Niilismo. Religião. Transcendente. Verdade.

Doutrina. Conjunto de ideias, conhecimentos, princípios e enunciados que traduzem uma determinada concepção (da vida humana, do Universo, da sociedade etc.). Interpretação, tese, opinião fundamentada sobre uma questão, muitas vezes acompanhada de uma tomada de posição.

Um exemplo é a doutrina dos três poderes, de Montesquieu, que defende o equilíbrio e a independência dos poderes Executivo, Legislativo e Judiciário.

▶ Boxe Ideologia. Conhecimento. Teoria.

Dualismo. Uma concepção que admite a coexistência de dois princípios, opostos e irredutíveis, inconciliáveis. É o contrário de monismo. Em metafísica, a teoria segundo a qual existem no real duas categorias independentes e de natureza completamente diferente, espírito e matéria. A matéria é uma substância cujo atributo (qualidade) principal é a extensão, a massa; e o espírito é uma substância cujo atributo principal é a consciência. O ser humano, segundo essa concepção, reúne as duas substâncias (o corpo e a alma), ao passo que os animais só são feitos de

Dualismo

elementos materiais, pois são desprovidos de inteligência (ou de alma). No pensamento religioso, é a concepção segundo a qual a realidade, a matéria e o espírito são constituídos de dois princípios antagônicos, o bem e o mal, em luta perpétua um contra o outro. No final, quem vence é o bem. Essa é a concepção que vem do zoroastrismo, uma das mais antigas religiões que se conhece; lembrando que zoroastrismo vem de Zoroastro, seu profeta, que teria recebido a revelação divina (ver o boxe Zoroastrismo a seguir). Também conhecida como masdeísmo, religião ainda hoje praticada por algumas comunidades do Irã. Uma de suas divisões, ou seitas, o **maniqueísmo**, defende a ideia de dois princípios opostos, um representado pelo Deus bom (o princípio do bem) e o outro por seu adversário, o Espírito cruel (o princípio do mal), tão poderoso quanto Ele. A evolução dessa doutrina levou ao monoteísmo, que dela também incorporou a noção de céu e inferno. A palavra maniqueísmo vem de Maniqueu (ou Mani), príncipe persa idealizador da polaridade bem-mal. Fora do âmbito da religião, maniqueísmo é a atitude de quem julga o mundo só em termos opostos, de bem e mal.

Zoroastrismo

O fundador da religião persa foi Zoroastro (também chamado Zaratustra, nome com o qual Friedrich Nietzsche* batizaria seu protagonista e, também, personagem de uma famosa composição de Richard Strauss) em meados do séc. VII antes da nossa era. Ao sistematizar as crenças religiosas, Zoroastro combateu o politeísmo, os sacrifícios sangrentos e a magia reinantes entre os persas. A existência de um deus do bem e outro do mal foi sua grande originalidade. As religiões monoteístas assimilaram essa herança, desenvolvendo a concepção de que o mesmo deus é capaz de fazer o bem e o mal.

Para o zoroastrismo, o Universo é regido por duas divindades: o deus do bem, infinitamente bom e desprovido de qualquer fraqueza, e o deus do mal e das sombras, da escuridão; ambos travariam uma luta para controlá-lo e, no final, o primeiro venceria e precipitaria o outro no abismo, e o mal seria vencido.

Dúvida

> O Universo teria 12 mil anos e antes de seu fim nasceria o Messias, que prepararia os bons para a redenção, os mortos, por sua vez, se levantariam do túmulo para serem julgados. Os justos entrariam imediatamente no Paraíso e os maus seriam condenados ao Inferno. Entretanto, a condenação não seria eterna; depois de cumprida a pena, eles também entrariam no Paraíso.
>
> Essa religião continha ideias de predestinação, mas valorizava principalmente o livre-arbítrio: o Homem era livre para cometer ou não pecados e responderia por suas ações no dia do Juízo Final. As virtudes recomendadas aos fiéis formavam uma extensa lista de preceitos políticos, econômicos e morais, como obediência aos governantes, respeito aos contratos, fidelidade, amor ao próximo, amizade aos pobres, hospitalidade etc. A gula, o orgulho, a intolerância, a cobiça, a luxúria, a ira, o orgulho, o adultério, a dissipação, a calúnia e o empréstimo de dinheiro a juros a pessoas da mesma religião eram considerados pecados.
>
> Mas o zoroastrismo acabou sendo penetrado por superstições, magias e crenças dos povos conquistados pelos persas. Isso gerou uma série de cultos, o mais antigo deles era o mitraísmo. Mitra era o principal ajudante do deus do bem e se tornou o principal deus no coração dos adeptos. Ele preconizava a abnegação e a mortificação da carne, os sacramentos, como o batismo, uma refeição sagrada de pão, água e vinho, a queima de incenso, os cânticos sagrados e a guarda dos dias santos, dos quais os mais importantes eram o domingo e o dia 25 de dezembro. O Sol era a fonte de luz e o mais forte aliado de Mitra. O dia 25 de dezembro era consagrado ao Sol, porque era a data aproximada do solstício de inverno; esse dia, considerado o do nascimento do Sol, simbolizava a revivificação de suas forças em benefício do ser humano.

▶ Alma. Ceticismo. Corpo. Espírito. Monismo. Niilismo.

Dúvida. Estado de espírito de quando nos perguntamos se algo é real ou não, se é verdadeiro ou não. Duvidar não é negar: a negação é uma certeza, a dúvida significa admitir que não sabemos. A dúvida é a condição

Dynamis

intelectual em que suspendemos o assentimento, a concordância.

A dúvida metódica, como critério de conhecimento e verdade, é uma herança deixada por René Descartes*. Em seu *Discurso do método* – cujo subtítulo é "Para bem conduzir a própria razão e procurar a verdade nas ciências" –, ele afirma o famoso "*Cogito, ergo sum*" ("Penso, logo existo."). Justamente porque duvidava das próprias certezas, por viver em uma época, séculos XVI e XVII, em que todo o saber tradicionalmente adquirido era abalado pelas recentes descobertas científicas (de Nicolau Copérnico e Galileu Galilei), em que a religião dominante (catolicismo) sofria uma divisão interna (o aparecimento do protestantismo), em que o novo método científico de Francis Bacon* (empirismo) sacudia a noção de conhecimento. Descartes*, então, fixou-se no seguinte: se duvido de tudo, é porque estou pensando que duvido de tudo; e se estou pensando, é porque existo. Assim, ele pôde contar com ao menos uma verdade, uma certeza inabalável: a existência do pensamento.

São chamados de filósofos da dúvida os pensadores herdeiros de Heráclito (teoria do mundo como um campo de batalha, de conflito eterno, como essência da natureza de tudo o que existe). Os mais importantes são: Friedrich Nietzsche*, com sua teoria de luta pelo poder; Karl Marx, com seu conceito de mais-valia; e Sigmund Freud*, com seus vários pares de opostos (Eros e Thanatos, ego e superego, princípio de prazer e de realidade).

"Todo o problema deste mundo é que os idiotas e fanáticos têm sempre tanta certeza, enquanto os sábios têm tantas dúvidas..."

Russell

▶ Cartesianismo. Certeza. Ceticismo. Cogito. Racionalismo. Verdade.

Dynamis. Para Aristóteles*, potência e possibilidade. Dessa palavra grega vem o termo, em português, dinâmica.

▶ Energia. Movimento.

E

Educação

Educação. Ação de formar ou enriquecer o espírito de uma pessoa, desenvolvendo suas qualidades psíquicas, intelectuais e morais. Em grego, *paideia*. WERNER JAEGER deu a essa expressão um sentido mais preciso; para ele, *paideia* é uma formação dada ao mesmo tempo pela *pólis* e por um ensinamento formal, em harmonia com o que a cidade ensina de modo informal. Exemplo: um filósofo explicando a ideia de harmonia a seus discípulos, diante de um templo, que é a própria encarnação dessa ideia (o Partheon). Resumindo: nós só podemos formar (no sentido de conceber) as ideias pelas quais fomos formados (no sentido de modelar) e inversamente. Hoje é impossível evitar o uso de expressões como civilização, cultura, tradição, literatura. Mas nenhuma delas traduz com exatidão - nem mesmo a palavra educação - o que os gregos entendiam por *paideia*; cada um dos termos em português se refere a um aspecto, ao passo que o conceito grego englobava todos eles. Para os gregos, a educação e a cultura não constituíam uma teoria abstrata, separada da história real da vida espiritual de uma nação. Nesse sentido, *paideia* é entendida como formação, construção do que chamamos de cultura, por meio da educação.

Este era o ideal que os gregos cultivavam do mundo: combinar hábitos que fizessem cada um ser digno, tanto o governado quanto governante. O objetivo da educação não se reduzia a ensinamentos práticos, interessava sim treinar a liberdade e a nobreza. *Paideia* também pode ser entendida como o legado social deixado de uma geração para outra. No caso dos gregos, estamos falando de harmonia. Em dias atuais, essa concepção nos serve de reflexão sobre a dinâmica da educação: uma interação entre os conhecimentos, aos quais o aluno tem acesso, e o contexto social, que o abriga como pessoa e cidadão, em que cada uma e todas as ações do conjunto da sociedade atuam como formadores de caráter - inclusive a atuação da mídia, a ética dos governantes, as atitudes com relação ao meio ambiente etc.

Se tivéssemos de esquematizar os domínios educativos, eles seriam quatro - o saber, o saber-fazer, o ser e o saber-ser:

1. o saber corresponde aos conhecimentos intelectuais. As pesquisas relativas a essa esfera procuram identificar os meios pedagógicos que ajudam a aprender: leitura, escrita, matemática, história, geografia etc;

Ego

2. o saber-fazer corresponde às competências práticas, atividades artísticas e artesanais. Conseguimos essas capacidades por meio da prática regular de uma atividade;

3. o ser corresponde ao estado físico e psíquico do sujeito. As pesquisas relativas procuram encontrar os meios que permitam, em situações educativas, favorecer esse aspecto: o estado de saúde, de bem-estar, de motivação, de confiança, de satisfação das necessidades psíquicas primordiais (liberdade, prazer, segurança, justiça, autenticidade, intimidade, diversidade, conforto, criatividade, afeto, reconhecimento etc.);

4. o saber-ser corresponde à capacidade de produzir as ações e as reações adaptadas ao meio que nos cerca. Essa capacidade se consegue, em parte, pelo conhecimento de saberes específicos. As pesquisas relativas a essa esfera buscam os meios pedagógicos que permitam dominar as ações e reações adaptadas ao seu próprio organismo e ao ambiente (social e natural): empatia, controle emocional, controle comportamental, responsabilização, cooperação, discurso autocentrado (excesso de referência ao "eu"), gestão de conflitos, preservação do meio ambiente etc.

▶ Civilização. Conhecimento. Cultura. Sabedoria. Ser. Sujeito.

Ego. Ver o verbete Psique.

Eleatas. Filósofos da chamada Escola de Eleia (Xenófanes, Parmênides, Zenão), que afirmavam a identidade absoluta do ser consigo mesmo, a unidade do ser e a irrealidade da transformação.

▶ Identidade. Ser.

Elemento de prova. Elemento que demonstra e confirma a verdade ou credibilidade de uma tese ou teoria.

▶ Demonstração. Dialética. Hipótese. Síntese. Tese.

Em si. Natureza verdadeira de uma realidade, que existe independentemente do conhecimento que temos dela. Para os filósofos anteriores a Immanuel Kant*, principalmente os escolásticos, o ser em si é a substância. Para Kant*, o que existe independente do pensamento que o apreende; sinônimo de noúmeno, antônimo de fenômeno (o que se ma-

EMPIRISMO

nifesta); realidade íntima do ser, que os sentidos não são capazes de captar. Opõe-se à representação, que depende de nós, pois nós é que a fazemos, mentalmente.

Para Johann Fichte, há a distinção (que se pode fazer na língua alemã, mas não na nossa) entre *an sich* (em si) e *in sich* (interior a si): o primeiro é um em si objetivo, o segundo é idêntico à experiência do sujeito.

De acordo com Jean-Paul Sartre*, o ser em si é o que é, o oposto ao ser da consciência, que ele chama de **para-si**, e é sinônimo de realidade material.

▶ Escolástico. Fenômeno. Representação. Substância.

Emoção. Literalmente, movimento, perturbação. Qualidade calorosa de sensibilidade, ardor, comoção, que rompe a tranquilidade manifestando-se por modificações psicológicas. As emoções podem ser:

- puramente intuitivas, como o medo do ruído do trovão;
- ligadas à percepção, como o medo de uma serpente;
- ligadas à cognição conceitual, como o medo de algo de que nos lembramos, ou como a esperança, ou a ansiedade.

Ou seja, as emoções podem ser consideradas como reações psicológicas do corpo diante de uma percepção.

Sistema emocional é a relação entre afeto, emoção e representação.

A emoção não deve ser confundida com sentimento, que está relacionado ao objeto e à natureza da relação com o objeto, às circunstâncias, à história etc. (amor, ódio, ciúme).

Os afetos (prazer, angústia, sofrimento) são pontuais, os sentimentos se constroem na duração (tempo) e ligam as pessoas; têm valor adaptativo e estão relacionados à vida social.

Para construirmos uma personalidade estável, precisamos nos sentir bem, equilibrados, e poder lidar com nossas emoções, não ficando totalmente à mercê delas. A emoção é uma reação visceral a uma situação, já o sentimento é a elaboração de uma emoção.

▶ Medo. Percepção. Sensação. Sentimento. Sujeito.

Empirismo. Teoria segundo a qual o conhecimento se origina dos sentidos, é experimental; a experiência é uma construção racional do fenô-

ENERGIA

meno observado, e não uma relação passiva, em que os sentidos simplesmente recebem alguma coisa. Método que se baseia na experiência concreta, na constatação de algo. Estamos falando de conhecimento, na verdade da teoria do conhecimento, que se ocupa de como o nosso conhecimento se processa, de como ele acontece.

A empiria (tudo que é **empírico**, em grego) é um conjunto de dados fornecidos unicamente pelas faculdades sensitivas. Empírico é aquilo que não é inato, aquilo que é dado aos sentidos e, por meio deles, à mente. O conhecimento sensível também é chamado de conhecimento empírico ou experiência sensível, e suas formas principais são a sensação e a percepção. Numa relação de conhecimento, há evidentemente a pessoa que conhece (sujeito do conhecimento) e aquilo que é conhecido (objeto do conhecimento).

A escola **empirista** defende a tese de que a causa do conhecimento sensível é o objeto, que funciona como estímulo, acionando o sistema nervoso e os sentidos do sujeito; a sensação e a percepção são efeitos passivos, dependem do objeto. Essa concepção é determinista (ou mecanicista), ou seja, lida com a noção básica de causa e efeito: uma causa A produz um efeito B. O objeto é a causa que age sobre o sujeito, produzindo um efeito específico, na forma de uma sensação ou de uma percepção (uma síntese de sensações). Mas ambas são passivas, ou seja, dependem do objeto, e não do sujeito, que só faz as associações. Dessa forma, os empiristas acreditam que as ideias (as abstrações que fazemos) é que vêm das percepções, por sua vez determinadas pelo objeto, o que faz da percepção a única fonte de conhecimento. Este é justamente o principal ponto de discordância relativo ao racionalismo: para os empiristas, não existem ideias inatas *a priori* em nosso entendimento. DAVID HUME, por exemplo, afirmava que todo conhecimento é percepção: as impressões (sensações, emoções e paixões) e as ideias (imagens das impressões). Um dos fundadores e representantes do empirismo é FRANCIS BACON*.

▶ Conhecimento. Experiência. Idealismo. Modernidade. Racionalismo (em Razão). Verdade.

Energia. Do grego *energeia*, força em ação, algo que está em trabalho (*ergon*), em ato. É o princípio de ação que torna uma pessoa apta a agir; capacidade que um corpo, um sistema físico ou uma substância tem de

ENERGIA

realizar um trabalho; princípio ativo, fundamental e inicial do Universo na cosmologia.

Segundo ARISTÓTELES*, ação de um elemento motor que possibilita a atualização de uma potencialidade (*dynamis*). Esse motor pode ser físico ou metafísico, daí a denominação aristotélica de "primeiro motor imóvel", princípio incorruptível (que não sofre corrupção, no sentido de alteração), pensamento que pensa em si próprio, ato puro (Deus), causador de toda mudança no mundo, mas não passível de mudanças. Nesse sentido, é uma forma ou um ato sem matéria, que provoca o primeiro conjunto de movimentos e, em seguida, atualiza o que existe. Esse conceito de "atualização" permite compreender energia, de acordo com ARISTÓTELES*, como realidade atuante: algo está atuando (em ato), no sentido de que está tendendo a sua própria finalidade, de dentro para fora, a partir de si mesmo.

ARISTÓTELES* também compara *energeia* a *dynamis* (potência) e a *kinesis* (movimento).

A diferença entre ato (*energeia*) e potência (*dynamis*) é a diferença entre o real e o possível. Por *dynamis*, entende-se potência e possibilidade. Dessa palavra vem o termo dinâmica, por exemplo.

A diferença entre ato (*energeia*) e movimento (*kinesis*) é a diferença entre transição e movimento. Energia é a passagem de potência a ato, e *kinesis* é o movimento como deslocamento no espaço, como mudança (*metabolé*) ou alteração de uma natureza, como crescimento e diminuição, ou como geração e corrupção (destruição). Ou seja, ARISTÓTELES* concebe a energia como o desenvolvimento das potencialidades; e movimento como uma mudança gradual e contínua de estado.

Chamamos de energia potencial aquela relacionada à posição, ao não movimento; e de energia cinética palavra derivada de *kinesis* aquela relacionada ao movimento.

Se compararmos a concepção atual de energia – capacidade que uma substância, corpo ou sistema físico têm de realizar um trabalho mecânico ou seu equivalente – à noção aristotélica, veremos que ARISTÓTELES* definiu como ninguém a noção de energia, inclusive no que diz respeito à separação entre repouso e movimento. Em 1905, ALBERT EINSTEIN estabeleceu a fórmula que parece relativamente simples, mas que permite explicar fenômenos bastante complexos, dos quais o mais importante é

Enteléquia

a equivalência entre massa e energia: $E=mc^2$. Se multiplicarmos a massa m de um corpo pela constância física c (que representa a velocidade da luz no vazio) ao quadrado, obteremos uma energia. Isso não quer dizer que uma energia é uma massa – a fórmula diz que uma energia pode, em determinadas circunstâncias, se transformar em massa. Em particular, ela se aplica a corpos em repouso, e não em movimento. Essa equação permite calcular a quantidade de energia que um corpo é capaz de liberar. Por exemplo: para brilhar, o Sol faz a fusão de dois átomos de hélio-3, para formar um único átomo de hélio-4. Mas o átomo de hélio-4 tem uma massa menor que a soma dos dois átomos de hélio-3. Isso acontece porque durante o processo de fusão são liberadas partículas, e a diferença de massa se transforma em energia.

▶ Ato. Metafísica. Movimento. *Physis*. Potência.

Enteléquia. A capacidade que temos de nos aperfeiçoar. Do grego *entelekheia*, a perfeição de uma coisa. Para ARISTÓTELES*, princípio criador pelo qual o ser encontra sua perfeição, ao passar da potência ao ato (devir). Enteléquia significa atividade ou perfeição resultante de uma atualização (passagem de potência a ato, ou ato realizado). Ou seja, a plena realização de uma vocação, tendência ou essência. Desse conceito decorreu a noção, que temos hoje, de que o ser é a verdadeira fonte da ação, pois a enteléquia nada mais é do que um processo de realização da excelência. Não se trata meramente de atividade, de movimento no espaço, e sim da perfeição no processo de atualização, de um processo cujo fim (finalidade) está contido na própria entidade (naquilo que se atualiza).

▶ Ato. Fim. Potência. Ser. Virtude.

Entendimento. Intelecto, inteligência. Capacidade de compreender, de captar o que é inteligível, por oposição às sensações, e de pensar. Faculdade de pensar por ideias gerais ou conceitos, ou seja, fazendo abstrações. IMMANUEL KANT* define o entendimento como a "capacidade de julgar", ou seja, refere-se somente ao pensar, aos conceitos, sendo assim independente da intuição e das impressões recebidas dos sentidos. Função mental que por meio de categorias coordena os dados da experiência, sendo a interpretação final obra da razão. Segundo FRIEDRICH HEGEL, estágio primitivo do conhecimento que deve ser superado, pois só fixa e isola os conceitos de modo abstrato. Essa superação seria a apreensão de contradições. Para Arthur Schopenhauer, é a faculdade de representação, pois sua essência é "o conhecimento pelas causas, faculdade de ligar o efeito à causa ou a causa ao efeito"; ele consegue ligar uma sensação àquilo que a causou, fazendo o que ele chamou de representação. Ou seja, segundo essa concepção, é o entendimento que torna a intuição possível.

O conceito de entendimento é frequentemente expresso na palavra espírito, especialmente em textos traduzidos do francês, língua na qual espírito também é, sobretudo, sinônimo de mente, intelecto.

▶ Abstração. Conhecimento. Percepção. Razão. Representação.

Enunciado. Em lógica, uma das três operações do entendimento: a simples percepção, o enunciado e o raciocínio.

▶ Discurso. Lógica. Percepção. Raciocínio (em Razão).

Epicurismo. Escola do pensamento grego que afirmava que o prazer não é outra coisa senão a ausência de dor. Se nos decepcionarmos com essa singeleza, um epicurista dirá que isso é assim porque estamos de tal modo alienados da verdade de nosso corpo, que ignoramos que a plenitude total nos é oferecida a cada instante, e só a dor física pode nos afastar disso. Sempre que não sentimos dor alguma, a beatitude absoluta nos é oferecida; esta, a pura alegria de viver, o puro prazer de se sentir vivo.

Mas isso raramente acontece, porque mesmo que nosso corpo nos deixe em paz, estamos sempre tensos em função dos "objetos de prazer". A terapia epicurista é simples: permanecer ou voltar à verdade da sensação, à verdade do corpo; e incansavelmente, na vigilante atenção de nós mesmos, de modo a integrar essa carne e não mais deixá-la escapar. Assim, se tivermos fome, aceitar a sensação de fome, aceitar vivenciá-la, antes de saciá-la, para, em seguida, mergulhar na sensação do alimento. Ou seja, aprender a se satisfazer com pouco, pois o simples fato de estar vivo é o ponto mais alto do prazer.

Tomar consciência de que o prazer não está nos objetos, mas em nosso corpo é a lição. (ver o boxe a seguir Epicuro).

"Ser feliz é saber se contentar com pouco."
Epicuro

Epistemologia

> **Epicuro**
>
> Pensador grego do século IV antes da nossa era, criou uma escola de filosofia chamada "o Jardim" e fundou uma "sabedoria do prazer" baseada nos prazeres naturais e necessários, no controle das paixões, na ausência de sofrimento para o corpo e na ausência de "perturbação" para o espírito (ataraxia). Em sua concepção, a crença e o temor aos deuses (religião) são uma fonte de angústia, que o pensamento racional é capaz de dissipar. Para ele, acreditar que os deuses prestam uma atenção especial a nosso mundo é um absurdo; ele os considerava inúteis à sua doutrina filosófica, e atribuía as crendices populares ao excesso de imaginação.
>
> Seu maior objetivo era levar as pessoas à felicidade. Segundo ele, todo conhecimento passa pelas sensações. É um erro considerar que ele pregava o prazer desenfreado (hedonismo). "Vazio é o discurso do filósofo se ele não contribuir para curar os males da alma", dizia uma máxima epicurista.

▶ Ceticismo. Cinismo. Consciência. Corpo. Estoicismo.

Epistemologia. Do grego *episteme*, conhecimento. Em sentido mais estrito, é a disciplina filosófica que estuda a natureza, a origem e os limites do conhecimento; estudo crítico de postulados, conclusões e métodos de uma ciência em particular, considerada do ponto de vista de sua evolução, a fim de determinar a origem lógica, o valor e o alcance científico e filosófico; formação dos conceitos científicos, a história das ciências. Em sentido mais amplo, teoria do conhecimento. A principal questão **epistemológica** está no que realmente podemos conhecer e com que grau de certeza. RENÉ DESCARTES* funda a corrente racionalista, que defende a primazia da razão, do pensamento: o sujeito do conhecimento é fonte do conhecimento, e não o objeto. FRANCIS BACON* cria o empirismo, estabelecendo, ao contrário, que a verdade está na experiência, portanto, no objeto. Ou seja, um lado defende que os objetos se adaptem ao conhecimento, e o outro defende que o conhecimento se adapte aos objetos. Mais tarde, DAVID HUME negaria a existência de ideias inatas.

▶ Conhecimento. Empirismo. Experiência. Idealismo. Racionalismo.

Erro

Eros. Impulso vital que, na mitologia grega, é uma das forças primeiras do cosmos (o Universo); sem ele, não há vida; é ele que faz a Terra gerar seus filhos. Não se trata de um deus, mas de uma força motriz, a "força que tudo guia" (PARMÊNIDES), a "Afrodite que sozinha tudo governa" (LUCRÉCIO) – lembrando que Afrodite é a deusa do amor. Claro que é uma metáfora, mas que explica bem o que, séculos depois, a psicanálise chamaria de pulsão erótica. Ainda na mitologia grega, Eros e Hímeros (desejo) acompanham Afrodite desde seu nascimento.

Vem de FRIEDRICH NIETZSCHE* a concepção de que o ser humano tem instintos ou impulsos, que se voltam para dentro dele mesmo quando não são exteriorizados (descarregados no mundo exterior). Em seguida, SIGMUND FREUD* retrabalhou o conceito: referiu-se várias vezes ao Eros platônico, vendo nele uma noção muito próxima do que entende por sexualidade, que, para ele, não se confundia com a função genital. Assim, a psicanálise utiliza o termo "sexual" no sentido de Eros, e não no sentido vulgar do termo. Mais tarde, FREUD* passou a utilizar correntemente o termo Eros como sinônimo de pulsão de vida, em oposição ao que chamou de pulsão de morte (*thanatos*, em grego). Antes e depois da introdução do termo Eros pela psicanálise, a palavra "libido" sempre designou a energia das pulsões sexuais: ela é a energia do Eros. Para FREUD*, essas duas forças antagônicas, em luta eterna dentro de nós, Eros e Thanatos, são "potências celestiais".

▶ Amor. Potência. Pulsão.

Erro. É um juízo explícito ou implícito, no qual quem o formula não acerta no objeto ou na intenção pretendida. Erro não é engano; o erro só acontece no domínio das proposições e dos juízos; quanto ao engano, só se dá na esfera das percepções. Erramos quando afirmamos o que é falso. O erro pode ter fontes lógicas (como generalização, falhas de raciocínio, sofismas etc.), psicológicas (em geral resultantes da influência das paixões sobre nosso pensar e querer), de entendimento (porque nosso entendimento depende da linguagem, que é ambígua), de vontade (inclinação, pouca disposição de pesquisar a verdade).

▶ Juízo. Proposição. Razão. Verdade. Vontade.

Escatologia

Escatologia. Estudo dos fins últimos do mundo e do ser humano. Considerações relativas ao além da situação presente da humanidade. Dessa concepção decorre o sentido judaico-cristão do julgamento final dos Homens no final dos tempos.

▶ Finalidade (em Fim). Mundo.

Escolástico. Relacionado com a doutrina da "Escola", ensinada na Idade Média (até o século XVI) nas universidades, cujo fundamento era a tentativa de conciliar o pensamento cristão à filosofia de Aristóteles* (chamado de "o divino doutor"). A questão era como adaptar sem perder o respeito à tradição e sem questionar a fé religiosa. Ou seja, explicar a fé cristã à luz da filosofia grega, sem comprometer seus fundamentos doutrinários.

As características do método escolástico são a nitidez da colocação de uma questão, a clareza de conceitos, a argumentação lógica e a terminologia sem ambiguidades.

Os principais expoentes, teóricos ou inspiradores, da **escolástica** foram Tomás de Aquino (século XIII) e Agostinho de Hipona (século IV).

▶ Conceito. Fé. Lógica. Razão. Religião. Teologia.

Escolha. Decisão voluntária de optar por um elemento entre vários.

Na filosofia existencialista, o ser humano cria seus próprios valores. Quando ele escolhe, assume um compromisso pela humanidade toda. Ou seja, é responsável não somente por si mesmo, mas também pelos demais e pelo planeta. O ser humano, segundo essa filosofia, é livre para agir, assumindo todas as consequências de suas escolhas e decisões. Essa liberdade pode ser acompanhada de uma angústia, de um medo de errar. Por isso, diz Jean-Paul Sartre*, tantas pessoas se refugiam no autoengano, não admitindo que são livres e responsáveis por si mesmas, preferindo acreditar em destino ou em alguma divindade que seja responsável por elas e pelo que fazem e são.

▶ *Dasein.* Determinismo. Existencialismo. Liberdade.

Escravidão. Estado de sujeição, de obediência, de dependência, a uma força opressora, incontrolável. Essa força pode ser interna ou externa.

Espaço

Escravizar é submeter, oprimir, dominar, tornar dependente.

Em Friedrich Nietzsche*, a chamada moral de **escravos** é a moral judaico-cristã, que segundo ele, exalta as virtudes que enfraquecem o ser humano: a resignação, a pobreza, o amor aos fracos, por oposição ao que chamou de moral de senhores, que defende a vontade de poder agir, poder fazer, poder conseguir.

O conceito de escravidão nos remete igualmente ao autor francês Etienne de La Boétie, que escreveu, no século XVI, em seu famoso *Discurso sobre a servidão voluntária*, que "para ser escravo, é preciso que alguém queira dominar, e que outro aceite servir...", acrescentando ainda que há três tipos de tiranos: "os que governam por eleição do povo, os que o fazem pela força das armas e os que reinam por sucessão de raça". Nesse texto incrivelmente atual, aprendemos que o tirano divide a população, pondo uma parte dela contra a outra (negros contra brancos, pobres contra ricos, "simples" contra cultos, trabalhadores contra patrões etc.) para melhor dominar a todos, para melhor reinar. É escravo aquele que se submete, que confere poder a outrem. Porque o poder não existe, diz ele, "poder se confere".

▶ Existencialismo. Liberdade. Niilismo. Política. Supra-Homem.

Esotérico. Reservado aos discípulos, aos iniciados, a um círculo restrito de ouvintes; de onde o sentido mais amplo, de oculto, secreto. É o antônimo de exotérico, que significa aquilo que pode ser divulgado, discutido ou ensinado publicamente.

Espaço. Meio ideal, indefinido, no qual se situa o conjunto de nossas percepções e que contém todos os objetos existentes ou concebíveis. Diferente de extensão, ele tem três dimensões, e ela só duas (superfície e volume). Gottfried Leibniz e Immanuel Kant* consideram o espaço uma intuição indivisível, e a extensão uma superfície material indefinidamente divisível. Ou seja, espaço seria uma noção qualitativa, impossível de se compreender intelectualmente, ao contrário da extensão, que pode ser medida e se define pelas relações dos objetos entre si.

Segundo Platão*, há três tipos de ser: um, que é sempre o mesmo, não criado e indestrutível, invisível para os sentidos, que não recebe nada de fora, nem se transforma em outra coisa: as formas ou as

Espírito

ideias; outro, que está sempre em movimento, é criado, perceptível para os sentidos e para a opinião: as coisas sensíveis; e, finalmente, o que é eterno e não passível de destruição, o habitáculo das coisas criadas: o espaço.

▶ Idealismo. Ideia. Intuição. Percepção. Movimento.

Espírito. Princípio imaterial. Em latim, *spiritus*, sopro, vento. Essa noção vem do grego *pneuma*, sopro, princípio de vida. O espírito humano é constituído pelo conjunto de nossas faculdades intelectuais, nossa parte imaterial. Daí o sentido corriqueiro de princípio da vida psíquica e também de sinônimo de alma, de fundamento do pensamento. A palavra ainda assume o caráter de certas faculdades, como humor, vivacidade, agudeza.

Para a teologia, força de origem divina – a alma imortal – que se opõe ao corpo mortal e atesta a vocação sobrenatural ou transcendente do ser humano. O conceito de sopro, dos gregos, assume a conotação de inspiração divina.

Em filosofia, substância não corporal, realidade oposta à matéria (nos pensadores idealistas), que permitiria explicar fenômenos inexplicáveis do ponto de vista estrito da matéria. Particularmente em FRIEDRICH HEGEL, princípio impessoal que governa a História. Para os pensadores materialistas, de modo geral, entidade imaginária que a abordagem científica pode deixar de lado. O espírito não passa, segundo eles, de um conjunto de funções e aptidões derivadas de sistemas orgânicos, materiais, particularmente complexos. Para a filosofia analítica e o positivismo lógico, entidade ou realidade problemática que é possível evitar; os estados mentais remetem necessariamente à existência de um "espírito", concebido como realidade independente, que basta a si mesma (uma substância).

▶ Absoluto. Alma. Corpo. Dualismo. Idealismo. Materialismo.

Espiritualismo. Doutrina dualista que considera a existência de espírito e matéria, com a supremacia do espírito, opondo-se ao materialismo, que só aceita como inequívoca a existência da matéria. Se a oposição idealismo/realismo diz respeito à origem do conhecimento, a oposição espiritualismo/materialismo concerne à natureza do ser. Alguns partidários dessa escola têm uma visão monista, ou seja, acreditam que só existe uma realidade (o pensamento ou o espírito), e que a matéria não passa de ilusão dos sentidos. É o caso de GOTTFRIED LEIBNIZ, para quem a matéria se reduz a energia, uma força impossível de ser percebida, sendo ela mesma de natureza espiritual.

A tradição espiritualista remonta a ANAXÁGORAS, para quem o "espírito" é o sopro (*pneuma*) que se opõe à matéria sólida e inerte. Já RENÉ DESCARTES* reconhece o dualismo, com uma matéria autônoma que obedece a suas próprias leis, mas confere prioridade ao pensamento. Para HENRI BERGSON, a vida não pode ser reduzida a uma mecânica psicoquímica, e o cérebro não passa de um suporte, um instrumento que permite ao espírito (considerado imaterial) inserir-se na realidade.

▶ Dualismo. Materialismo. Monismo. Realidade (em Real).

Espontâneo. Aquilo que implica iniciativa do agente. O que é voluntário, que fazemos sem motivação externa; aquilo que ocorre sem ser provocado; o que não é refletido.

▶ Consciência.

Essência. A natureza própria de algo; conjunto das características que constituem esse algo. Aquilo que não pode ser separado de alguma coisa sem que ela desapareça, que faz que ela seja o que é. Nesse sentido, é sinônimo de definição, de fundo permanente, o contrário do que ARISTÓTELES* chama de acidente (modificações momentâneas e superficiais). Exemplo: é da essência do ser humano ser bípede, mas ter os olhos azuis é um acidente.

Para MARTIN HEIDEGGER, a essência humana é sua própria existência. Segundo JEAN-PAUL SARTRE*, não há uma "natureza humana" anterior ao seu aparecimento no mundo, pois "o ser humano não é outra coisa senão seu próprio projeto, que só existe na medida em que ele o realiza, o que faz que a pessoa não seja nada além do conjunto de seus atos, nada além de sua vida". Quando SARTRE* afirma que "a existência precede a essência", está dizendo que a vida humana não é determinada de antemão e sim que ela se faz continuamente, na exata medida de nossas livres decisões voluntárias.

Estado

"Mas se realmente a existência precede a essência, o ser humano é responsável pelo que é."
   Sartre*

▶ Acidente. Definição. Existência. Liberdade. Substância.

Estado. Maneira de ser de uma coisa; uma situação em seu conjunto, em determinado momento. Escrito em letra maiúscula, Estado designa o conjunto de instituições que controlam a sociedade civil e que tem o reconhecimento da comunidade política internacional como governo soberano.

Estado de fato e **de direito**: estado de fato é o que é, as coisas que são como são; estado de direito é como elas devem ser, o estado legítimo. Por exemplo: um estupro é um estado de fato, infelizmente, mas nunca é um estado de direito.

Estado civil é aquele (para Thomas Hobbes, John Locke e Jean-Jacques Rousseau*) no qual o ser humano se socializa plenamente, por meio de um pacto que estabelece as regras e instituições da ordem política (por oposição ao chamado estado de natureza).

Estado de natureza: situação ou forma imaginada por alguns filósofos, na qual ou pela qual os seres humanos viveriam antes de viver em sociedade, ou se não vivessem em sociedade. Para Hobbes, só a sociedade pode evitar excessos, controlar essa natureza humana agressiva; se não vivêssemos em sociedade nos mataríamos uns aos outros: "o homem é lobo para o homem", disse ele. Defendia a necessidade de um pacto social, pelo qual os cidadãos alienassem seus direitos individuais a um soberano representante, que assumiria o papel de um governo central forte – que deteria o privilégio do uso da força – em nome de segurança e de proteção. No estado natural imperaria a "guerra de todos contra todos", pois nessa condição a natureza humana torna-se má e violenta. Para Rousseau*, ao contrário, a natureza humana é boa. Se vivêssemos no estado de natureza, imperaria a natureza do "bom selvagem", pois a culpa das maldades que praticamos é unicamente da sociedade.

Deve-se ressaltar ainda que na moderna concepção, o estado de direito se define pela capacidade de se autolimitar, a fim de prevenir qualquer desvio despótico ou tirânico.

Estoicismo

"No estado natural, o homem é um lobo para o homem."
Hobbes

▶ Contrato. Direito. Liberdade. Natureza. Poder. Política.

Estética. Do grego *aisthèsis*, sensação, e/ou *aisthétikos*, o que pode ser captado pelos sentidos. A estética diz respeito à sensibilidade e às normas do belo, à produção artística. Como área de conhecimento, é o estudo da teoria da arte e das condições do belo. Segundo Immanuel Kant*, aquilo que diz respeito ao belo, ao sensível: os julgamentos estéticos são empíricos (agradável, desagradável) ou puros (dizem respeito ao gosto pessoal em si, pois não se baseiam em conceitos). Para Friedrich Hegel, estética é a filosofia das belas-artes, que tem como objeto o "vasto império do belo", concebido por ele como "manifestação do espírito sob uma forma sensível".

Como adjetivo, estético designa tudo que provoca um sentimento mesclado (misturado) de prazer e admiração, sentimento geralmente relacionado ao belo, mas nem sempre. A arte contemporânea, por exemplo, se define pela procura de uma invenção, de um gesto original, para se diferenciar das abordagens anteriores: celebrar e cantar a Natureza, ou revelar a espiritualidade inerente às produções humanas.

▶ Arte. Belo. Civilização. Cultura. Sensação.

Estoicismo. Corrente do pensamento grego que defende a via da aceitação. Para os estoicistas o que depende de nós é dizer sim ou não; amar ou não amar. O que depende de nós diz respeito a nossa liberdade. É a relação que temos com nosso destino. Assim, a escola estoica nos lembra de uma verdade fundamental: em um caminho de sabedoria, não se trata de transformar, de mudar a própria vida. Trata-se de aprender a aceitar! Desejar mudar ainda é um modo de reproduzir as recusas que sofremos. O estoicismo nos ensina que podemos não mudar, mas podemos aprender a não querer mudar. A lição, nesse caso, é suportar e se abster. Pois aceitar viver o próprio sofrimento, sem buscar um alívio passageiro, é transformar o sofrimento e se livrar dele. O estoicismo compreendeu que o ser humano só pode se curar do sofrimento ao aceitar vivê-lo conscientemente.

▶ Ceticismo. Cinismo. Epicurismo.

Estruturalismo

Estruturalismo. Escola filosófica que aplica as regras da linguística ao âmbito da antropologia. Mais do que uma filosofia, é um método de construção de modelos explicativos da realidade, chamados **estruturas**. Essa linha de pensamento visa fundar um estudo – e especialmente a descrição – de fatos humanos, basicamente sobre a análise de sua estrutura, da relação entre seus componentes. Nesse sentido, contraria o empirismo, que concebe a realidade como um conjunto formado por fatos isolados. Para o estruturalismo, não existem fatos isolados, pois cada um integra um todo maior. Os fatos não podem ser entendidos isoladamente, pois possuem uma relação interna. Da mesma forma, os fenômenos não podem ser explicados só pelo que manifestam, pois mantêm escondida, não revelada, uma estrutura subjacente.

Estrutura é, nesse sentido, um elemento, um componente, uma parte do todo. Lembrando que o conceito também pode designar o próprio todo, como organização das partes.

Os **estruturalistas** (cujo representante mais importante é Claude Lévi-Strauss*) não confiam na tentativa de explicar a condição humana em termos de sujeito ou consciência, pois os sujeitos (pessoas) são sempre condicionados por estruturas que não podem ser conscientes. Qualquer fenômeno social ou cultural é antes de tudo um sistema de signos (inter-relacionados segundo determinadas regras), que só se referem a si mesmos, sem qualquer significado exterior. Por isso, sugerem analisar as relações sociais em termos de estruturas abstratas, a partir de padrões de pensamento e comportamento que se repetem.

Estudando tribos indígenas (inclusive brasileiras), Lévi-Strauss* observou a existência de um conjunto de normas que foram conservadas em diferentes culturas, como se fossem formas inconscientes que moldavam o pensamento e o comportamento desses diversos povos.

Os chamados **pós-estruturalistas**, ou **desconstrutivistas** (do qual o mais importante teórico é Jacques Derrida), dedicaram-se a "desmontar as estruturas metafísicas e retóricas" da tradição de pensamento ocidental, seus valores e as "verdades" veiculadas por essa tradição. Desconstruir significa, nesse contexto, desmontar, refazer, recompor. Ou seja, desmontar a metafísica para remontá-la de outra forma, tomando especial cuidado com os termos empregados, pois a linguagem metafí-

ETERNO RETORNO

sica, segundo eles, é bastante enganosa, já que as expressões por vezes parecem ter um sentido, quando na verdade têm outro.

▶ Empirismo. Fenômeno. Linguística. Metafísica. Signo.

Eterno retorno. Conceito forjado por FRIEDRICH NIETZSCHE*, para se referir à "fórmula suprema da afirmação da vida": viver a vida como se desejássemos que ela se repetisse eternamente. Ou seja, é uma espécie de imperativo ético: "Considerando que o vir a ser é um vasto ciclo, tudo é igualmente precioso, eterno e necessário".

Esse conceito está ligado à noção de que o Universo nunca atingirá um fim, pois é desprovido de objetivo; assim sendo, ele não foi criado (não tem nem um "tornou-se" nem um "tornar-se-á"); assim sendo, é composto de um número finito de forças e o tempo é um infinito – portanto, todas as combinações possíveis devem poder se repetir infinitamente. Não que o devir (vir a ser) não exista, o que NIETZSCHE* está dizendo é que as coisas não ocorrem de modo exatamente igual – tudo o que acontece são variações de sentidos que já vivenciamos, faces de uma mesma realidade. Ao longo da vida, experimentamos as mesmas emoções (alegria, tristeza, medo, raiva) de modos diferentes. Essas múltiplas e diferentes faces da mesma moeda é que nos permitem crescer.

Tal concepção se distingue de todas as outras hipóteses cíclicas (como a reencarnação, por exemplo). NIETZSCHE* está afirmando a necessidade de assumir a potência máxima da vontade de poder humana: assumir até as últimas consequências os próprios atos, o que corresponde a se tornar o que chama de "Supra-Homem", "além do homem". Ou seja, assumir o risco de que cada ato possa se repetir até o infinito, daí a necessidade de agir de modo responsável e refletido, que permita responder afirmativamente à pergunta: "Quero isto ainda uma vez e inúmeras vezes?". Para tanto, é preciso, diz ele, ter a coragem de se livrar das ideias feitas e, sobretudo, da submissão à religião, que enfraqueceu e submeteu a humanidade, na mais pura negação da vida.

Em resposta ao pessimismo de ARTHUR SCHOPENHAUER, declarou: "Os seres humanos não têm de fugir à vida como os pessimistas, mas como alegres convivas de um banquete que desejam suas taças novamente cheias, dirão à vida: uma vez mais".

Ética

"A vida consiste em raros momentos da mais alta significação e de incontáveis intervalos, nos quais, quando muito, as sombras de tais momentos nos rondam. O amor, a primavera, toda bela melodia, a Lua, as montanhas, o mar – apenas uma vez tudo fala plenamente ao coração. Mas muitos homens não têm, de modo algum, esses momentos, e são eles próprios intervalos e pausas, na sinfonia da vida real."
Nietzsche*

▶ Ética. Imperativo categórico. Liberdade.

Ética. Não é moral (código de conduta imposto de fora para dentro). Quando agimos de maneira ética, agimos segundo normas que vêm de dentro para fora. Por exemplo: não avançaremos o farol vermelho porque sabemos que isso é errado, mesmo que não haja nenhum policial ou radar nos vigiando. A diferença entre uma pessoa ética e outra que só finge ser é que a primeira tem princípios, ao passo que segunda só considera errado o que a lei condena.

Segundo Immanuel Kant*, somos capazes do que ele chamou de "aprimoramento ético", ou seja, de nos tornarmos melhores – o que não tem nada a ver com sentimentos ditos humanitários ou religiosos, mas simplesmente com a melhor maneira de se portar e agir no interesse do conjunto da sociedade, e não só em proveito próprio ou de uma facção ou grupo social. Nesse sentido, podemos afirmar que a ética começa no momento em que somos livres. Enquanto a moral é um código de conduta imposto pela sociedade, a ética forma o conjunto que cada pessoa impõe ou proíbe a si mesma. Essas leis que fixamos para nós mesmos visam menos satisfazer a nossos desejos do que respeitar e levar em consideração os direitos dos outros.

A ética é um discurso e sobretudo uma prática na primeira pessoa do singular (eu), enquanto a moral diz respeito à primeira pessoa do plural (nós). A ética é o fundamento que determina um comportamento coerente com nós mesmos. A moral nos obriga, enquanto a ética não é outra coisa senão o sentimento de dignidade, como disse Alain (pseudônimo de Émile-Auguste Chartier).

Em geral, os estudos sobre a ética tratam do Bem, enquanto o Mal fica relegado às religiões. Talvez devêssemos nos perguntar se existem um Bem e um Mal dentro de nós, ou se eles estão do lado de fora, dominando-nos; se somos responsáveis ou vítimas. Por isso existe uma

Evolução

parte da filosofia chamada Ética, que trata dessa discussão; ela se ocupa dos princípios que motivam, modificam e orientam o comportamento humano. É uma reflexão sobre o conjunto de valores e normas de um grupo, comunidade ou sociedade, chamados valores éticos.

A palavra ética vem do grego ***ethos***, sinônimo de caráter. Já moral vem do latim *mores*, tradução latina de outro termo grego, *ethikos* (costumes). Por isso dizemos que moral é um conjunto particular de regras de conduta, que funcionam como norma em uma determinada sociedade. Daí a importância da Ética como estudo filosófico, pois ela tem o objetivo de ajudar a estabelecer critérios que permitem julgar se uma ação é boa ou má, e quais são os motivos e as consequências de um ato.

▶ Filosofia. Imperativo categórico. Liberdade. Moral. Niilismo. Religião.

Eu. Nossa individualidade de pessoa humana. Unidade do indivíduo como pessoa, que vai além da diversidade de seus atos, pensamentos, sentimentos, ou seja, nossa realidade invariável e permanente, nosso "núcleo duro". CARL G. JUNG distingue o eu consciente (em alemão, *Ich*) do eu que abarca o inconsciente e, até, o divino (*Selbst*).

▶ Consciência. Indivíduo. Unidade.

Evidência. Aquilo que é manifestamente verdadeiro para quem compreende; verdade plena, que não deixa margem a dúvida. Essa é uma concepção aristotélica, da perfeita adequação entre o conhecimento e seu objeto. Para RENÉ DESCARTES*, a ideia clara e distinta, a qualidade objetiva de uma ideia. De acordo com GOTTFRIED LEIBNIZ, a qualidade do que ele chama de relação entre as ideias. De FRIEDRICH HEGEL herdamos a concepção de evidência como algo objetivo, diferente da certeza, que é subjetiva; exige-se o trabalho do discurso e das demonstrações para passar de certeza (subjetiva, de uma só pessoa) a algo evidente para todos (objetivo).

▶ Conhecimento. Ideia. Sujeito-objeto. Verdade.

Evolução. Transformação, desenvolvimento contínuo e gradual, mudança de estado ou condição.

Evolucionismo: teoria da evolução como lei geral que rege a vida, os sentidos, o espírito, a sociedade.

Existencialismo

Em antropologia, é a linha de pensamento que concebe a cultura de uma sociedade como um processo evolutivo, de transformação contínua.

Em filosofia, Herbert Spencer e Henri Bergson consideram que o real se desenvolve em direção a estágios mais aperfeiçoados, o que explicaria o fluxo ininterrupto de transformações, tanto do mundo biológico quanto do espiritual, e mesmo da história. O que não supõe necessariamente um fim determinado (finalidade).

Esse processo é natural, por isso todos os seres que vivem na Natureza (os humanos, inclusive) se aperfeiçoam continuamente (e os que não se aperfeiçoam, no sentido de não conseguirem se adequar às mudanças, não sobrevivem, como nos ensina Charles Darwin). Nesse sentido, evolução é diferente de revolução, pois esta última é um processo não gradual e não natural: é súbita e imposta de fora para dentro; uma transformação profunda que ocorre em um período de tempo relativamente curto.

▶ Criacionismo. Cultura. Darwinismo. Determinismo. História.

Existencialismo. Escola filosófica que afirma que o ser humano é livre, e não determinado; o que cada um de nós faz e decide é que vai definir o que seremos. Segundo essa concepção, a existência supõe a consciência de si mesmo. Os indivíduos é que criam o sentido e a essência de suas vidas, por meio da ação e da coragem; tal tese se opõe à concepção de que essência e sentido da vida tenham sido criados por doutrinas filosóficas ou religiosas. O existencialismo considera que cada pessoa é um ser único, dono de seus atos e de seu destino, mas também – e sobretudo – responsável pelos valores que decide adotar. Cada pessoa, diz Jean-Paul Sartre*, é uma escolha absoluta dela mesma. Nosso futuro nos pertence, pois somos o que fazemos – de onde a afirmação de que a existência (vida) antecede a essência. Por isso, só o ser humano existe, no sentido pleno do termo – as coisas são, simplesmente, porque elas não têm consciência de si mesmas.

Em sentido mais amplo, dizemos que é **existencialista** toda filosofia que coloca a existência humana no centro de sua reflexão (Søren Kierkegaard, Karl Jaspers etc.). Em sentido mais estrito, designa os chamados filósofos ateus (Martin Heidegger, Simone de Beauvoir, Jean-Paul Sartre*, Maurice Merleau-Ponty), que afirmam que o ser humano é desprovido de "essência". Segundo esses pensadores, somos "atirados, jogados" no mundo

EXISTENCIALISMO

quando nascemos, sem nenhum apoio, sem referência (HEIDEGGER), sem certezas adquiridas; não temos outra saída a não ser construir tudo isso sozinhos, fazendo nossas próprias escolhas e assumindo os seus resultados.

O existencialismo recusa a noção determinista de que tudo no Universo obedece a leis prévias e encadeadas, imutáveis. Se a vida é fruto do acaso, o ser humano está inserido na Natureza, mas também em um mundo de cultura. Mesmo sofrendo a limitação de leis externas, que condicionam parcialmente sua vida, ele é agente da História, no sentido de que tem liberdade, de que pode ser causa de si mesmo, escolher o que ser e como agir – o que o torna responsável por si e pelos demais.

"O mundo é o espelho da minha liberdade."
SARTRE*

A importância do exemplo

A existência faz surgir uma humanidade pela imagem de ser humano que ela produz; ao decidir como viver, eu faço surgir uma forma de humanidade, dou esse exemplo a outras pessoas – e dessa forma sou responsável pelo que os demais fazem. Isso implica que toda ação e toda escolha de valores devem ser refletidas, precisamos parar para pensar, pois ao decidir agir desta ou daquela maneira, devemos chegar à conclusão que tal decisão teria o acordo de todos. Nesse sentido, podemos dizer que JEAN-PAUL SARTRE* reafirma o imperativo categórico de IMMANUEL KANT*.

Alguns conceitos básicos do existencialismo, em frases de SARTRE*:

- essência: "Cada ser humano é um exemplo particular de um conceito universal, o ser humano."

- existência: "O ser humano não é nada mais do que aquilo que ele faz de si mesmo."

- liberdade: "Não há determinismo, o ser humano é livre, o ser humano é liberdade."

- universalidade do ser humano: "Ela não está dada, ela está em perpétua construção."

▶ Acaso. Caos. *Dasein*. Determinismo. Essência. Liberdade. Natureza. Universo.

Exotérico

Exotérico. Aquilo que pode ser divulgado, discutido ou ensinado publicamente. É o antônimo de **esotérico**, que significa o que é reservado aos discípulos, aos iniciados, e, portanto, oculto, secreto.

Experiência. Conhecimento adquirido pelos sentidos, pela inteligência ou por ambos, que se opõe ao conhecimento inato, ligado à natureza da mente. Ou seja, um conhecimento adquirido pela observação e não unicamente pela razão. Em geral, se entende por experiência uma percepção simples, produzida por uma impressão externa, por isso dizemos em ciência que ela é um teste para verificar uma hipótese, ou estudar fenômenos.
Para o empirismo, ela é fonte do conhecimento humano, em oposição ao racionalismo clássico, para o qual a experiência sensível não é suficiente, apesar de indispensável, pois sem o pensamento (razão) ela não seria nada. Ambos discordam fundamentalmente quanto à existência, ou não, de ideias inatas em nosso espírito, ou entendimento: para o empirismo, não há ideias *a priori*.

▶ Conhecimento. Empirismo. Idealismo. Percepção. Sensação.

Explicação. Conjunto de juízos que explicam um juízo X e que, por sua vez, procuram responder à pergunta "O que é X?". Discurso que esclarece. **Explicar** é tornar algo inteligível, permitindo sua compreensão.

▶ Demonstração. Juízo. Raciocínio (em Razão).

F

Fé

Faculdade. Poder mental ou psicológico, capacidade. Algumas faculdades: entendimento, sensibilidade, criatividade, vontade, memória, juízo.

▶ Entendimento. Psique. Virtude.

Fatalismo. Doutrina segundo a qual o curso dos acontecimentos escapa à inteligência e à vontade humanas, de modo que o destino de cada um de nós seria fixado antecipadamente por uma força única e sobrenatural.
Do ponto de vista do indivíduo, dizemos que é **fatalista** a atitude, a postura de quem se submete aos acontecimentos, por acreditar que nada pode fazer para mudar seu destino. Onde há fatalismo, não há liberdade. Onde há predestinação, há necessariamente a noção de impotência humana.
O fatalismo é também uma doutrina religiosa que diz respeito à vida humana, pois defende a existência de um destino inelutável. É diferente de determinismo, que foca mais as ocorrências condicionantes da Natureza.

▶ Destino. Determinismo. Liberdade. Religião.

Fato. Conceito fundamental para a ciência do direito, que julga e trabalha sobre essa noção. Em filosofia é complicado afirmar a existência de um fato, porque ele sempre se reveste de condições e condicionantes: históricos, ideológicos, psicológicos, de tempo e lugar etc. Por isso, um fato isolado não é nada, vale somente pela ideia a ele ligada. Seu sentido mais abrangente é o de acontecimento.
Um fato científico é um fenômeno que se repete em certas condições e que é interpretado na sua relação com uma lei geral. Por isso torna-se difícil falar em fato, ou fato concreto, quando isso diz respeito à esfera humana. Mas podemos afirmar que fato é o contrário de hipótese, de teoria, pois é sempre um dado da experiência, ou seja, pertence ao domínio da realidade sensível, não ao domínio da especulação.

▶ Boxe Ideologia. Ciência. Experiência. Ideia. Teoria.

Fé. Do latim *fides*, compromisso, confiança. A fé é a adesão a uma crença que se admite por convicção íntima, sem a necessidade de demonstrá-la ou de recorrer à razão. Por extensão, a fé é a adesão a uma doutrina ou aos seus dogmas, que não se baseiam nem na experiência nem na demonstração científica. A fé é uma convicção firme, inque-

Felicidade

brantável (que não pode ser quebrada), e que se distingue da simples crença religiosa, que é mais indeterminada. A fé exige uma espécie de compromisso moral, ao contrário da crença, que pode ser ingênua e descompromissada. A fé é a parte mais íntima e mais profunda da crença religiosa. Na teologia escolástica, a fé não tem fundamento em argumentos racionais, mas pode alcançar verdades compatíveis com aquelas às quais se chega pela razão.

▶ Ciência. Crença. Dogma. Espírito. Razão. Religião. Teologia.

Felicidade. Condição de satisfação estável e completa, por oposição à do prazer, que é irregular e inconstante. Para os gregos, estado de plenitude e bem-estar que constitui a finalidade da ação moral. A doutrina dita eudemonista associa a virtude e o "soberano bem", ou seja, a felicidade obtida pela sabedoria. Em ARISTÓTELES*, como a felicidade está associada ao sucesso da atividade, e a atividade mais humana é a da inteligência, é ela que deve nos propiciar a suprema felicidade, ela é o caminho. Para EPICURO, a felicidade do sábio consiste em dosar convenientemente os prazeres, entre os quais, os do espírito (sabedoria, conhecimento) são sempre os mais importantes. Para os estoicos e cartesianos, a felicidade é o acordo entre nossos desejos e a ordem do mundo. Como a ordem do mundo não depende de nossa vontade, é preciso tentar, tanto quanto possível, adaptá-la a nossos desejos. Em IMMANUEL KANT*, a existência das pessoas não é orientada para a felicidade, como para um objetivo supremo, mesmo que todas as pessoas desejem naturalmente ser felizes. Como satisfação completa e permanente de todas as inclinações, a felicidade é o que ele chama de "ideal da imaginação", um objetivo não só impossível de realizar, mas também insensato (não podemos satisfazer todas as nossas inclinações ao mesmo tempo). Nesse sentido, a felicidade só pode ser atingida como um acaso inesperado. Ninguém precisa renunciar às exigências da felicidade, mas deve saber que "a moral não nos ensina como ser felizes, mas sim como nos tornarmos dignos de ser felizes".

Com ARISTÓTELES*, aprendemos que nossa felicidade de seres humanos está ligada à possibilidade de vivermos em sociedade, e não sozinhos. Ora, uma sociedade se define como um agrupamento de indivíduos ligados entre si por relações de dependência, baseadas na necessidade.

FENÔMENO

Para satisfazer a essa aspiração profunda, do "animal político" que somos, é preciso um certo número de regras de boa convivência, sem as quais a vida social não dá certo, o que acabaria por nos isolar em uma vida solitária e, portanto, infeliz (pois contraria nossa natureza íntima). A felicidade não é mero contentamento, alegria ou prazer, que são estados passageiros. Ela consiste na atividade do entendimento, por meio do conhecimento da verdade. Buscar o conhecimento da verdade é a atividade filosófico-científica; esse é o agir que pode levar o ser humano à sua excelência (realização) e, portanto, à felicidade. O prazer e a alegria seriam somente um eco da realização alcançada.

▶ Conhecimento. Entendimento. Filosofia. Política. Sabedoria. Verdade.

Fenômeno. Aquilo que se manifesta aos nossos sentidos. Em grego *phainomenon*, o que aparece. Contrapõe-se, portanto, à chamada "coisa em si", que não depende do conhecimento que temos dela. É o ser visível, palpável, o que aparece aos nossos sentidos e à nossa consciência, tudo o que percebemos. É o contrário de noúmeno, por isso IMMANUEL KANT* afirmou que somos incapazes de conhecer as coisas como elas são em si mesmas, já que só somos capazes de apreender, de captar seu fenômeno, sua manifestação. Os fenômenos designam o real tal como ele é conhecido, tal como se manifesta ao sujeito do conhecimento, em função de sua sensibilidade e de seu entendimento, enquanto a chamada "coisa em si" designa esse mesmo real, tal como ele é em si mesmo. Por definição, a "coisa em si" não pode ser conhecida, mas nós podemos pensar nela, pois ela constitui o objeto de experiência possível, diante do que é simples aparência ilusória e do que se encontra mais além dessa experiência.

A **fenomenologia** trata do fenômeno pela ótica da consciência que o percebe. Estuda as experiências vividas pela consciência do sujeito, as relações do sujeito com o mundo, o significado da realidade social. Para ela, fenômeno é "o objeto intuído aparente, como o que nos aparece aqui e agora", como afirmou EDMUND HUSSERL.

A fenomenologia é o método que propõe uma volta às próprias coisas, a seu significado, deixando de lado as palavras, para considerar os atos que revelam a presença das coisas. Ela não considera as coisas como sendo um simulacro, uma cópia, a imagem de um objeto, mas sim como

Filosofia

o próprio objeto. Ainda segundo Husserl, o fenômeno não é a aparição de qualquer coisa nele, "não há qualquer distinção entre aparecer e ser". Essa importante corrente filosófica, do século XX, influenciou pensadores importantes, como Jean-Paul Sartre*, Martin Heidegger e Maurice Merleau-Ponty. Ela propõe uma descrição da experiência vivida pela consciência, desprezando teorias, valores ou princípios preestabelecidos, indo além das meras características empíricas do fenômeno.

Em Friedrich Hegel, a fenomenologia do espírito é a descrição da história da consciência (espírito humano), que pelo movimento dialético se eleva do conhecimento sensível, da esfera das sensações individuais à plena consciência de si mesma, em um processo evolutivo para o saber absoluto, que vai além das aparências.

▶ Aparência. Conhecimento. Consciência. Em si. Sensível (em Sensação). Ser.

Filosofia. Literalmente, amor à sabedoria, do grego, *philêin*, amar, e *sophia*, sabedoria. É o sistema geral dos conhecimentos humanos, de todo conhecimento racional, qualquer que seja seu objeto.

É o discurso que trata racionalmente da experiência do sujeito, da pessoa. Como sabemos, a filosofia nasceu em Atenas, na Grécia, na forma de reflexão sobre questões da vida das cidades, das *pólis* gregas. Ou seja, como uma discussão racional sobre os problemas humanos. Ela não tem objeto circunscrito (como a ciência), nem pretende ser o estatuto da verdade (como a religião). Mas até o século XIX, quando surge formalmente o que hoje chamamos de ciência, com todas as suas especializações, filosofia e ciência eram entendidas como uma única coisa. Segundo Epicuro: "A filosofia é uma atividade que por meio de discursos e raciocínios nos proporciona uma vida feliz".

O mais importante ensinamento de Sócrates* é que precisamos reconhecer nossa ignorância, pois a filosofia é a procura da verdade, e não sua posse.

Walter Benjamin chamou-a de "iluminação profana", depois de Arthur Schopenhauer tê-la classificado de "esgrimir diante do espelho", referindo-se aos pensadores instalados por detrás da barricada das paredes da universidade. Ninguém aprende filosofia, só a filosofar eventualmente, dizia Immanuel Kant*. A pergunta, o questionamento, é sempre e inevitavelmente mais importante do que a resposta. Ela é, define André Comte-Sponville, fundamentalmente a "crítica das ilusões, dos preconcei-

FILOSOFIA

tos, das ideologias. Toda filosofia é uma luta. Suas armas? A razão. Seus inimigos? A ignorância, o fanatismo e o obscurantismo. [...] Seus aliados? As ciências. [...] Sua meta? A sabedoria: a felicidade, mas no seio da verdade".

Como disciplina, ela tem várias divisões ou ramos de reflexão e discussão: a metafísica, a lógica, a filosofia da ciência, a ética, a estética, a filosofia política, a filosofia da linguagem, a história da filosofia, a epistemologia.

Ser um **filósofo** não é, necessariamente, escrever uma obra ou um sistema filosófico; é viver uma vida dedicada à procura da verdade. Foi nesse sentido que FRIEDRICH HEGEL afirmou ter sido SÓCRATES* um "verdadeiro filósofo", precisamente porque viveu sua doutrina, em vez de escrevê-la. "Ser filósofo", dizia SÓCRATES*, "não consiste em saber muitas coisas, mas em ser moderado".

"Viver sem filosofar é, ao pé da letra, ter os olhos fechados sem tratar de abri-los jamais."
DESCARTES*

"Filosofia: a doutrina e a prática da sabedoria – e não simples ciência."
KANT*

Escola de Mileto

Escola de pensamento surgida na Grécia, no século VI antes de nossa era. Esses pensadores, os primeiros do mundo ocidental, também são chamados de jônios (por causa do nome da região, a Jônia), de milésios (a cidade era Mileto, na Ásia Menor), de pré-socráticos (porque vieram antes de SÓCRATES*) ou de físicos (porque sua reflexão estava mais relacionada à Natureza, em grego *physis*). Esses filósofos (que hoje chamaríamos de "cientistas") começaram a se perguntar como e por que a Natureza funciona de modo tão ordenado: os dias se sucedem regularmente, as estações de ano também, e assim todo o restante. E começaram a buscar as razões para isso na própria Natureza, e não fora dela. A esse movimento se deu depois o nome de filosofia: a busca de uma explicação razoável e racional para o que acontece no meio natural. TALES, o primeiro deles, chegou à

Fim

> conclusão que o elemento água é a *arché* da Natureza, ou seja, o princípio comum a todas as coisas, que nos ajuda a entender o aparente caos da vida, mas que no fundo tem uma ordem. Outros contemporâneos dele se decidiram pelo ar ou pelo fogo, como princípio que regula, ou ainda por um elemento indeterminado, o *ápeiron*. Mas o mais importante é que todos deixaram de lado explicações de tipo mítico ou religioso. Essa é a diferença entre mito e razão, entre cosmogonia e cosmologia, entre pensamento racional e explicação religiosa. Essa "descoberta" de que tudo o que existe na Natureza (nós inclusive) provém de uma origem comum foi mais tarde consolidada e desenvolvida por CHARLES DARWIN (1809-1882), com seus estudos sobre a evolução das espécies, de modificação delas no tempo, mas a partir de uma origem comum a tudo o que existe de vivo.

▶ Ciência. Felicidade. *Logos*. Sabedoria. Sofrosine. Verdade.

Fim. Termo que pode significar limite ou final de processo, tanto em sentido espacial quanto temporal. Mas ainda pode ter o sentido filosófico de **finalidade**, de intenção, ou de cumprimento de intenção, como propósito, objetivo. Desde ARISTÓTELES*, a noção de finalidade é relacionada ao conceito de causa. O fim é "causa final" ou "aquilo por que" algo é feito. Assim, a saúde é a finalidade do ato de andar a pé, pois se anda a pé com o fim de manter a saúde. Ou seja, finalidade é o caráter daquilo que tende a ou busca um objetivo. Por exemplo: a finalidade dos olhos é a visão. Uma explicação pela finalidade, explica uma ação pelo seu fim, por sua intenção. Ela se opõe à explicação causal, que explica o que é pelo que a precede, pelo que vem antes. A explicação final nos diz "em vista do quê" um acontecimento se produz; a explicação causal, "por quais intermédios" se produziu.

Finalismo é a doutrina que admite a finalidade como princípio básico de explicação dos fenômenos no Universo, em geral, ou em uma esfera limitada. Essa linha de pensamento explica a organização e o sentido das transformações de tudo o que existe – a História – em função de uma finalidade última e suprema.

FORMA

"O finalismo inverte a ordem natural: explica o presente pelo futuro."
Goblot

▶ Conceito. Devir. História. Teoria das Quatro Causas (em Causa).

Finito. Limitado, delimitado (que tem limites). O contrário de infinito (sem limites). Desse conceito vem o de **finitude**, sinônimo do caráter limitado; por exemplo, o da condição humana. Os conceitos de limite e fim são entendidos tanto ao espaço quanto ao tempo.

▶ Cosmos. *Physis.* Universo.

Forma. Termo que designa, originariamente, a configuração exterior, o contorno, a figura, a estrutura visível de um corpo. Ou seja, a percepção global de um conjunto, ao contrário da percepção de um elemento isolado.

Em filosofia, é sinônimo de causa primeira e princípio da unidade de um ser. Nesse sentido, é a substância atualizada – dentro da concepção aristotélica de passagem da potência a ato.

Para Platão*, sinônimo de ideia; cada uma das realidades transcendentes, que só o intelecto (a razão) consegue captar, e das quais a realidade sensível é mera cópia, simulacro. As formas contêm a essência imaterial dos objetos.

Segundo Aristóteles*, princípio que modela a matéria bruta e a determina, mas que não é transcendente a ela, como em Platão*. Ela é aquilo que delineia o traçado definido de tudo o que existe, dando a cada ser uma configuração característica. Ela é o fundamento interno essencial e específico de cada ser, e nesse sentido se contrapõe à matéria, nos corpos. Ela é o princípio substancial do ser e o princípio de unidade do ser. Essa concepção serviu de base para a escolástica, na Idade Média, forjar seu conceito de alma como a substância dos seres humanos.

Para Immanuel Kant*, na teoria do conhecimento, forma é aquilo que vem do sujeito que conhece. Ele chama de formas *a priori* da sensibilidade as categorias do entendimento, as ideias da razão, que tornam possível nosso conhecimento. Como condições lógicas inerentes ao espírito humano, elas permitem que ordenemos os dados fornecidos pelas sensações, de modo a compreender a realidade; espaço e tempo, por exemplo, formas *a priori* da sensibilidade.

Formalismo

Em lógica, dizemos que é formal a relação que existe entre os termos de um raciocínio, independentemente de seu conteúdo.

▶ Ato. Atual.Causa. Espírito. Ideia. Matéria (em Materialismo). Raciocínio (em Razão).

Formalismo. É o respeito às formas, às regras, nas ideias e nos atos. Em Immanuel Kant*, é a teoria segundo a qual o respeito à lei moral se sobrepõe ao ato. Seu princípio geral da ação moral é agir com uma boa intenção. Kant* não especifica nenhum dever particular. A moral é apenas uma atitude, uma "disposição da vontade".

Formas simbólicas são uma noção do domínio da estética, teorizada particularmente por Ernst Cassirer e Paul Ricœur. Constituem o conjunto de produções significantes, das instituições e das obras (linguagem, mitos, relatos históricos, obras de arte, cerimônias, dispositivos religiosos etc.), que estruturam nossa concepção de mundo e dão a ele uma ou mais significações determinadas.

▶ Estética. Imperativo categórico. Moral. Signo.

Fundamento. Aquilo sobre o que se baseia um determinado conhecimento; o fundo, a base. Conjunto de elementos que constituem os princípios básicos de uma doutrina ou de uma teoria filosófica. Afirmamos, por exemplo, que tal concepção, está fundada em X, porque X é sua base. Assim, podemos dizer que fundamento é aquilo que legitima alguma coisa, seu motivo legítimo.

Um conceito associado é o de **fundamentalismo**, como ligação estrita, rigorosa, a uma determinada doutrina. Essa expressão nasceu no início do século XX nos Estados Unidos, para designar o apego a dogmas religiosos, em oposição às concepções do liberalismo teológico. Hoje ela é também aplicada a grupos e movimentos radicais e integristas no âmbito religioso e político.

▶ Doutrina. Integrismo. Política. Radical. Religião.

G

Geral

Gênero. Ideia geral ou a classe de seres ou objetos que possuem características comuns. Exemplo: o gênero humano, no sentido de espécie humana. Mas o conceito também designa os gêneros feminino e masculino, dentro do humano, e por isso há quem classifique a reflexão sobre o feminino e a especificidade de certas questões relativas à mulher – pejorativamente – como filosofia de gênero.

Gênese. Conjunto de etapas pelas quais um determinado objeto de estudo, uma instituição ou um ser chegaram, desde sua origem, até o estado no qual o consideramos. Ou seja, nascimento, passagem ao ser, mudança substancial, processo de formação, desenvolvimento e constituição de uma determinada realidade.

Os pré-socráticos já se interessavam pelo processo de mudança, discutindo o mecanismo por meio do qual alguma coisa podia tornar-se outra. Mais tarde, ARISTÓTELES* chamaria esse processo de "devir absoluto" (*genesis haphe*, em grego), mudança na categoria da substância (o que é essencial) oposta às várias mudanças (metabolai) nas categorias do acidente (o que é acidental ou não essencial).

Assim, uma descrição **genética** é aquela que explica a **geração** de algo, que define uma noção, mostrando como ela se constrói.

Para ARISTÓTELES*, geração é o oposto de corrupção, no sentido de que a primeira, forma e, a segunda, deturpa, destrói a substância de algo.

Os teóricos cristãos medievais, em especial os escolásticos, distinguem geração de criação. Para eles, geração é produzir a partir de algo, introduzindo uma nova forma na matéria. Eles não entendem a geração como movimento (ARISTÓTELES*), mas como mudança. Essa nuance serve para justificar a noção teológica de criação, concebida como ação divina primordial. Segundo eles, a geração, ao contrário, é uma mudança, que não afeta propriamente nem a forma nem a matéria, mas apenas o composto das duas, pois entendem que matéria e forma não podem mudar em si mesmas.

▶ Devir. Essência. Forma. Matéria (em Materialismo). Movimento. Teologia.

Geral. O que se aplica a um conjunto de casos. Exemplo: o conceito humano é um conceito geral, pois se aplica a todos os indivíduos da espécie.

Não é de modo algum o que é vago, indeterminado; pelo contrário, uma

Gestalt

ideia geral é uma ideia definida, que dá conta de um conjunto de casos individuais. É o que se opõe a singular e, nesse sentido, o que se aplica a todos. O geral tende ao universal.

▶ Particular. Singular. Universal.

Gestalt. Termo alemão que designa forma, formato, configuração, conjunto estruturado. Designa também a teoria da forma, segundo a qual o espírito humano (a mente) apreende inicialmente as formas, e não os elementos. Ou seja, essa teoria entende nossas percepções como subordinadas a uma estrutura, por isso as formas seriam os dados primeiros de que dispomos. Os fenômenos psicológicos são concebidos como totalidades organizadas, indivisíveis. No domínio das artes plásticas, por exemplo, essa noção gera o conceito de que a carga emocional e os conceitos estéticos são atributos de uma obra de arte, e não do espectador, daquele que a vê, admira, ouve etc.

No domínio da teoria do conhecimento, essa concepção afirma não existir diferença entre sensação e percepção, pois captamos formas, conjuntos estruturados com sentido; não se trata, como afirmou o empirismo, de estímulos sensoriais externos provocando reflexos sobre nossos sentidos; nem se trata, como afirmou o racionalismo, de uma síntese das sensações feita pelo pensamento, na forma de percepções. A *Gestalt* considera que sempre captamos estruturas, conjuntos – portanto já dotados de significação.

▶ Estrutura. Significado. Teoria do conhecimento (em Teoria).

Gnosiologia. Estudo do conhecimento (do grego *gnose*, conhecimento); de onde a palavra ***gnostikoi***, que quer dizer conhecedores, aqueles que possuem a *gnose* ou o conhecimento. Influenciado pelo neoplatonismo e pelo neopitagorismo, surgiu o **gnosticismo**, doutrina filosófica e religiosa que se dedica a estudos profundos sobre aquilo que o ser humano é capaz de conhecer. Seu sentido mais abrangente é o da crença na salvação por meio de conhecimento; não um conhecimento racional, intelectual, mas sim de caráter intuitivo e transcendental. Pela via da mente, mas também do coração, a pessoa busca o significado mais profundo da vida, o encontro com sua essência eterna, centelha divina, por isso

GRAÇA

ela não pode ser assimilada de forma abstrata, apenas intelectual e discursiva. O gnosticismo recorre a explicações metafísicas e mitológicas para falar da criação do Universo e dos planos espirituais, relacionando esse mundo externo e mitológico a processos internos do ser humano. De forte influência na Igreja católica primitiva, o gnosticismo tem o que se chama de cosmovisão dualista – dois deuses: o deus criador imperfeito, associado a Jeová, do Velho Testamento, e o deus perfeito, associado ao Novo Testamento. Da primeira criação imperfeita do mundo é que se origina o sofrimento humano, que aprisiona a humanidade. Mas a essência humana seria originária de uma "centelha divina" que perpassa todo o Universo, apesar de não se situar nele. O deus bom teve pena e deu à humanidade a capacidade de despertar desse mundo de ilusões e imperfeição.

▶ Conhecimento. Dualismo. Essência. Intuição. Razão. Religião.

Governo. Autoridade detida por alguém ou alguma instituição, que a exerce em seu nome ou em nome de um poder superior (na monarquia, o direito divino; na democracia, a soberania do povo ou da nação; na oligarquia, os interesses de um partido ou facção).

▶ Democracia. Isonomia. Oligarquia. Poder. Tirania.

Graça. Na teologia, tem o sentido de dom acordado, favor, bênção concedida. Tal dádiva garante ao ser humano, segundo essa doutrina, um destino sobrenatural. Ela também é um socorro divino que ajuda a resistir à tentação de fazer o mal. Tem, portanto, dois aspectos: o de graça santificante (participação na vida divina) e o de graça atual (funcional). Esse auxílio concedido por Deus tornaria os seres humanos capazes de cumprir a vontade divina, alcançando assim a salvação. Dessa ótica, a questão que se coloca é saber se ela pode ser o resultado do aperfeiçoamento interior ou da conduta virtuosa do ser humano (concepção católica), ou se ela é completamente independente de nossos esforços, um mero socorro de Deus, no qual não temos qualquer participação, uma espécie de destino (concepção protestante).

▶ Boxe Reforma. Teologia.

H

H

HEDONISMO

Hábito. Costume, maneira permanente de ser que se adquire; maneira ordinária e corrente de se comportar. A seu respeito, disse ARISTÓTELES* que, como não se pode mudar a natureza das pessoas, cumpre mudar seus hábitos. Ou seja, é mais difícil mudar a disposição interna do que os hábitos das pessoas, que tendem a durar mais no tempo. Foi nesse sentido que DAVID HUME afirmou que "[...] o hábito é o grande guia da vida humana e todas as inferências da experiência são efeitos do costume, não do raciocínio".

▶ Cultura. Educação. Raciocínio (em Razão).

Harmonia. Ajustamento, equilíbrio, tensão entre contrários que gera um conjunto coerente e agradável. Na mitologia grega, ela nasce da união de Afrodite (deusa do amor) e Ares (deus da guerra), numa alegoria que procura explicar essa tensão dos contrários. A harmonia é também sinônimo da ordem que reina no cosmos (Universo). PLATÃO* fala dela como conjunto harmonioso organizado por um demiurgo, mas fala também, e sobretudo, que a virtude é a harmonia da alma, e a justiça é a harmonia das virtudes, enquanto a vida política é resultante de uma harmonia entre governantes e governados.

Os estoicos também usaram várias expressões, entre elas, sinfonia e simpatia. PLOTINO diz que o mundo é um "ser vivo inigualável", em simpatia consigo mesmo (*sympathés*) ou em acordo (*symphronos*, sinfonia) consigo mesmo.

▶ Estoicismo. Filosofia. Ordem.

Hedonismo. Doutrina que considera o prazer como bem essencial, como objetivo da existência, transformando sua busca em móvel principal da atividade humana. Não deve ser confundido com a teoria epicurista de busca da felicidade e da paz de espírito (ataraxia), de defesa dos prazeres naturais e necessários, fundada em quatro princípios centrais: não há nada a temer com relação aos deuses; não há nada a temer na morte; a felicidade pode ser alcançada; é possível suportar a dor. Desenvolvido a partir do atomismo, o hedonismo foi um precursor do materialismo, considerando que todo conhecimento passa pela sensação, independentemente das extravagâncias da imaginação humana (ver o boxe Epicuro, em Epicurismo).

▶ Atomismo. Ceticismo. Cinismo. Estoicismo. Materialismo.

Heliocentrismo

Heliocentrismo. Do grego *hélios*, Sol. Sistema que coloca o Sol no centro do mundo (o geocentrismo da religião católica colocava a Terra no centro). Quem lançou essa nova representação de mundo foi Nicolau Copérnico, recuperando a descoberta feita por Aristarco de Samos. Mas naquela época tinha-se ainda a noção de que o mundo era fechado, finito, já que era possível identificar seu centro. Só mais tarde é que se passou ao conceito atual, de Universo infinito, sem limites conhecidos.

> **Copérnico**
>
> Até o século XV, aceitava-se a teoria de Aristóteles* e Ptolomeu, chamada geocentrismo, segundo a qual a terra era esférica e estaria no centro do Universo, com os outros corpos celestes girando em torno dela. Essa visão foi contrariada por Nicolau Copérnico em 1537, com sua teoria de que os corpos celestes giram em torno do Sol, e não da Terra. Essa teoria, o heliocentrismo, que punha o Sol no centro do nosso sistema planetário, é considerada uma das mais importantes descobertas científicas de todos os tempos, apesar de conter alguns erros. Mais tarde, foi aperfeiçoada por Johannes Kepler e depois por Galileu Galilei, contrariando o dogma católico, que pretendia que a terra fosse realmente o centro do Universo, por ser o Homem a criatura mais nobre entre todas as criadas por Deus. As ideias de Copérnico serviram de base para a moderna astronomia, e sua obra marcou o começo de uma mudança importante também em filosofia: passava-se da noção de um mundo geocêntrico, ou antropocêntrico, fechado, finito, para o conceito de um Universo não antropocêntrico e infinito.

▶ Cosmos. Finito. Mundo.

Hermenêutica. Técnica de interpretação de textos conforme o valor simbólico das palavras; assim, no Direito é o conjunto de regras usadas na interpretação de um texto legal; em religião é a interpretação dos textos sagrados segundo o sentido atribuído às palavras nesse contexto específico.

▶ Direito. Religião. Signo.

HISTÓRIA

Heurística. Pesquisa de documentos, em história; como método pedagógico, é aquele que leva o próprio aluno a descobrir o que está sendo ensinado. Do grego *heurisko*, que significa descobrir, achar, investigar. Ela é a parte da lógica que se dedica a procurar a verdade, tendo como ponto de partida de conhecimentos verdadeiros já reconhecidos como tais. É um método de descoberta.

▶ Conhecimento. Entendimento. Raciocínio (em Razão).

Hipóstase. Para os Antigos, sinônimo de substância, aquilo que é permanente, fundamental. Segundo Plotino (neoplatonismo), refere-se às três substâncias fundamentais do mundo inteligível; para Tomás de Aquino (escolástica), é a substância primeira.

No pensamento contemporâneo, mantém-se como sinônimo de substância. **Hipostasiar** é considerar falsamente como realidade algo que não passa de ficção ou abstração; atribuir a alguma coisa relativa o caráter de realidade absoluta; considerar como coisa em si algo que não passa de fenômeno.

▶ Abstração. Fenômeno. Real. Substância.

Hipótese. Suposição explicativa; juízo que fazemos antes de examinar as consequências lógicas, antes de estabelecer o valor de verdade. Hipótese *ad hoc* é aquela concebida unicamente com o objetivo específico e imediato de neutralizar um contra-argumento que ameaça uma teoria mais ampla.

Para Friedrich Hegel, a hipótese (ou tese) é o primeiro componente do movimento dialético, que será negado pelo segundo (antítese), no processo que culmina na superação de ambos no terceiro e último momento (síntese).

Chamamos de **hipotético-dedutivo** o raciocínio que procede por deduções, a partir de hipóteses. Ele parte de uma proposição (cuja veracidade será verificada posteriormente) e dela deduz todas as proposições, que são sua consequência lógica.

▶ Dialética. Síntese. Tese.

História. Do grego *istoria*, pesquisa. Conjunto dos conhecimentos relativos ao percurso da humanidade no tempo, à sequência de aconteci-

História

mentos e aos aspectos relacionados. Conjunto dos conhecimentos humanos relativos a fatos ou acontecimentos situados no passado. Como disciplina, tem por objeto a reconstituição e a interpretação do passado das sociedades humanas, ou seja, tem uma abordagem que podemos chamar de universalista; mas ainda assim, ela comporta uma parcela de subjetividade, pois a história é um relato que envolve necessariamente os prejulgamentos e a inteligência singular de quem o elabora e o contexto em que se dá essa elaboração.

Ao contrário dos outros animais, só o ser humano tem consciência de ter uma história; e só ele pode agir sobre a própria existência, no sentido de transformá-la em história, que compartilha com o restante da humanidade. Ainda como disciplina, ela é mais do que uma mera sequência de fatos: é análise, crítica dos acontecimentos, para melhor compreendê-los, o que exige uma determinada orientação. Para os filósofos idealistas (Immanuel Kant*, Friedrich Hegel), existe uma racionalidade profunda que governa o mundo e que constitui sua trama secreta. Para Hegel, em particular, as paixões humanas não passam de matéria-prima que a razão utiliza para atingir seu objetivo. Para os materialistas (Karl Marx, Friedrich Engels), a história tem uma base material (a infraestrutura econômica) que é um forte determinante. As leituras marxista e hegeliana são dialéticas, o que significa que se baseiam na ideia de que o "negativo" (as lutas, os conflitos e suas soluções, as oposições de interesses, a violência em geral) tem um papel importante na história da humanidade.

Fim da história: expressão empregada por Hegel e amplamente retomada e comentada, desde a publicação da obra do americano Francis Fukuyama (*O fim da história*, 1989), em que ele defende a tese de que, a partir da derrocada mundial do socialismo (queda do Muro de Berlim e esfacelamento da antiga União Soviética – URSS), o capitalismo, para ele o coroamento da humanidade, é o grande vitorioso da História, porque não surgiu nenhuma nova ideologia para substituir o socialismo moribundo (ver o boxe Ideologia em Autoritarismo). Vale lembrar que Hegel criou esse conceito como base da teoria do fim dos processos históricos, caracterizados como processos de mudança. Para ele, isso aconteceria quando a humanidade atingisse o ponto de equilíbrio, representado pela ascensão do liberalismo e da igualdade jurídica – sem avaliar quando isso ocorreria. Esse triunfo da razão ocorreria quando ela vencesse

Humanismo

a irracionalidade social, derrubando os opressores da humanidade. O idealismo alemão propunha um novo conceito de racionalidade (ideia, espírito, eu), segundo o qual o indivíduo é capaz de implantar uma nova racionalidade social. Ou seja, o ser humano tem a capacidade de mudar o curso da história, entendida como processo racional. Essa exaltação de liberdade e individualismo dos pensadores românticos e idealistas alemães, por sua vez, recupera o ideal grego de realização suprema, pessoal e coletiva, na vida política, na qual o ser humano alcança a plenitude, a máxima expressão da razão.

"O ser humano é o único animal capaz de recuperar sua história."
ANÔNIMO

"A história se repete como tragédia e depois como farsa."
MARX

▶ Civilização. Cultura. Idealismo. Liberdade. Materialismo. Razão. Tempo.

Hybris. Em grego, desmedida, excesso, exagero. Uma atitude de *hybris* é a que ultrapassa os limites, sendo, portanto, injusta. É o contrário de medida, moderação, equilíbrio, harmonia.

▶ Sofrosine.

Humanismo. Movimento cultural que tem como centro a noção de humano. Ao colocar o ser humano no foco de sua reflexão, essa doutrina visa seu pleno desabrochar e aperfeiçoamento. O movimento se desenvolveu na Europa, na época do Renascimento, como redescoberta e revalorização da civilização clássica greco-latina e como reação contra o dogmatismo rígido, sobretudo o religioso, da Idade Média. Sua tônica foi justamente um vivo apetite de saber, visando ao desabrochar do **Homem**, tornado assim mais humano – pela cultura. Ou seja, defendia um ideal de cultura humanista e universal. A consequência disso foi uma formação que "olhava por cima do ombro" do pensamento religioso medieval, e retornava à filosofia grega, numa atitude de reivindicação de liberdade de pensamento e de expressão. Os humanistas eram estudiosos com sede de saber, que propuseram novos valores, fundados na razão e no livre-arbítrio. Seu desenvolvimento foi facilitado pela invenção da imprensa, e favoreceu em especial o nascimento da Reforma protestante.

Humores

Por extensão, em seu sentido moderno, o humanismo designa todo movimento de pensamento que coloca o ser humano acima de tudo, visando seu desenvolvimento, confiando em sua capacidade de evoluir: o Homem deve se proteger de toda e qualquer servidão, construindo a si mesmo, independentemente de qualquer referência divina.

Sêneca dizia que "o Homem é sagrado para o homem". Ou seja, que o humano é sagrado para o ser humano. Esse ser humano, que somos nós, é um ser que cria, pensa, fala, julga, vive em sociedade, é capaz da arte e da ciência, ama, trabalha, sonha. Mas também é um animal capaz de matar sem motivo e o único que destrói o ambiente no qual vive e do qual depende para sobreviver – a Natureza.

"Todo ser humano carrega dentro de si a humanidade inteira."
Montaigne

"O ser humano é uma paixão inútil."
Sartre*

▶ Arte. Civilização. Cultura. Dogma. Filosofia. Liberdade. Livre-arbítrio (em Arbitrário). Natureza.

Humores. O humorismo ou teoria dos humores foi uma das bases da medicina Antiga. Elaborada por Hipócrates, médico e anatomista grego lido por Claudio Galeno, médico romano que a tornou bastante conhecida, ela predominou na análise do equilíbrio do corpo humano até o século XIX. Para essa teoria, a saúde – tanto a do espírito quanto a do corpo – depende da atuação equilibrada dos quatro humores do corpo, em correspondência analógica com os quatro elementos do Universo, eles próprios afetados por uma qualidade específica: o sangue (qualidade do úmido), a atrabílis (bílis negra ou secreção do pâncreas, qualidade do frio), a bílis amarela (do quente) e a flegma ou pituíta (linfa, muco nasal, qualidade do seco). Da mesma forma que o cosmos, reina o caos quando os elementos estão em desequilíbrio ou quando há excesso.

Para Hipócrates, segundo a predominância dos humores, são determinados os quatro temperamentos fundamentais: sanguíneo, melancólico, colérico e fleumático. A predominância demasiado marcada de um desses humores, ou a influência exclusiva de um elemento, é a causa não só de doenças físicas, como psíquicas. Todo desequilíbrio menor provoca

Humores

"saltos de humores", e todo desequilíbrio maior provoca uma doença.

Além disso, para explicar a existência da vida humana e animal, os gregos conceberam o *pneuma* (sopro), que penetraria o corpo com o ar inspirado. No interior do corpo, o *pneuma* seria o elemento agregador, veiculado em todo o organismo através dos vasos sanguíneos, com seus quatro componentes líquidos, os "humores", que predominam alternadamente, segundo as estações do ano. Como o tempo é ordenado, depois de predominar, cada força cede espaço ao princípio oposto, e é desse movimento alternado de expansão e recuo que o ano volta periodicamente ao seu ponto de partida.

Essa teoria defendia que todas as coisas vivas derivam desses quatro elementos e das quatro qualidades correlatas (úmido, frio, quente e seco), convenientemente temperadas – temperado no sentido de interpenetração total das partes que se mesclam, e não de simples justaposição delas. Daí a abordagem dessa medicina que via o ser humano integrado ao Universo e seu bem-estar subordinado a um conjunto de fatores, das diferentes fases da vida às estações do ano, com suas influências sobre nossa saúde.

▶ Corpo. Cosmo. Psique.

I

I

IDENTIDADE

Idealismo. Movimento filosófico que atribui papel preponderante às ideias. A palavra é derivada do grego (*eidos* = ideia). Segundo essa corrente de pensamento, não há realidade fora do pensamento. Isso não quer dizer que o mundo real não é real, mas sim que só temos acesso a ele pelo pensamento. Todas as coisas objetivas chegam até nós por meio de uma interpretação intelectual. Assim, a matéria não existe completamente independente do espírito. O mundo real só existe por meio das ideias e dos estados de consciência. Ele é previamente determinado pela razão humana; tudo o que existe se reduz às representações que fazemos disso, e o conhecimento do mundo é o nosso conhecimento dele pelo pensamento.

Entendemos ideia como conceito e, em sentido mais amplo, como modelo. Para PLATÃO*, o mundo das ideias constitui a verdadeira realidade; o mundo sensível não passa de cópia das formas (modelos), das ideias, porque as ideias são a causa das coisas, no sentido de que sem as primeiras não teríamos sequer acesso às segundas.

DESCARTES* considera que o entendimento do ser humano é sua verdadeira natureza, e não seu corpo. Ao se dar conta da incerteza do conhecimento, por viver em uma época de grandes mudanças, estabelece a certeza da existência do pensamento: se eu duvido de tudo, se questiono a verdade das coisas, é porque estou pensando, estou conhecendo por meio do meu pensamento. E se estou pensando é porque existo – isso, ao menos, é uma certeza.

O princípio do idealismo absoluto foi resumido pelo bispo e filósofo irlandês GEORGE BERKELEY: "Ser é ser percebido". Segundo ele, tudo o que percebemos na realidade não existe independentemente do entendimento, ou seja, das ideias, e todas as qualidades dos objetos que percebemos não passam de sensações subjetivas.

O apogeu do idealismo se deu com os filósofos alemães IMMANUEL KANT*, JOHANN FICHTE e FRIEDRICH HEGEL, em oposição ao realismo, que sustenta que o ser humano conhece as coisas exatamente como elas são, e que elas não existem fora de sua materialização.

▶ Boxe Teoria das Ideias (em Teoria). Conhecimento. Materialismo. Racionalismo (em Razão). Razão. Verdade.

Identidade. Acordo íntimo, caráter daquilo que, sob denominações ou aspectos diversos, é uno ou representa uma e mesma realidade. Tam-

Identidade

bém pode ser o acordo entre dois ou mais seres, podendo sua identidade ser qualitativa, específica ou abstrata. Os diversos seres têm o que chamamos de uma relação de identidade.

Um objeto é **idêntico** a outro quando é absolutamente igual, quando não existe nenhuma diferença entre eles. Mas mesmo quando dois objetos ou pessoas são diferentes, ainda assim podem guardar uma identidade, quer dizer, algo profundo que eles têm em comum. Ou seja, não é qualquer tipo de diferença que determina que não exista identidade. Por exemplo: somos todos iguais perante a lei, temos todos os mesmos direitos e deveres. Mas isso não significa que somos todos idênticos, e sim que temos equivalência diante da lei. Nossa identidade pessoal é única, é tudo aquilo de nós que permanece no tempo.

Aristóteles* definiu o que chamamos, em lógica, de princípio de identidade: A é A, ou seja, o que é verdadeiro é verdadeiro. Isto é, uma coisa não pode ser ela mesma e seu contrário.

Identidade é sinônimo de permanência. Algo ou alguém mantém sua identidade quando permanece igual a si mesmo no tempo. Por exemplo: segundo Heráclito, todas as coisas têm algo de idêntico. Mas, para ele, o que elas compartilham é justamente o fato de serem diferentes, porque tudo muda o tempo todo – essa é sua identidade.

No século XX, mais precisamente em 1949, surge um novo conceito, introduzido pela filósofa Simone de Beauvoir: o da **identidade feminina**. Em seu livro *O segundo sexo* ela discute pela primeira vez a questão da inferiorização da mulher na sociedade, abrindo a discussão que mudaria as relações e, por extensão, a própria sociedade. Ela afirmou que os homens dominavam o mundo e que a mulher ficava presa na armadilha do casamento e dos filhos, sem se dedicar a uma carreira própria, sempre subordinada – por não se sentir capaz ou por não querer ficar solteira, se submetia, abrindo mão da própria liberdade. Essa situação, disse Beauvoir, vinha do fato de a sociedade, a família e a religião reafirmarem o tempo todo que a fêmea é inferior ao macho. De onde a instrução das meninas ser em tudo inferior à dos meninos, o que acabava efetivamente provocando uma defasagem.

Ao discutir com profundidade essa questão, a autora se deu conta de que tanto o homem quanto a mulher eram culpados desse estado de coisas. Abordando problemas como a falta de autonomia da mulher, o direito de ela decidir o que fazer com o próprio corpo (gerar filhos ou não), a carga excessiva e injusta de tarefas domésticas etc., ela revelava que tudo isso acontecia porque, ao desistir da própria liberdade em nome do casamento e dos filhos, a mulher não se realizava como pessoa, como indivíduo. Demonstrando a desigualdade dos sexos, decorrente da divisão das tarefas domésticas e da fraca participação da mulher em outras esferas da vida social, Simone de Beauvoir interrogou profundamente a condição feminina, consagrando-se como autora de uma obra pertinente e de defesa intransigente da identidade feminina.

▶ Autonomia. Corpo. Diferença. Gênero. Liberdade.

Igualdade. Relação entre duas quantidades idênticas ou entre duas coisas da mesma natureza. Em matemática, duas grandezas são iguais quando se equivalem. Podemos transpor esse conceito para a sociedade, na noção de equivalência, que é a igualdade perante a lei: mesmo que não sejamos todos idênticos, como pessoas, valemos a mesma coisa perante a lei, o que nos torna iguais, com os mesmos deveres e direitos.

▶ Conceito. Diferença. Isonomia.

Iluminismo. Também conhecido como **Ilustração**, **Esclarecimento** ou **Luzes**, foi um movimento ocorrido na Europa no século XVIII. Junto com o desenvolvimento da economia capitalista, a ascensão da burguesia e o declínio da influência da nobreza surgiu um espírito novo, que questionava a intolerância religiosa, os privilégios da nobreza e o absolutismo de direito divino dos reis, e incentivava o conhecimento científico e filosófico. Ganhando força inicialmente na Holanda calvinista, que atraía intelectuais de todas as partes da Europa e era um país com economia de mercado desenvolvida e poder político controlado por uma burguesia próspera, culta e tolerante, o Iluminismo se expandiu pela Europa e influenciou a América.
Os pensadores iluministas defendiam:
- a restrição do poder real e a separação dos três poderes, Executivo, Legislativo e Judiciário (Montesquieu);
- a autonomia do pensamento, das ciências e das artes, e uma educação laica, não mais controlada pela Igreja;

Iluminismo

- o combate aos monopólios, aos privilégios e à intervenção do Estado absolutista na economia e a defesa da liberdade comercial e industrial, segundo os princípios da nova teoria econômica, o liberalismo.

Os iluministas afirmavam que todos os homens nascem livres e merecedores do mesmo tratamento diante da lei. Sustentavam a existência de direitos inalienáveis, como o direito à vida e à propriedade. Ou seja, a burguesia apresentava e defendia interesses de classe como interesses e valores universais.

O Iluminismo também alterou as concepções sobre o ser humano, a Natureza, o conhecimento, a educação e a própria noção de Deus. A fé religiosa passou a ser rejeitada como fonte de conhecimento e a revelação divina, negada.

Os iluministas eram, em sua maioria, deístas, ou seja, acreditavam num ser supremo sem atributos pessoais, que poderia ou não ter criado o mundo. Tinham uma única fé inabalável no poder da razão humana. Todo o arcabouço filosófico e ideológico vem justamente dessa investigação; investigavam incansavelmente a constituição do Universo, da Natureza e da sociedade, que podiam ser compreendidos racionalmente nos seus princípios constitutivos e reguladores. Assim, para eles, nenhum governo recebeu da Natureza o direito de comandar as demais pessoas, o que quer dizer que mesmo acreditando na necessidade de existirem governos, estes não poderiam agir livremente, suas ações precisariam ser racionais e ter como propósito o bem comum. Da mesma forma, por meio da razão, o ser humano perseguiria seu objetivo, não mais como na Idade Média, a salvação eterna, mas agora o de felicidade terrena.

Esse conjunto de novos valores (progresso contínuo da razão, liberdade econômica e individual, e felicidade) levou ao crescimento do pensamento materialista. Para os materialistas franceses não há ideias inatas: a razão é uma força que parte da experiência sensível do ser humano e se desenvolve com ela. Essa concepção se baseava principalmente nas ideias do pensador inglês JOHN LOCKE. Antigo defensor dos ideais revolucionários ingleses, só depois da Revolução Gloriosa de 1689 é que LOCKE desenvolveu suas ideias políticas: os homens nascem iguais, racionais, independentes e governados pela razão. Entre os direitos naturais está

Iluminismo

o direito de propriedade. Vivendo em estado natural, os homens estariam sujeitos a conflitos de interesses que poderiam ameaçar esse direito. Por isso, criaram um pacto social e instituíram o governo, para empregar a força coletiva na execução e defesa das leis naturais. As leis seriam aprovadas por mútuo consentimento e aplicadas por juízes imparciais. As pessoas poderiam instituir o governo que quisessem e teriam direito à rebelião quando os governantes abusassem de seu poder e se colocassem contra o povo.

Outro nome fundamental do Iluminismo é IMMANUEL KANT*. Em resposta a uma pergunta lançada por um jornal da época – O que é Ilustração? –, ele escreveu um artigo em que esboçava um dos mais importantes conceitos daquele movimento, que se transformou em lema e bandeira: *Sapere aude!*, Ousa saber. Ou seja, afirmava a necessidade da autonomia do saber humano, do pensar por si mesmo, que chamou de "maioridade". "O Iluminismo representa a saída dos seres humanos de uma tutela que eles mesmos se impuseram. Tutelados são todos aqueles que se encontram incapazes de fazer uso da própria razão [...]. É-se culpado da própria tutela quando esta resulta não de uma deficiência do entendimento, mas da falta de resolução e coragem para se fazer uso do entendimento independentemente da direção de outrem. *Sapere aude!* Tem coragem para fazer uso da tua própria razão! – esse é o lema do Iluminismo."

As Luzes são chamadas de movimento porque muitas manifestações e realizações aconteceram ao mesmo tempo. O ideal de educação universal gerou, por exemplo, a *Enciclopédia*, que foi escrita nessa época (ver o boxe Enciclopédia, em Conhecimento). A independência com relação ao Estado e à Igreja permitiu que acontecesse a Revolução Francesa, com a proclamação dos Direitos do Homem. A ousadia de desafiar os dogmas religiosos e o avanço no estudo da Natureza possibilitaram inúmeras descobertas científicas. Do ponto de vista da política, começou-se a fazer o rascunho de um projeto de república laica (sem vínculos formais com a religião). Mesmo que a monarquia absoluta tenha demorado a desaparecer, surgiram figuras inspiradoras e renovadoras junto de alguns monarcas chamados déspotas esclarecidos. Frederico II da Prússia, por exemplo, influenciado pelas ideias de VOLTAIRE, instituiu a liberdade religiosa em seu reino; investiu na educação para o ensino básico e na liberdade de expressão; e estimulou a economia, mesmo que com medidas

Ilusão

protecionistas. Outro elemento digno de nota é o surgimento das noções de progresso e de perfectibilidade humana: as pessoas são capazes de crescer, de melhorar, de se aperfeiçoar, de progredir. Sem falar de um ingrediente central: a questão da moral. O espírito da Ilustração não é de eliminação da religião. Pelo contrário, defende que não é ela que deve fundamentar a moral, mas sim o contrário – é a moral que fundamenta a religião. Michel Montaigne, por exemplo, afirmou que "não há nada tão belo e legítimo como agir como um Homem, e conforme o dever [humano]". Essa é justamente a concepção de Kant*, em seu imperativo categórico: não devemos agir de determinada maneira porque isso nos é imposto por alguma regra, mas sim porque não conseguimos agir de outra forma, porque impomos isso a nós mesmos. Por exemplo: mesmo sabendo que em algum estabelecimento não há câmeras de segurança, não roubaremos nada. Faremos isso simplesmente porque é uma obrigação ética, portanto, inevitável.

"As religiões são como vaga-lumes, pois só brilham na escuridão."
Voltaire

▶ Civilização. Conhecimento. Cultura. Humanismo. Razão.

Ilusão. Equívoco, caráter enganador de alguma coisa. Pode ocorrer pelo uso de artifício por parte de alguém, mas também por engano de nossos sentidos (erro de percepção que o raciocínio pode corrigir), por uma interpretação errada de nossa parte, ou ainda por uma concepção falsa, uma crença que faz nossa mente ou espírito conferir uma existência ou valor real ao que não é. Também nos iludimos quando consideramos como verdadeira a aparência de algo ou alguém que não corresponde à realidade, ou seja, quando cometemos um erro de entendimento.

"Não se deve tocar nos ídolos: a tinta sai nas mãos."
Flaubert

▶ Certeza. Entendimento. Percepção. Representação.

Imagem. Representação sensível. Essa noção vem de imagem mental, como toda representação da imaginação ou da memória. Essa representação também serve para tornar sensível uma ideia abstrata, por exem-

IMEDIATO

plo, quando fazemos mentalmente a imagem de um círculo. Por vezes, a imagem tem a função de símbolo (a cruz, a estrela de cinco pontas etc.) e também de metáfora.

Dessa palavra vem o termo **imaginação**: o primeiro sentido é de faculdade que a mente tem de fazer a representação de formas ou imagens, repetindo o que já foi percebido (imaginação reprodutora); o segundo de fazer representações do que é imaterial ou abstrato; o terceiro é a capacidade de criar imagens de objetos não percebidos, ou objetos irreais, e de fazer novas combinações de imagens (a imaginação criativa, das artes).

"O imaginário é o que tem tendência a se tornar real."
BRETON

"Toda a felicidade humana está na imaginação."
MARQUÊS DE SADE

▶ Boxe Teoria das Ideias (em Teoria). Conhecimento. Real. Representação. Sensível. Signo.

Imanente. Aquilo que é interior ao ser, que está contido, que faz parte da natureza de um ser ou de um conjunto. O imanente é permanente, constante. Segundo o princípio de **imanência**, "tudo é interior a tudo", o que significa afirmar que é impensável qualquer ente ou ser fora de nosso pensamento. Imanente é o que existe no interior do ato ou objeto do pensamento que estamos considerando. Podemos dizer que é imanente o que vem de dentro para fora. Por exemplo: em muitas religiões consideradas pagãs pelo cristianismo, a noção de divindade está ligada à Natureza, ou seja, o divino é imanente (reside dentro dela). Essa é também uma noção de força imanente de vida: a vida está implicada em todos os seres que se manifestam – os fenômenos nada mais são do que manifestações dessa força, dessa imanência. Outro exemplo é a noção de justiça imanente: o castigo está implicado no ato que incorre na noção de reprovação.

▶ Matéria (em Materialismo). Natureza. Religião. Ser. Transcendente.

Imediato. Tudo aquilo que é dado a nossa consciência sem mediação, diretamente. Quando dois termos, seres ou elementos se relacionam sem a intervenção de um terceiro, a relação é dita imediata. Exemplo:

IMPERATIVO

quando temos uma intuição ou quando nossa memória nos traz uma lembrança.

▶ Consciência. Intuição. Raciocínio (em Razão).

Imperativo. O que tem a forma de um comando; algo que se impõe e ao qual devemos obedecer; tudo o que é imperioso, obrigatório, indiscutível. Segundo IMMANUEL KANT*, há dois tipos: o **imperativo hipotético**, que é um comando subordinado a uma finalidade, e que só faz sentido se estivermos tentando alcançar aquele fim; e **imperativo categórico**, sinônimo de obrigação moral, porque incondicional, no sentido de que vale sempre e em qualquer condição, situação e lugar, e de obrigação ética, porque não podemos agir de outro modo, por uma questão de foro íntimo. Por exemplo: se alguém estiver se afogando, não podemos fazer outra coisa a não ser pular na água para tentar salvá-lo, e não porque alguma lei manda que assim seja ou porque alguém está vendo. Ou seja, o imperativo hipotético visa atingir um objetivo (por exemplo, o sucesso social, ou um estado de saúde), enquanto o categórico não diz o que devemos fazer, mas indica o que pensamos que deveríamos fazer se tivermos a possibilidade ou a ocasião de fazer.

Agir moralmente é agir por princípio, ou agir segundo o que determina a disposição da vontade, sua orientação. Essa disposição é *a priori* (independente de toda experiência). Assim como as leis da Natureza, as leis morais são universais, o que significa que elas seriam não contraditórias, portanto, admissíveis se todas as pessoas obedecessem a elas. Resumindo: o imperativo é um comando da razão dirigido à vontade. O imperativo hipotético ordena o que é indispensável para realizar tal ou qual objetivo. O imperativo categórico ordena que façamos nosso dever incondicionalmente, quaisquer que sejam os obstáculos ou oposições. Exemplo comparativo: segundo o imperativo hipotético, diremos: "Seja correto, nos negócios"; segundo o imperativo categórico, diremos: "Seja correto sempre".

▶ Ética. Liberdade. Moral. Razão. Vontade.

Impossível. Aquilo que não pode ser ou existir; que não pode se produzir, acontecer porque não pode ser realizado ou porque não está de acordo com as leis da Natureza; que não se pode conceber racional-

INCONSCIENTE

mente; que não se coaduna com a realidade. É o contrário de contingente e de necessário.

▶ Contingente. Natureza. Necessário.

Inatismo. Doutrina que admite a existência de ideias, noções, princípios **inatos**. Inato é tudo aquilo que existe desde o nascimento. **Ideias inatas** são as que fazem parte do intelecto humano, são inerentes a ele, sem que tenham sido recebidas do exterior. Ou seja, um conjunto de representações, de noções, que constituiria nosso psiquismo, desde nosso nascimento, sem ser influenciado pelo mundo real, pela experiência. Para o cartesianismo, todos temos ideias que não dependem da experiência sensível, pois são inerentes à constituição do intelecto. JOHN LOCKE rejeita essa concepção, apesar de aceitar que existem algumas faculdades que são inatas a todos os seres humanos. GOTTFRIED LEIBNIZ, pelo contrário, postulava a existência de ideias inatas como aquilo "que se reconhece como evidente".

▶ Cartesianismo. Intelecto. Representação.

Incoerência. Característica de um conjunto de juízos no qual é impossível que todos os seus elementos sejam lógicos e verdadeiros ao mesmo tempo. Algo é **incoerente** quando não forma um conjunto lógico, racional.

▶ Coerência (em Coerente). Discurso. Juízo.

Inconsciente. Conceito utilizado por SIGMUND FREUD* em sua teoria psicanalítica. Antes dele, essa noção já era empregada, em sentido semelhante, por filósofos como FRIEDRICH NIETZSCHE*, ARTHUR SCHOPENHAUER, GOTTFRIED LEIBNIZ, HENRI BERGSON e PIERRE MAINE DE BIRAN.
FREUD*, em sua primeira teoria do aparelho psíquico, dividiu-o em três partes (apresentou-o estruturado em três sistemas com características e funções diferentes): o consciente, o pré-consciente e o inconsciente.
Em 1920 FREUD* apresentou uma segunda teoria do aparelho psíquico (posteriormente retrabalhada) e nela foram introduzidas as instâncias chamadas id, ego e superego.
O consciente está situado na periferia do aparelho psíquico. Ele recebe as informações do mundo exterior e ao mesmo tempo as do nosso íntimo. É o local de acesso direto das representações.

Inconsciente

O pré-consciente é o que escapa à consciência atual, mas pode se tornar consciente se nos esforçarmos mentalmente. Ele se localiza entre o sistema consciente e o inconsciente. (Esses dois compõem o sistema chamado de pré-consciente/consciente, que se opõe ao inconsciente.)

O inconsciente é constituído por conteúdos recalcados que têm seu acesso recusado no sistema pré-consciente/consciente. Ou seja, ali está o que escapa à consciência, mesmo quando a pessoa tenta captar, dedicando-lhe atenção. Por isso falamos em "profundezas do inconsciente". No inconsciente se situam os desejos e as lembranças indesejadas e inconfessáveis, os conteúdos recalcados; estes não conhecem nem negação nem dúvida, não respeitam as regras da lógica nem da temporalidade ordenada; eles são regidos pelo princípio de prazer. Nesse sentido, podemos falar do inconsciente como a parte submersa de um iceberg. É um sistema que possui conteúdos e mecanismos específicos. Esses conteúdos são os "representantes da pulsão". As representações inconscientes são dispostas em fantasias, histórias imaginárias, em que a pulsão se fixa, podendo ser concebidas como verdadeiras encenações do desejo. O inconsciente é regido pelo que chamamos de processo primário: a energia psíquica escoa livremente, passando sem barreiras de uma representação para outra.

A teoria e prática de CARL G. JUNG, conhecida como psicologia analítica, trouxe um novo conceito: o de inconsciente coletivo, o conjunto de elementos que faz parte da bagagem mental de toda a humanidade, sem que tenhamos consciência disso, e que convive (em estreita relação) com nosso inconsciente pessoal. Por exemplo: o medo instintivo do fogo. Uma ação inconsciente é irrefletida, quando agimos sem pensar, automaticamente, contrariamente a uma ação consciente, clara.

JUNG amplia a concepção freudiana de simbolismo, por considerá-la ligada demais à sexualidade que, segundo ele, serve para simbolizar nossas aspirações mais elevadas. Enquanto para FREUD* a libido é uma forma de energia estritamente ligada às pulsões sexuais, para JUNG ela é a expressão psíquica da energia dos processos vitais em geral. O inconsciente existe fora de todo recalque e de toda experiência pessoal; é inato. Estas são características do inconsciente coletivo: sistema de funções psíquicas latentes, transmitidas de geração em geração, nas quais se acumula a experiência de milhares de anos. Os arquétipos seriam

INDUÇÃO

disposições hereditárias que respondem a certas situações, e quando eles se exprimem no nível consciente, é sob a forma de imagens ou de mitos que os personificam ou simbolizam (como o mito da criação, a imagem da serpente, da feiticeira). A importância dada ao inconsciente coletivo deixa pouco lugar para o inconsciente pessoal. Porém, ele existe e é formado pelos elementos esquecidos, não assimilados ou recalcados, embora o termo recalque tenha um sentido diferente do que tem para FREUD*. Nós nos recalcamos, por covardia, em função da moral convencional, ou seja, uma falta de força moral diante das dificuldades da existência.

▶ Consciência. Psique. Pulsão.

Indivíduo. O que não pode ser dividido sem ser destruído. Como seres humanos, cada um de nós é único, por um conjunto de elementos que formam nossa **individualidade**; esse organismo único é que nos distingue do restante da humanidade. Indivíduos são os membros de uma espécie, todos diferentes entre si, mas cujas diferenças são acidentais, pois o que eles têm de essencialmente comum os torna membros da mesma espécie. Por exemplo: Monteiro Lobato é um indivíduo que faz parte do gênero animal, da espécie humana. Tem características que são só dele, mas outras que são comuns a toda a espécie. Psicologicamente falando, só se pode falar em indivíduo quando se tem a noção de privacidade, que diz respeito à pessoa e só a ela, individualmente, e não a ela como membro de uma família, grupo social, país etc. Um indivíduo é um ser concreto, uma unidade, um todo identificável, reconhecível. Nossa individualidade é nosso "jardim secreto".

▶ Intimidade. Pessoa. Unidade.

Indução. Raciocínio que consiste em concluir uma proposição geral de elementos particulares. Ele passa de premissas particulares (fatos, experiências, enunciados) a proposições mais gerais, de casos particulares à lei que os regula, dos efeitos à causa, das consequências ao princípio, da experiência à teoria. É o antônimo de dedução.

▶ Dedução. Geral. Lógica. Particular. Raciocínio (em Razão).

Inferência

Inferência. É a relação que existe entre as premissas e a conclusão de uma argumentação. Nessa operação lógica, admite-se uma proposição em virtude de sua ligação com uma proposição prévia, considerada verdadeira.

▶ Lógica. Proposição. Raciocínio (em Razão).

Infinito. Aquilo que não tem fim, não tem limites, nem no tempo nem no espaço, ou é maior do que toda quantidade imaginável. Conjunto cujos elementos existem em número ilimitado ou arbitrariamente grande, interminável. Também significa o que é indefinível, indescritível.
Esse conceito pode ser considerado como vir a ser (potencial) ou ato (atual). É o contrário de **finito** (que tem limites identificáveis).

▶ Ato. Cosmos. Potência. Universo.

Integrismo. Tradicionalismo, recusa de aceitar qualquer mudança, em especial no âmbito religioso e político. É a atitude de manter íntegro, intacto, um sistema; daí a recusa de qualquer evolução ou discussão dos dogmas e das ideias e instituições políticas.

▶ Fundamentalismo (em Fundamento).

Intelectualismo. Doutrina segundo a qual a totalidade do real pode ser captada pelo intelecto, pode ser reduzida, em princípio, a elementos intelectuais, a ideias, no sentido amplo do termo. É também uma atitude que consiste em atribuir a dúvidas e questionamentos a predominância das soluções **intelectuais**, ou seja, dá mais importância às funções do intelecto, em especial no que diz respeito à vontade e aos afetos serem subordinados à inteligência. Segundo essa teoria, o entendimento lógico desempenha papel fundamental no processo de conhecimento. Diante de um objeto, para os empiristas, o sujeito se limita a fazer a síntese passiva dos estímulos mandados pelo objeto, mas, para os **intelectualistas**, a síntese que o sujeito faz (a percepção) depende do próprio entendimento, e não do objeto percebido. Desse modo, as ideias (abstrações) não dependem das percepções, pelo contrário, estas, junto com as sensações, devem ser postas de lado quando o intelecto formula as ideias, pois ambas são fonte de erro e confusão.

▶ Abstração. Empirismo. Entendimento. Ideia. Percepção.

INTIMIDADE

Inteligível. O que é racionalmente compreensível, que pode ser captado e explicado pelo intelecto; o que é identificado pela inteligência e exposto pelo pensamento racional.

▶ Abstração. Ideia. Razão.

Intencionalidade. Segundo EDMUND HUSSERL, Relação ativa do intelecto com um objeto qualquer; termo que designa uma característica essencial da consciência: a particularidade geral que ela tem de ser consciência de alguma coisa, de estar aberta, voltada para alguma coisa. Ou seja, nosso pensamento está sempre orientado para alguma coisa. Dessa forma, ele é prova de nossa inserção no mundo. Nossos estados mentais jamais são simples reflexos da realidade, do mundo exterior, pois são sempre expressão de uma orientação e interpretação, sem as quais nossas representações não teriam qualquer significação.

HUSSERL, discípulo de FRANZ BRENTANO, define **intenção** como "atitude ou ato da consciência que dá um sentido aos dados da percepção, da imaginação ou da memória".

É uma disposição de nosso espírito, movimento interior pelo qual uma pessoa se propõe a atingir ou tentar atingir um objetivo determinado, independentemente de sua realização, que pode ser incerta, ou de suas condições, que podem não ser precisas.

▶ Pensamento. Representação.

Interpretação. Ação de dar um sentido pessoal, entre outros possíveis, a um ato ou fato, cuja explicação não é evidente; análise que atribui um significado coerente, deformado ou errôneo a algo real, a um comportamento, a um acontecimento etc. Também pode ser o ato de dar um sentido alegórico, simbólico, místico a alguma coisa. E ainda, ação de deformar a realidade de alguma coisa, dando-lhe deliberadamente o sentido que, por alguma razão, interessa dar.

▶ Conhecimento. Pensamento. Real.

Intimidade. Vida interior profunda, natureza essencial de uma pessoa; aquilo que em geral permanece impenetrável, oculto muitas vezes sob

Intuição

as aparências. Os sentimentos, os afetos, os desejos, os pensamentos mais profundos de uma pessoa.

▶ Indivíduo. Pessoa. Unidade.

Intuição. É um modo de conhecimento imediato – ou seja, sem mediação, sem intermediário – de uma ideia que se apresenta ao pensamento com a clareza de uma evidência, de verdade, portanto, e que servirá de princípio e fundamento para o raciocínio discursivo. Há três tipos de intuição:

- sensível = conhecimento imediato dado pelos órgãos dos sentidos (sentimos que faz calor, vemos o vermelho, ouvimos determinado som);

- inventiva = a do sábio, do artista, do cientista, mas também a de nossa vida diária, quando situações exigem de nós soluções criativas;

- intelectual = a que se esforça por captar diretamente a essência do objeto.

A intuição intelectual (ou racional) é o conhecimento imediato dos objetos da razão – um processo de apreensão sem intermediários de uma realidade dada, que se apresenta ao nosso pensamento com a clareza de uma evidência (uma verdade por inteiro, que não deixa margem à dúvida), e que servirá de princípio e de fundamento para o raciocínio discursivo (o que dizemos). Ela difere do raciocínio porque este é um processo sequencial, como se cada passo fosse um elo de corrente. Ou seja, o raciocínio é o resultado de uma cadeia, em que um passo leva ao próximo; ele é mediado, um processo paulatino, como o matemático. Para descobrir quanto é 223×17 etapas são usadas. Mas a intuição não precisa dos passos e nem passa pelo discurso (portanto, pela razão), pois vem antes dele. Ela nos dá um conteúdo sem que tenhamos consciência disso, porque processa informações não verbais; chega a nossa consciência exclusivamente por meio de imagens, de impressões, não é conceitual. Por isso ela nunca erra, ao contrário do raciocínio. O conhecimento intuitivo é claro, direto, evidente, sem deixar qualquer margem à dúvida. Por isso muitos defendem que é o mais próximo da verdade. Não estamos falando de intuição no sentido de pressentimento, mas de contato imediato; por

ISONOMIA

exemplo, quando olhamos para algo vermelho, não precisamos pensar a respeito, identificamos no mesmo instante, mesmo que "vermelho" seja uma denominação, algo estabelecido, convencional.

"Pensamentos sem matéria são vazios; intuições sem conceitos são cegos."
Kant*

▶ Certeza. Entendimento. Experiência. Raciocínio (em Razão). Verdade.

Inverso. É o simetricamente contrário, invertido, o avesso. Por exemplo: movimento inverso ao dos ponteiros do relógio. Inverso pode ter sentido de decrescente (conotação matemática: meu desprezo por ele cresce em proporção inversa às grosserias e mentiras que ele diz).

▶ Contraditório. Oposto.

Ironia. Figura de retórica, de linguagem, pela qual se diz o contrário do que se quer dar a entender. A ironia socrática era recurso importante do seu método sistemático de diálogo, pelo qual Sócrates* - dentro de um processo de busca da verdade - simulava ignorância (não saber algo), fazendo perguntas aparentemente ingênuas, mas que na verdade acabavam fazendo seus interlocutores descobrirem a própria ignorância.

▶ Linguagem. Maiêutica.

Isonomia. Na Grécia, esse princípio, de repartição por igual, é que permitia a participação direta dos **cidadãos** nas votações da assembleia. *Iso* = igual, *nomos* = lei, convenção, norma. Ou seja, isonomia é sinônimo do princípio, até hoje aplicado em Direito, segundo o qual somos todos iguais perante a lei, sem nenhuma distinção, entre pessoas que estejam na mesma situação. E é justamente essa "mesma situação" que designava os cidadãos, em Atenas: todos os que fossem ali nascidos, tivessem uma propriedade (o que caracterizava o compromisso com a cidade) e fossem homens livres - ou seja, igualdade entre os iguais.

▶ Democracia. Igualdade.

J

Juízo

Juízo. Faculdade de julgar, de estabelecer uma ligação entre ideias ou conceitos. É diferente do raciocínio, que é uma ligação de juízos entre si. É diferente do conhecimento, pois confronta uma situação, sendo uma ação, ainda que intelectual. Immanuel Kant* definiu o juízo como a arte de relacionar um caso particular a um conceito geral, o que equivale a aplicar esse conceito geral a uma "intuição" particular.

É sinônimo de julgamento, ato de pensamento pelo qual afirmamos ou negamos alguma coisa e pelo qual, portanto, associamos ou dissociamos certos conceitos. Na impossibilidade de um conhecimento certo e seguro, ele nos permite ter uma opinião mais próxima da verdade. Ou seja, é o ato central do conhecimento.

Fazer um juízo lógico é estabelecer como verdade ou como hipótese a existência de uma relação entre dois ou mais termos, ou entre um sujeito e um ou mais predicados. Ter um prejuízo significa ter um preconceito.

Chamamos de juízo de valor o julgamento sobre o certo e o errado. Isso se refere a um julgamento baseado num conjunto particular de valores, ou em um sistema de valores determinado. É uma opinião individual, resultado de uma conclusão isolada, parcial e não objetiva, e não de julgamentos baseados em discussão, equilíbrio e racionalidade. Ele é subjetivo, pois os valores são pessoais, por isso varia de pessoa para pessoa, já que esse tipo de juízo representa uma tomada de posição diante da realidade.

Juízo de fato é uma ponderação sobre algo real: representa uma tomada de conhecimento da realidade. Sua finalidade é apenas informar, pois ele é uma constatação objetiva.

Chamamos de juízo de gosto o dizer "gosto" ou "não gosto": o que não tem nada a ver com aquilo ser bom ou não, mas simplesmente com o fato de o sujeito gostar ou não. Em geral, esse tipo de juízo varia em função de influências culturais, sendo muitas vezes estritamente pessoal. Por exemplo: numa conversa, fala-se sobre o uso de protetor solar. Comentários:

1. Uso sempre, porque protege a pele dos raios que provocam câncer;

2. Uso sempre porque acho bonito ser bem branquinha;

3. Vocês estão dando opiniões bobas e ultrapassadas.

Jusnaturalismo

No primeiro comentário, a pessoa emitiu um juízo objetivo (com base em comprovação científica ou experiência). No segundo, um juízo de gosto. Já o terceiro comentário foi um juízo de valor, que simplesmente desqualificou os dois anteriores, com base na mera opinião da pessoa.

Juízo contingente é aquele cuja negação não provoca uma contradição lógica, ao passo que o juízo necessário provoca.

Juízo analítico é aquele que é verdadeiro simplesmente em virtude do sentido dos termos que o compõem. Para KANT*, é um juízo no qual o predicado já está contido no conceito do sujeito.

Juízo sintético é aquele que só pode determinar o valor de verdade, recorrendo à experiência sensível. Para KANT*, é um juízo no qual o predicado não está contido no conceito do sujeito.

Juízo *a priori* é aquele no qual o valor de verdade pode ser determinado independentemente da experiência sensível, ao passo que juízo *a posteriori* é aquele no qual isso não pode ser feito.

Sobre o conceito de julgamento (juízo), FRIEDRICH NIETZSCHE* disse: "Aqueles que foram vistos dançando juntos foram julgados insanos por aqueles que não conseguiam escutar a música."

"O que se designa como estupidez é a carência da faculdade de julgar, e para semelhante enfermidade não há remédio."

KANT*

▶ *A posteriori. A priori.* Análise. Conceito. Entendimento. Ideia. Raciocínio (em Razão).

Jusnaturalismo. Doutrina segundo a qual o chamado direito natural (um sistema de normas de conduta diferente do sistema constituído pelas normas fixadas pelo Estado, chamado de direito positivo) tem validade em si mesmo; é anterior e superior ao direito positivo e, em caso de conflito entre eles, é o jusnaturalismo que deve prevalecer.

▶ Direito. Positivismo.

Justeza. Qualidade daquilo que é justo, bem fundamentado; fato de ser justo. Conformidade de uma realização a seu objeto, sem excesso nem falta, ou seja, a precisão absoluta. Para os filósofos gregos, harmonia, justeza e medida são os três elementos que definem o belo e o bom.

▶ Belo. Bom.

Justiça

Justiça. Em Aristóteles*, aquilo que permite atribuir a cada um o que lhe cabe, o que lhe é devido, segundo um rigoroso princípio de equivalência (é a justiça que prevalece nas trocas comerciais e nos litígios, por exemplo). A justiça obedece a um princípio de desigualdade, pois ela atribui a cada um vantagens e responsabilidades que variam conforme talentos, capacidades, competências e méritos pessoais. Por exemplo: não se deve dar a melhor flauta ao aluno mais aplicado, mas sim ao melhor músico, ao aluno que toca melhor. Assim, o mérito obedece a um critério de excelência. Ter espírito de justiça é se preocupar com o espírito da lei e não com a letra da lei (a regra escrita), a ponto de por vezes ser mais justo "corrigir a lei, na medida em que ela se mostrar insuficiente, por causa de seu caráter geral". A justiça é o princípio moral em nome do qual o direito deve ser respeitado.

Resumindo: a justiça envolve outros conceitos, como equidade (respeito absoluto ao que cabe a cada um, ao que cada um tem direito), equivalência perante a lei (temos os mesmos deveres e direitos jurídicos, diante da lei ninguém deve ter privilégios) e igualdade (somos todos cidadãos, nenhum de nós pode ter direitos que os outros não têm, nem privilégios).

O mito da Justiça

Um mito grego fala com muita delicadeza sobre a importância da justiça na sociedade. Os deuses encarregaram um sujeito chamado Epimeteu de distribuir todas as virtudes entre os animais, para que eles pudessem sobreviver em condições de igualdade no mundo. Formou-se uma longa fila. A uma espécie ele deu a força. À outra, a rapidez, para correr dos mais fortes. À outra deu as asas, para voar bem depressa. E assim foi distribuindo tudo: pelos para proteger do frio, um pescoço comprido para alcançar a comida no alto das árvores, guelras e escamas para viver dentro da água etc. Quando chegou a vez do último da fila, o animal Homem, as virtudes (qualidades) tinham se acabado, e ele não conseguiria sobreviver ao frio, aos animais ferozes, a todos os problemas e perigos da Natureza, como os outros. Então os deuses enviaram um mensageiro com um presente, já que o ser humano estava ali sem proteção, nu e frágil. Os deuses

Justiça

mandaram à raça humana uma capacidade toda especial, a de viver em comunidade. Assim, todos poderiam se proteger mutuamente e sobreviver em conjunto. O tempo passou. Em vez de ajudarem uns aos outros, os seres humanos só guerreavam entre si, pondo em risco toda a espécie. Foi então que os deuses mandaram novamente o mensageiro, com um último presente, para ajudá-los a viver bem em comunidade: a justiça. Por isso Aristóteles* afirma que "o Homem é um animal político por natureza": ele vive em sociedade (o reino da política) porque não pode viver de outra forma, porque isso faz parte de sua natureza, como as penas são essenciais à vida de um pássaro.

Essa necessidade humana de viver em conjunto é que vai definir, segundo Platão*, o Estado; ele não nasce porque os cidadãos fazem um pacto social, mas porque não podem viver sozinhos, não têm autonomia para tanto.

▶ Democracia. Direito. Igualdade. Política.

L

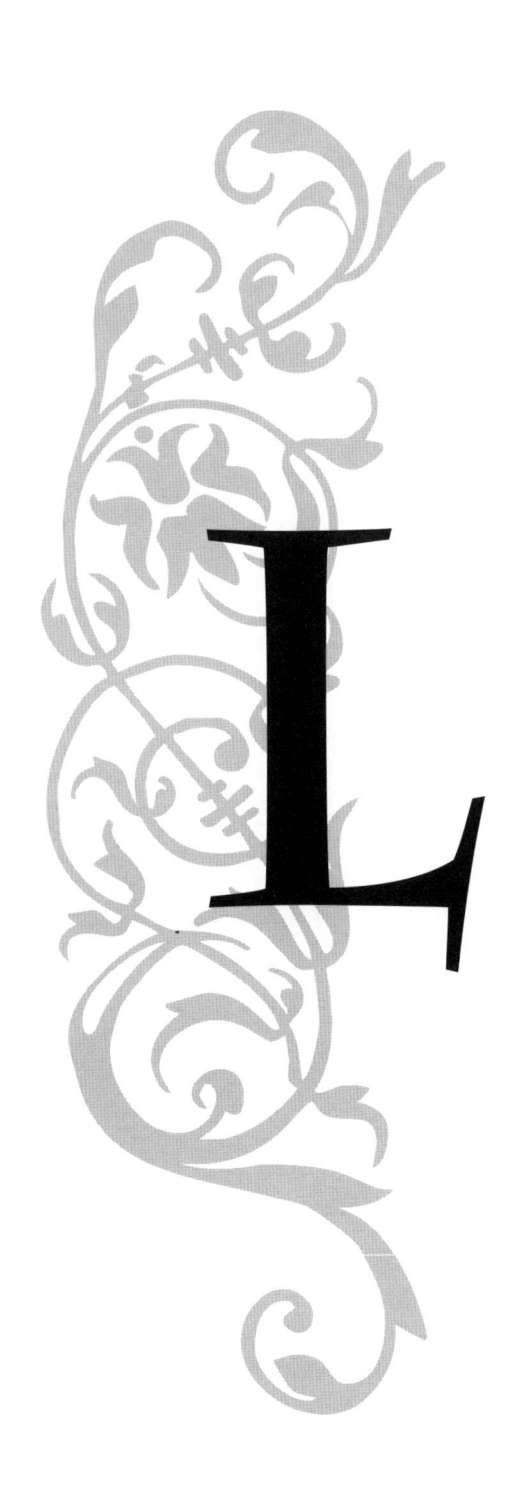

LIBERALISMO

Laico. Leigo, não religioso. Aquilo que é independente de toda e qualquer confissão (fé) religiosa. O princípio da laicidade é a separação entre o poder de uma Igreja (espiritual) e o poder político-administrativo do Estado (temporal) e, por decorrência, a exclusão de Igrejas e religiões da organização do ensino público. Ou seja, o princípio aplica-se privilegiadamente à educação: ela deve ser laica em todos os países nos quais o governo não é teocrático, onde a autoridade está ligada ao poder religioso; ela é função do Estado, e não de Igrejas, contrariamente ao que acontece sob regimes que favorecem uma religião e seus preceitos. A educação, sobretudo quando pública, tem como um de seus fundamentos básicos o princípio da imparcialidade e da independência em relação a qualquer fé ou crença.

▶ Crença. Espírito. Fé. Religião. Separação Estado-Igreja.

Lei. Regra, prescrição soberana à qual devem obedecer todos os indivíduos. A lei deve ser comum a todos. Ou seja, é perante ela que se estabelecem princípios como isonomia, igualdade, equivalência.
Lei natural: enunciado de uma relação regular e previsível entre os fenômenos da Natureza. Para alguns filósofos jusnaturalistas, é a lei da razão.
Lei civil: prescrição, norma que regula as relações pessoais e sociais e cujo respeito é obrigatório.
Lei moral: para Immanuel Kant*, princípio de determinação da vontade, que é válido para todos os seres dotados de razão. Tem caráter universal e se baseia no princípio do bem, da maneira como ele se apresenta à consciência do indivíduo.
Legal é aquilo que é conforme à legalidade, ao chamado direito positivo, baseado nas leis estabelecidas. Mas é legítimo aquilo que é conforme ao direito baseado na razão, ou seja, à justiça. Exemplo: um governante nomear para cargos de confiança filiados do próprio partido que não são especialistas naquela área pode ser legal (não fere a lei), mas não é legítimo (fere a justiça e a ética).

▶ Direito. Justiça. Política.

Liberalismo. Considerado como teoria econômica, nasceu das novas ideias trazidas pelo Iluminismo. Refletiu as transformações gerais da época e as do movimento iluminista, compondo duas correntes principais: a escola fisiocrática e a escola do liberalismo econômico.

Liberalismo

Da primeira escola, fundada pelo médico francês François Quesnay, faziam parte os críticos do regime mercantilista, do monopólio comercial e da intervenção do Estado na economia. Seu lema era *"Laissez-faire, laissez-passer"* (deixe fazer, deixe passar, em tradução literal do francês) a liberdade total para a produção e o comércio com o fim dos monopólios, das tarifas aduaneiras internas e das velhas corporações de ofício medievais. Para os fisiocratas, a base do desenvolvimento de uma nação estava no livre comércio e no desenvolvimento da agricultura. Na verdade, propunham um capitalismo agrário. Consideravam que a única classe produtiva era a dos agricultores: com a renda das safras pagavam o arrendamento das terras aos proprietários, impostos ao Estado, dízimos à Igreja e compravam produtos que eles próprios necessitavam. No final do processo, o dinheiro retorna ao ponto de partida, pois todos precisam de alimentos.

Na segunda escola, Adam Smith, pai do liberalismo econômico, via o mercantilismo como um sistema econômico errôneo e odioso. Os únicos que ganhavam com ele eram os mercadores e os manufatureiros. O monopólio elevava a taxa de lucro dos grandes comerciantes, mas impedia o crescimento natural dos capitais, porque tendia a concentrar cada vez mais a acumulação de riquezas.

Para ele, o Estado não deveria intervir na vida econômica, pois sua presença impedia que os capitais fossem investidos nos setores mais produtivos, para onde seriam espontaneamente direcionados se não houvesse intervenção do governo.

Criticou também a teoria da moeda, defendida pelo mercantilismo, a qual estabelecia que a riqueza de uma nação era constituída pelo ouro e prata acumulados – que para ele eram mercadorias como as demais. A verdadeira riqueza de uma nação é o trabalho. Adam Smith e David Ricardo afirmavam que a economia deveria se guiar por si mesma, sem qualquer restrição ou regulamentação, norteando-se apenas na lei da oferta e da procura. Essa lei "natural" seria a "mão invisível" que dirige a economia, evitando suas crises. Se o preço de um determinado produto estivesse baixo, os fabricantes diminuiriam sua produção e ele tenderia a aumentar. Se, pelo contrário, estivesse alto, outros fabricantes deveriam produzi-lo em maior quantidade, o que faria o preço baixar. Normalmente, a economia tenderia para um ponto de equilíbrio entre a oferta e a procura.

LIBERDADE

Os liberais ingleses, no início do século XIX, já começavam a combater também os regimes coloniais, defendendo a liberdade de comércio entre as nações. A Inglaterra, único país em processo acelerado de industrialização da época, condenava o monopólio das metrópoles sobre as colônias e o tráfico de escravos africanos, porque desejava ampliar o mercado consumidor de manufaturas e importar matérias-primas a preços mais baixos, o que era dificultado pelos vínculos coloniais.

A crítica histórica que se faz ao liberalismo econômico é que, apesar de ter acertado no diagnóstico de que a fonte de riqueza das nações é o trabalho, ele teria se esquecido de que o desenvolvimento do capitalismo seria feito por meio da exploração do trabalho assalariado.

Mais tarde, o sociólogo alemão MAX WEBER procurou encontrar no protestantismo calvinista o fator mais importante para explicar o pioneirismo inglês na Revolução Industrial. Para ele, o protestantismo puritano (mais radical e atuante na Inglaterra) não foi a causa do capitalismo, mas favoreceu seu desenvolvimento; foi a força que o impulsionou, ao criar uma ética que santificava a acumulação de capital e trabalho.

O trabalho havia sempre sido visto como algo penoso e degradante, adequado aos espíritos rudes e ignorantes – o belo, o bom, o desejável eram a contemplação e a ociosidade, ideais de vida das ordens religiosas e da nobreza.

Ora, o calvinismo deu ênfase à máxima de trabalhar com afinco no ofício a que Deus nos destinou, e o puritanismo a radicalizou. Os puritanos tinham horror à perda de tempo e à ociosidade. Criava-se assim uma moral religiosa que santificava o trabalho, combatendo o ócio das classes superiores e o lazer das classes inferiores. O eleito de Deus passou a ser homem diligente, trabalhador. O tempo passou a ser sinônimo de dinheiro; a prosperidade e o enriquecimento lícito, a poupança, a pontualidade e a herança deixada aos filhos, sinônimos de virtudes.

▶ Boxe Reforma. Estado. Iluminismo. Natureza.

Liberdade. É o contrário de servidão, de escravidão; é muito mais do que o contrário da privação de liberdade; é não ter nenhum senhor, nenhuma imposição externa. Isso não quer dizer viver solto, sem obrigações ou deveres, nem ser irresponsável. Estamos falando também de liberdade interna, liberdade de pensamento, liberdade de escolha, liberdade

Linguagem

de decisão. Só se é livre quando se tem a possibilidade de escolher. Não existe liberdade sem responsabilidade.

Há vários tipos de liberdade: de consciência, civil, jurídica, natural, política, de pensamento, de crença (e de não crença), de expressão, de ir e vir, liberdade cultural, liberdades públicas, privadas, das Nações etc. E uma expressão consagrada para definir o conceito de liberdade é **livre-arbítrio**: estado de quem pode escolher soberanamente entre duas possibilidades contrárias.

Como antônimo de paixão, de inconsciência, liberdade é o estado de quem se decide depois de refletir, com conhecimento de causa, por motivos que aceita voluntariamente; é o estado de quem controla suas paixões e de quem faz o bem, age segundo a verdade, porque, eticamente, considera que isso faz parte de sua natureza profunda, e não poderia agir de outra maneira.

▶ Determinismo. Escravidão. Livre-arbítrio (em Arbitrário).

Linguagem. Discurso racional consciente; sistema de signos (sinais) e construções que possibilita a comunicação, no caso da linguagem escrita. Em sentido mais estrito, faculdade própria aos seres humanos que permite que comuniquemos e expressemos nossos pensamentos. Em linguística, é a faculdade de constituir uma língua, ou seja, um sistema de signos não contínuos que correspondem a ideias distintas.

Para a filosofia, o que importa é que a linguagem é uma das características humanas mais importantes: ela nos define. Segundo NOAM CHOMSKY, já nascemos com estruturas linguísticas (por isso chamadas de inatas) idênticas; organizamos as abstrações, analogias, generalizações e induções, todas derivadas da experiência, a partir de um sistema de regras preexistente, que condiciona todo e qualquer aprendizado – uma espécie de memória linguística coletiva. Para LUDWIG WITTGENSTEIN, a linguagem é nossa única via de acesso para pensar e expressar o mundo. Ela é uma expressão da realidade, com a qual se corresponde de maneira lógica: as proposições só têm sentido quando refletem algum fato, quando se referem a alguma coisa. Por isso, só se pode falar do que existe no mundo, dos objetos do mundo. Cabe à filosofia, diz ele, indicar aquilo que não se pode dizer, apresentando com clareza aquilo sobre o que se pode falar.

Logos

Para Martin Heidegger, ela é "a morada do ser". Ou seja, há uma relação íntima e inevitável entre pensamento e linguagem, o ser das coisas mora nas palavras. A linguagem é uma estrutura que condiciona nosso pensamento, por isso os conceitos não existiriam sem as palavras; o que faz que cada idioma seja o reflexo de uma determinada visão de mundo.

Como sistema, ela é universal, mas os vários idiomas falados no mundo todo atestam a diversidade das aptidões culturais e das capacidades intelectuais comuns a todos os seres humanos. As línguas são sistemas feitos de signos ou símbolos, sejam eles verbais ou escritos, resultantes de convenções, que são utilizados intencionalmente pelos sujeitos (pessoas e sociedades) para exprimir seus desejos e pensamentos. Exemplo: em inglês, uma única palavra designa língua e linguagem (*language*). A linguagem humana é fundamentalmente um diálogo (inclui a participação de um interlocutor, de outra pessoa), mas ela inclui também o que se chama de metalinguagem, quer dizer o discurso sobre o universo simbólico instaurado pela linguagem. Assim, a linguagem é uma instituição universal que atesta a inteligência e a sociabilidade.

Do ponto de vista da linguística, a grande inovação e originalidade ficam por conta do estruturalismo, em especial os conceitos trazidos por Saussure, de fala e língua e de significado e significante. Para a corrente estruturalista, a língua é um sistema de relações entre unidades.

"O que pode ser expresso deve ser dito de forma clara; sobre o que não se pode falar, é melhor calar."
Wittgenstein

"O sábio não diz tudo que pensa, mas sempre pensa tudo o que diz."
Aristóteles*

▶ Discurso. Estruturalismo. Significado. Significante. Signo.

Logos. Em grego, palavra que tem três significados ao mesmo tempo: palavra, discurso e razão. Ou seja, a palavra articulada na forma de discurso racional. O *logos* e o mito são duas formas de explicar o que acontece, seja fornecendo uma explicação racional (*logos*), seja contando uma história com um sentido simbólico (mito). Por extensão de sentido, *logos* designa a racionalidade, a inteligência, a capacidade de usar a lingua-

Loucura

gem. Dessa palavra vêm os sufixos -logo (biólogo), -logia (psicologia), -lógico (antropológico) e -logista (ginecologista), que designam ciências ou áreas do conhecimento e os profissionais que nelas atuam.

Na filosofia platônica, o *logos* é considerado a razão do mundo, contendo em si as ideias eternas, arquétipos (modelos) de tudo o que existe. Ele é também um conceito racional.

Na época medieval, a noção de *logos* designava a filosofia herdada dos Antigos gregos, em especial a do neoplatonismo.

Um exemplo importante é o sentido que *logos* assume no pensamento de Heráclito, que nos ensinou que "tudo flui", tudo está em movimento constante (daí a famosa afirmação que nunca entramos duas vezes no mesmo rio). Segundo ele, tudo passa, tudo muda o tempo todo, nada permanece igual a si mesmo, nem no tempo nem no espaço. Essa movimentação infinita, que ele chamou de conflito, de "guerra de tudo contra tudo", gera energia. Ou seja, a realidade não é um caos desordenado, pois por trás desse aparente descontrole, que ele chamou de "luta de contrários", se esconde uma lei, uma ordem, uma medida, uma proporção, uma razão – portanto, uma razão de ser. A essa razão de ser, a essa harmonia interna e oculta, ele deu o nome de *logos*.

Dessa palavra também vem o nome da disciplina chamada lógica, o estudo do raciocínio válido, o ramo da filosofia que se ocupa dos processos do pensamento racional (indução, dedução, hipótese, silogismo etc.) e da formulação discursiva. Chamamos de lógica formal o estudo dos conceitos, julgamentos e raciocínios considerados abstratamente, sem levar em conta os objetos que designam. A lógica formal faz abstração dos conteúdos particulares expressos no raciocínio, pois só se interessa pela estrutura geral do chamado raciocínio válido.

A lógica informal ou argumentativa estuda o raciocínio válido, tal como ele aparece na linguagem natural, na vida cotidiana.

▶ Conceito. Discurso. Linguagem. Razão.

Loucura. Em grego, *mania*, de onde vem, entre outros, o termo maníaco. Demência, estado de perturbação comportamental e/ou mental, característica de comprometimento da consciência do sujeito.

▶ Consciência. Sofrosine.

M

M

Marxismo

Maiêutica. Em grego, *maieutikê*, arte do parto. Esse nome foi dado ao método socrático de ensino, que fazia perguntas para que o próprio interlocutor descobrisse as verdades, arrancando-as de dentro de si, ou seja, fazendo que as ideias fossem paridas durante o diálogo. Em pedagogia, esse termo dá nome ao método dito heurístico (investigação, processo de fazer uma descoberta).

▶ Ironia. Socrático.

Mal. Em sentido filosófico, metafísico, é sinônimo de imperfeição; em sentido físico, significa sofrimento; em sentido moral, quer dizer falta, erro. É sempre o contrário de bem. Tradicionalmente a questão filosófica é se o mal é ontológico ou adventício – ou seja, ele faz parte da essência humana ou é social; se pode ser eliminado ou não. Mal e bem são a abstração de mau e bom, respectivamente.

Dessa dicotomia (polarização em dois termos) decorre também o conceito de maniqueísmo, doutrina filosófica que admite dois princípios ativos no Universo, o do bem e o do mal. Essa palavra vem de Maniqueu (ou Mani), filósofo e príncipe persa, autor da teoria de que a matéria é intrinsecamente má, e que o reino da luz (o Bem) e o reino das sombras (o Mal) estão em luta constante, conceitos respectivamente representados por um senhor bom e outro mau. Essa teoria está ligada ao zoroastrismo (ver o boxe Zoroastrismo em Dualismo), que, por sua vez, teve elementos incorporados pelo cristianismo.

O termo maniqueísmo, na sua generalização, passou a designar toda e qualquer teoria que divida o mundo em dois poderes opostos e incompatíveis.

▶ Bem. Dualismo. Erro.

Marxismo. Conjunto de concepções elaboradas por Karl Marx e Friedrich Engels no século XIX, centrado na crítica à economia política burguesa e no estudo científico do modo de produção capitalista (doutrina econômica), que constitui o materialismo dialético e histórico (doutrina filosófica e social) e o socialismo científico. Essa teoria foi posteriormente transposta para a luta política, com base na plataforma de discussão das condições de produção operária, dando origem ao que se chamou de marxismo-leninismo, que aliou a dialética marxista à práxis revolucionária.

Materialismo

Para a filosofia, a questão é o conceito de materialismo dialético (uma mescla de materialismo clássico e do conceito de dialética), forjado por Friedrich Hegel: a consciência brota, mediante o salto dialético, da matéria menos organizada, e reproduz exatamente o ambiente que a rodeia. Nossas percepções e nossos conceitos são meros reflexos de um mundo exterior cuja realidade se pressupõe como evidente. Como o ser é cheio de contradições, o único critério estabelecido por essa doutrina para avaliar a justeza do conhecimento é a práxis (realização, ação), ou seja, a técnica, em especial da indústria e, de modo peculiar, da luta pelo comunismo. Essa práxis é dirigida pelo partido político, que conhece, da melhor maneira possível, o caminho que leva ao objetivo estabelecido, e por isso profere o veredito supremo em todos os domínios da vida e do saber. Do ponto de vista da teoria, o materialismo dialético estabelece a unidade de teoria e práxis. O que está na base dessa concepção é o conceito de materialismo histórico, segundo o qual "o modo de produção da vida material condiciona o processo de conjunto da vida social, política e espiritual", como afirmou Marx.

"Assim, sob qualquer ângulo que se esteja situado para considerar essa questão, chega-se ao mesmo resultado execrável: quem exerce o governo da imensa maioria das massas populares é uma minoria privilegiada. Mas, como alegam os marxistas, essa minoria será composta de operários. Sim, com certeza: de ex--operários – mas que, assim que se tornarem governantes ou representantes do povo, deixarão de ser operários, e começarão a olhar o mundo proletário de cima do Estado; não mais representarão o povo, mas a si mesmos – e a sua pretensão de governá-lo. Quem duvida disso não conhece a natureza humana."

Bakunin

▶ Dialética. História. Materialismo. Natureza.

Materialismo. É a teoria segundo a qual a **matéria** é primeira em relação ao espírito ou à ideia. Ser primeira significa "ter primazia sobre", ser prioritária, superior, dominante. Nessa concepção, não existe no ser humano a separação entre matéria e espírito, mas sim uma unidade, um ser homogêneo. Daí a recusa de acreditar em uma alma imaterial e imortal. Para essa doutrina filosófica, só a matéria existe, só ela é real. Isso só foi possível a partir da identificação de uma realidade pensante com

MATERIALISMO

outra não pensante. Ou seja, ela se opõe ao dualismo, que acredita na existência de matéria e espírito. Essa concepção da natureza humana é chamada de monista (mônada, unidade).

Entendemos por matéria tudo o que percebemos situado no espaço, e que detém uma massa. É aquilo de que as coisas são feitas, e que se transformam em objetos quando recebem uma forma. Nas ciências físicas, ela é o conjunto de elementos que constituem toda realidade observável (átomos, moléculas, neurônios, circuitos elétricos etc.). Na física contemporânea, a realidade material perde seu caráter concreto, pois seus constituintes (partículas elementares, ondas elétricas, campos eletromagnéticos etc.) são cada vez menos palpáveis e, portanto, mais difíceis de serem detectados pelos dispositivos experimentais.

Mas essa concepção empregada pela ciência veio da filosofia, desde os gregos, passando por René Descartes*, por exemplo, para quem a matéria é homogênea e matematizável (assim como para Galileu Galilei); ela é uma substância cuja essência é a própria extensão geométrica. O mundo material deve se expressar em termos de configurações espaciais e de movimentos, tudo podendo ser "traduzido" algebricamente.

A concepção **materialista** é estreitamente ligada ao desenvolvimento das ciências, de cujos resultados a filosofia se alimentou. Mas o tipo de investigação é diferente, pois ela, a filosofia, se pergunta sobre a natureza metafísica ou ontológica dessa realidade (a matéria), o que a ciência não faz.

O termo materialista pode ter vários sentidos:

- o atomismo de Demócrito, retomado por Epicuro, que fez uma descrição monista e materialista da realidade; tudo o que existe é constituído de átomos indivisíveis que se movimentam no vazio (espaço) e que formam por agregação (quando se reúnem) todos os corpos, que têm, portanto, uma natureza eterna e infinita, na qual não haveria qualquer intervenção divina; a teoria atomista foi amplamente desenvolvida pelo discípulo mais famoso de Epicuro, o romano Lucrécio, em seu poema *"De rerum natura"* ("Sobre a natureza das coisas");

- o ateísmo, que recusa a existência de Deus, da alma e da imortalidade (Denis Diderot*);

- o materialismo dialético (Karl Marx, Friedrich Engels).

Medo

> "Eu afirmo que o espírito, no qual reside o princípio e o comando de nossas ações, é uma parte de nosso corpo – como nossas mãos, nossos pés e nossos olhos. [...] Eis a razão para concluir que a mente e o espírito são corporais: pois se provocam o movimento de nossos membros, se nos arrancam dos braços do sono, se alteram a cor do nosso rosto e governam como bem entendem toda nossa pessoa, e como todas essas operações supõem um contato, e o contato é uma substância corporal, não é forçoso admitir que o espírito e a alma são corporais?"
>
> Lucrécio

▶ Atomismo. Causa. Ciência. Espírito. Monismo. Natureza.

Medo. Estado afetivo mais ou menos durável, acompanhado pela tomada de consciência ou representação de uma ameaça ou perigo real ou imaginário. É sinônimo de apreensão, receio, temor ou pavor, dependendo da intensidade.

Baruch Espinosa é autor da máxima que diz: "A superstição é filha do medo". Com isso dizia que a crença religiosa irracional, ou o conjunto de crenças consideradas como contrárias à razão, é resultado do medo. Entendia a superstição como crença irracional na influência, no poder de certas coisas, fatos, elementos, instâncias superiores, sinais.

▶ Crença. Razão. Sensação.

Memória. Em grego, *mnemosyne* (ver o boxe Mnemosyne, a seguir), de onde nossa expressão amnésia, sem memória. Vem de Platão* e Aristóteles* a noção de que o modo mais fácil de silenciar uma pessoa é bloquear ou inibir sua capacidade de recordar, ou seja, sua memória. Ela é uma função psíquica inseparável da consciência que temos de nós mesmos, sendo inseparável da imaginação. É ela que garante a unidade do que chamamos "eu", pois é na reprodução de estados de consciência passados que nos reconhecemos, nos lembramos de momentos, mas também do que vimos, lemos, sonhamos, falamos, ouvimos – enfim, sem ela ficamos perdidos, sem referenciais. Por isso Henri Bergson disse que não há consciência sem memória. Existe inclusive o que chamamos de memória afetiva, que é uma recordação que acontece independentemente de qualquer representação consciente, ou pelo menos antes que tenhamos consciência daquilo; ela pode nos trazer reconforto, pode ser um meio de reencontrar o passado perdido, ou uma parcela dele e pode nos trazer de volta uma dimensão estética (uma cor, um cheiro). Por isso se considera que a memória é um ingrediente indispensável para explicar nossa conduta.

A memória pode ser voluntária ou involuntária, ou seja, podemos nos lembrar de situações, representações, informações, percepções ou sensações, sem querer. Como ela nos ajuda a localizar dados e elementos, faz parte do nosso processo de conhecimento, em três etapas: primeiro adquirimos informações, em seguida as armazenamos e, posteriormente, as recuperamos. Ela foca conteúdos específicos e também faz conexões, sinapses, ligando "pedaços" de conteúdos a conhecimentos guardados, o que permite a geração de novos conceitos. Mas também é fundamental em nosso processo de autoconhecimento; um exemplo disso é a função dela na psicanálise. É um filtro, muitas vezes de proteção, pois o que passa por ela, ao nosso consciente, deixa no fundo o que não passa, o que fica bloqueado, esquecido – e ninguém pode viver sem se lembrar, mas também sem se esquecer. Nesse sentido, nos aproximamos do conceito grego (especialmente em PLATÃO*), de condição de acesso ao conhecimento verdadeiro: a recordação nos conduz à verdade. A memória é uma faculdade que explica nosso comportamento, nos permite recuperar os traumas de infância (SIGMUND FREUD*), é berço do que CARL G. JUNG chamou de memória coletiva inconsciente. Mesmo em pedagogia, JEAN PIAGET atribui a ela um papel fundamental no processo de conhecimento: sua evolução é paralela à evolução da inteligência.

Mnemosyne

É uma deusa da mitologia grega, mãe das Musas – de onde vem a palavra museu (casa das Musas) e também o termo música. Elas são nove e presidem o conhecimento e a comunicação: a dança, a música, a história, a poesia épica, a poesia lírica, a tragédia, a retórica, a comédia, a astronomia. Além disso, são elas que inspiram os poetas. Dessa palavra vem nosso conceito de mnemônico, como aquilo que ajuda a desenvolver a memória, a facilitar a memorização, ou aquilo que é fácil de lembrar, de memorizar.

▶ Boxe Teoria das ideias (em Teoria). Civilização. Cultura. Faculdade.

Metafísica

Metafísica. Ramo da filosofia dedicada ao estudo das estruturas mais gerais do ser. Ontologia, estudo do ser (*ontos*, em grego), parte da reflexão filosófica que se refere à busca das causas, dos princípios fundamentais da existência. Metafísica, estudo das realidades na sua existência, como são em si mesmas, para além da materialidade e das características físicas com que aparecem para nós (segundo a concepção de que isso é possível e que existe um "em si" que nossos sentidos não captam). Para PLATÃO* e seus discípulos, a filosofia é uma metafísica, um movimento, um esforço para captar realidades que expliquem a Natureza, com uma compreensão racional e superior às crenças míticas e religiosas. A discussão sobre a justiça, por exemplo, é para PLATÃO* uma discussão metafísica, pois procura identificar seus fundamentos primeiros.

Segundo ARISTÓTELES*, a metafísica parte de uma questão bastante concreta. Seu interesse é saber o que faz que um ser seja o que é. Tal questão nos remete aos existencialistas, que séculos depois fariam da questão da finalidade da existência, da busca do sentido da vida, o pivô de seu pensamento. Para eles, metafísica é a busca do sentido, da finalidade da existência (daí o nome dessa corrente de pensamento, existencialismo).

Podemos considerar metafísica toda reflexão metódica orientada para um conhecimento profundo da natureza das coisas.

Como subdivisão da filosofia, a metafísica investiga as realidades que transcendem a experiência sensível, sendo capaz de fornecer um fundamento a todas as ciências particulares, por meio da reflexão a respeito da natureza primacial do ser; como filosofia primeira, ela não foi criada por ARISTÓTELES*, mas sim pela escolástica medieval, interessada em desenvolver uma investigação da divindade como ser perfeito, acima de todos os outros. Foi a partir daí que a expressão passou a cunhar a especulação a esse respeito, dos princípios universais que fundamentariam a realidade sensível.

"Os metafísicos são músicos sem talento musical", afirmou CARNAP referindo-se em especial aos pitagóricos que, à pergunta *"O que é mais sábio?"*, responderam *"O número"*. *"E o que existe de mais belo? A harmonia"*.

▶ Conhecimento. Existencialismo. Filosofia. *Physis.* Realidade (em Real).

Método

Metáfora. Figura de linguagem, de retórica, pela qual designamos um conceito por meio de outro termo, que nos dá por analogia o sentido do primeiro. Segundo Aristóteles*, "é o transporte [...] segundo uma relação de analogia". Ou seja, é o sentido figurado de alguma coisa. Exemplo: Maria Callas tem uma voz de cristal – isso quer dizer que sua voz é clara, límpida, translúcida.

▶ Lógica. Retórica.

Método. Procedimento de investigação; conjunto de regras que ordenam o conhecimento. Há vários tipos de método, mas todos são uma abordagem racional destinada a descobrir e demonstrar a verdade: método dedutivo, dialético, indutivo, de abstração, de análise, de raciocínio, fenomenológico. Alguns exemplos:
- método experimental é aquele que requer a observação, a classificação, a hipótese e a verificação por experiências apropriadas às diferentes ciências;
- método estatístico é o procedimento de investigação que exige o conjunto de dados numéricos relativo a uma categoria de fatos;
- metodologia analítica (ou psicanalítica) é aquela que permite a exploração do inconsciente;
- metodologia sociológica é a que investiga os fatos e as relações sociais.

A expressão assume uma importância capital em René Descartes*: conjunto de princípios necessários para bem conduzir a razão e procurar a verdade nas ciências.

O chamado método socrático, ou maiêutica, consiste em tentar responder a uma questão X, implicando:
- sugerir uma resposta que à primeira vista parece plausível;
- deduzir as consequências provocadas por essa resposta;
- pesquisar a existência de contraexemplos que contradigam uma ou duas consequências deduzidas;
- recomeçar o processo até chegar a uma definição de X que não gere um contraexemplo.

Mitologia

"As pessoas que interrogamos, desde que as interroguemos bem, encontram por si só as boas respostas."
SÓCRATES*

▶ Cartesianismo. Ironia. Maiêutica. Razão. Socrático.

Mitologia. Narrativa, conjunto de relatos que fornece explicações simbólicas sobre as origens do Universo e sobre preocupações universais (como a morte, por exemplo). Oposta ao *logos* (discurso racional), ela é uma explicação da realidade na forma de conto ou história, com sentido simbólico. O **mito** é uma alegoria. Ele é um relato explicativo e fundador de uma prática social. Na Antiguidade, o relato mitológico era transmitido oralmente, até o reaparecimento da escrita, na Grécia, no século VIII antes de nossa era, quando viveram.
HOMERO e HESÍODO. Nessa época, os gregos introduziram as vogais no conjunto de símbolos fenícios, esquecidos havia tempos, e criaram o alfabeto, cujo nome vem justamente das duas primeiras letras gregas (alfa e beta). Muitas vezes é difícil identificar a origem de alguns mitos, pois são um amálgama (mescla, fusão) de vários mitos que circulavam oralmente. Todas as mitologias procuram explicar os fenômenos naturais, o estatuto do ser humano, e sobretudo a origem do mundo, da vida. Por isso entram em cena seres que representam simbolicamente forças físicas, fatos imaginários não confirmados pela História, mas que são transmitidos pela tradição. O mito se distingue do simples conto (que inventa sem explicar), do romance (que "explica" sem fundamentar) e sobretudo da fábula e da lenda. Fábula é um breve relato fictício, em prosa ou verso; tem intenção didática e no final sempre passa uma pequena lição moral; nela podem intervir animais, pessoas, seres animados e inanimados. Por exemplo: "A raposa e as uvas".
Lenda é um relato que tem mais histórias tradicionais e maravilhosas do que históricas ou verdadeiras. A base é real, mas ela é transformada, incrementada. Por exemplo: o rei Artur e os cavaleiros da Távola Redonda. Mito é uma narração localizada fora do tempo histórico, protagonizada por personagens de caráter heroico ou divino; condensa alguma realidade humana de significação universal; com frequência, interpreta a origem do mundo ou grandes acontecimentos. Por exemplo qualquer dos mitos de criação do Universo.

MITOLOGIA

Mas o mais importante talvez esteja no aspecto simbólico. Nos poemas de Hesíodo aparecem as noções de beleza, justiça, sabedoria, poder, intervenção divina, inveja, alegria, paixão.

Na *Teogonia*, ele monta um quadro que explica as origens do mundo, contando a linda história do surgimento das forças que animam o Universo, a partir de pares de opostos, da união do princípio masculino e do feminino. Assim surgem o Caos, o Éter, a Terra, os Oceanos, o Céu estrelado, a Noite etc. No mito de criação que Hesíodo nos apresenta, o mundo é fruto da ordenação de Zeus, o soberano dos céus, que venceu os titãs e dominou seu pai, o tempo, Cronos. O que explica como e por que nosso mundo é inserido no tempo de maneira ordenada.

Em *Os trabalhos e os dias* o foco é a história. Além de inúmeras citações sobre astrologia e agricultura, traz ainda a cronologia das cinco idades do mundo, uma explicação mítica do nascimento das raças (ouro, prata, bronze, dos heróis e ferro) e de sua decadência, até chegar à era do ferro, feita de misérias e angústias.

O mito também é importante para a filosofia, não só como herança, mas porque nela ele assume um sentido todo particular; pensadores como Platão*, por exemplo, o utilizam como um quadro, um cenário alegórico, a fim de situar de modo concreto algo que querem dizer. Dessa forma, criam mitos originais (como a alegoria da caverna) ou adaptações de mitos anteriores, assumindo o caráter de uma teoria na forma de uma imagem.

Sem a mitologia grega não podemos entender a história, o pensamento, a cultura ocidentais. Não conseguimos compreender nosso próprio mundo. Por exemplo: os conceitos de **apolíneo** e **dionisíaco**, criados por Friedrich Nietzsche* para criticar o pensamento socrático. Apolo é o deus da clareza (o Sol), da forma, do nítido, da individualidade. Dionísio (que os romanos traduziram por Baco) é o deus do prazer, da orgia, da desmedida, do êxtase, dos impulsos incontrolados. A palavra, dirá Nietzsche*, fica no campo do apolíneo; a música, do lado do dionisíaco. Nietzsche* acusa Sócrates* (e Platão) de expulsar a tragédia, em nome da consciência, da razão. O que inibiu o ser humano e sua criatividade, diz ele, instituindo a linha de pensamento que, associada à cultura judaico-cristã, gerou uma tradição de pensamento que polarizaria noções de bom-mau, belo-feio, verdade-mentira etc. Isso corresponde ao que ele

Modernidade

chama de sepultamento do dionisíaco diante da civilização. Essa queda do pensamento trágico é que levaria ao niilismo.

▶ Caos. Cosmogonia e Cosmologia (em Cosmos). Filosofia. Linguagem. Ordem. Universo.

Modernidade. Período da história do Ocidente que marca o final da Idade Média. Quando dizemos que algo é moderno, em filosofia, isso não designa algo atual, contemporâneo, mas sim pertencente à era moderna ou à Modernidade. Nesse período, que vai do século XV ao XVIII, desenvolveu-se um novo modo de pensar, contraposto aos valores culturais, sobretudo os religiosos da era medieval.

Do ponto de vista histórico, a Modernidade tem três eixos principais, que coexistem com a mudança de pensamento: o Renascimento, a Reforma e o Iluminismo.

Do ponto de vista da filosofia, entre os principais marcos dessa nova concepção de mundo estão Maquiavel*, Bacon* e Descartes*.

Nicolau Maquiavel* é o autor da noção de que, na política, todos os meios são válidos para se atingir um fim. Contrapondo-se aos clássicos, ele inaugura uma concepção de virtude. Sobre esta ele dirá: "Sei que cada um admitirá que o mais louvável é, entre todas essas qualidades, um príncipe possuir as que são tidas como boas, mas a condição humana é tal, que não consente a posse completa de todas elas, nem ao menos a sua prática consistente". Maquiavel* traz ao mundo da política a noção de eficácia no lugar da noção de virtude (no sentido de excelência), tão importante para os gregos. Para ele, a política se caracteriza pelo movimento, pelo conflito, por rupturas violentas. Com a finalidade de assumir o poder e, sobretudo, de conservá-lo, o príncipe deve se adaptar às idas e vindas, se metamorfoseando quando necessário, passando por cima de velhas convicções. Assim, ele forja dois conceitos básicos: fortuna e *virtù*. A fortuna é a necessidade externa à qual se deve fazer face à situação de urgência. A vontade só não basta, diz ele, a ação política deve obedecer ao princípio da fortuna (no sentido de acaso). Ao lado dela, vem o segundo conceito: a *virtù*, capacidade de se adaptar às circunstâncias, de modo a impor a vontade própria às variações do acaso, ou seja, de modo a dominar a fortuna, tirando vantagem da ocasião. Essa teorização da ação política é nova: quem quiser chegar ao poder deve utilizar todos os meios a seu alcance.

Nesse domínio, não há ética, há interesses. Não há convicções, elas mudam ao sabor do vento, para garantir a manutenção do poder.

Francis Bacon* é o pai do empirismo, corrente de pensamento que faz da experiência sensível a origem de todo conhecimento válido. O sujeito do conhecimento acumularia observações e fatos mensuráveis, conjunto do qual extrairia leis gerais, por meio de um raciocínio indutivo ou sintético, ou seja, indo do concreto ao abstrato. A empiria seria, então, o conjunto de dados da experiência pura, considerado como o objeto sobre o qual o método experimental se aplica; daí esse método também ser chamado de raciocínio experimental. O ponto principal de debate com o inatismo, ou racionalismo, não está simplesmente em atribuir prioridade à razão ou à experiência sensível – pois os empiristas nunca negaram que a razão tem um papel importante no processo do conhecimento. Está, sobretudo, na discordância quanto à existência de conhecimentos puramente racionais, ou *a priori*. O empirismo enfatiza e valoriza a experiência.

René Descartes*, figura central do racionalismo, é o autor do conceito de dúvida metódica como base do conhecimento, como processo para se chegar a formular o que chamou de "juízos sólidos e verdadeiros". Seu projeto se inscreve em uma concepção moral de busca da verdade. Descartes* compara a filosofia a uma árvore, cujas raízes são a metafísica, o tronco a física e os galhos as demais ciências, sendo as principais delas a mecânica, a medicina e a moral. Ou seja, sua metafísica seria o ponto de partida de todos os outros conhecimentos.

Se tivéssemos que resumir em um único conceito a Modernidade, talvez pudéssemos dizer que é o projeto de impor a razão como a única transcendência, como a suprema norma social.

▶ Boxe Reforma. Boxe Renascimento. Clássico. Empirismo. Iluminismo. Racionalismo (em Razão).

Mônada. Palavra de origem pitagórica que significa organismo minúsculo, mínimo; para Pitágoras, a unidade primordial é essa mônada, fonte de todos os números. As descobertas feitas pelos pitagóricos no âmbito da música aparentemente levaram à ideia de que todas as coisas são números. Dessa forma, para compreender o mundo que nos cerca precisamos descobrir o número que existe nas coisas; descobrir a relação

MÔNADA

de todas as coisas com a mônada originária era justamente o objetivo da escola pitagórica.

PLATÃO* aplica esse conceito às ideias e, posteriormente, GOTTFRIED LEIBNIZ o retoma, para explicar o componente básico e eterno de tudo o que existe – que seria como um átomo, portanto, indivisível. Segundo ele, a mônada, essa substância sem extensão, infinita, independente e impermeável a qualquer ação externa, mas que sofreria mudanças internas, constitui o elemento primeiro, o mais simples das coisas e dos seres. Toda a filosofia de LEIBNIZ se fundamenta nessa noção. Ele aplica o conceito aristotélico de enteléquia, de realização plena de uma tendência ou potencialidade, designando com ele a força ativa que reside em cada mônada. Postula a existência de uma infinidade de substâncias simples no mundo. Essas unidades originárias estão presentes em tudo o que existe: todas as substâncias complexas são formadas de substâncias simples (as mônadas). Como elas são indivisíveis, não têm extensão; o que não tem extensão não pode ser material; assim, segundo ele, as mônadas só podem ser mentais. "Cada mônada é um espelho vivo e perpétuo do Universo."

No **monismo** dos três pensadores, temos o conceito de unidade primeira, tanto dos seres materiais quanto imateriais: o verdadeiro princípio (*arché*) dos cosmos. Para a ciência, uma mônada é um protozoário flagelado, pois seu corpo não apresenta nenhum sinal de órgão, ou um átomo, ou um radical univalente (química). Para a filosofia, é a consciência individual, a individualidade enquanto tal, que representa ao mesmo tempo um ponto de vista único e original sobre o mundo, e uma totalidade fechada, impenetrável às outras consciências – podemos dizer que as mônadas não têm janelas, pelas quais algo possa entrar ou sair. Em matemática, na herança da concepção pitagórica, considera-se que os números formados por uma única figura (algarismos) são mônadas. DIÓGENES DE SÍNOPE cita um comentarista de PITÁGORAS que diz: "Princípio de todas as coisas é a mônada; dela surge a díada infinita, os números; dos números, os pontos; dos pontos, as linhas; delas, as figuras planas; dessas, as sólidas, e destas últimas os corpos sensíveis, cujos elementos são quatro – fogo, água, terra e ar. Esses elementos se mesclam e se transformam [...] e deles se origina o mundo animado, inteligente, esférico [...], a Terra, também ela esférica e habitada na superfície". Além da sofisticação e originalidade do

Monoteísmo

pensamento pitagórico, sua concepção foi de uma beleza inédita: no centro do Universo, um fogo rodeado de dez astros, dentre os quais a Terra, que ao girar em redor do fogo central produziam uma música suave, como consequência da harmoniosa rotação das esferas, que nós humanos não conseguimos distinguir, porque ela nos acompanha desde nosso nascimento, e a conhecemos pelo nome de "silêncio".

▶ *Arché*. Atomismo. Boxe Teoria das Ideias (em Teoria). Consciência. Monismo. Substância.

Monismo. Nome genérico das doutrinas que admitem um único princípio fundamental (*arché*), onde outras admitem dois ou mais. O monismo considera que o conjunto das coisas que existem tem um único princípio fundamental, e não dois, como no dualismo (espírito e matéria), ou vários, como no pluralismo. Diferenciamos o monismo idealista (ou espiritualista) de Gottfried Leibniz e Friedrich Hegel, que reduz tudo à ideia (espírito), e o materialista de Epicuro e Karl Marx, que reduz tudo à matéria. Os filósofos da Escola de Mileto foram os primeiros a propor teorias **monistas** de um cosmos entendido como originário de um princípio eterno (ar, água etc.). Os atomistas também eram monistas. Por vezes o monismo se assemelha ao panteísmo, do ponto de vista de que o que existe por natureza não pode ter sido criado: o mundo seria seu próprio "deus", ideia de imanência defendida por Baruch Espinosa. Existe ainda a corrente de pensamento chamada de monismo neutro (Bertrand Russel), segundo a qual a matéria e o espírito constituem dois registros de fenômenos de uma substância sobre a qual não temos nada a dizer.

▶ Alma. Corpo. Dualismo. Espírito. Materialismo. Mônada.

Monoteísmo. Sistema religioso que afirma a existência de um Deus único, distinto do mundo, transcendente. Para os monoteístas, há um ser supremo, criador do mundo, cujos principais atributos são a perfeição, a universalidade, a sabedoria, a justiça, a bondade e a imaterialidade, e que teria estabelecido as leis que governam nosso mundo. As principais religiões monoteístas são três: cristianismo, islamismo e judaísmo. Como todas as demais:

• são o que chamamos de "religião revelada";

Moral

- afirmam não somente que há um único deus, mas também que o seu é o Deus único e verdadeiro.

Em comum, as três religiões têm:

- um "livro sagrado";
- um calendário próprio;
- em Abrahão seu ancestral.

▶ Religião. Revelação. Teologia. Transcendente. Verdade.

Moral. Em latim, *mores*, que traduz a expressão grega *ethikos*, que designa o que é relativo aos costumes, regras e obrigações. Mas não devemos confundir moral e ética (conjunto de concepções, de preceitos internos). A moral é um código de conduta externo à pessoa, ditado pela sociedade, pela religião ou pelo grupo. Ou seja, tem a ver com o dever imposto de fora para dentro, ao passo que ética são princípios que a pessoa impõe a si mesma, de dentro para fora, porque tem a ver com o próprio caráter (*ethos*, em grego). A moral é o conjunto de ações permitidas e defendidas em um grupo social, e confirmadas pelo Direito.
A moral é a teoria da ação humana, uma preocupação com as coisas como devem ser, visando ao bem.
Para Immanuel Kant*, os costumes pertencem ao domínio da conduta de cada um, inspirada pelos desejos e inclinações, enquanto a moral remete à ação que diz respeito à vontade livre. A moral kantiana explicita os princípios que atuam em qualquer experiência de ordem moral, ou seja, à observância do chamado imperativo categórico.
Como conjunto de regras de comportamento, impostas pelos costumes e em geral baseadas na religião, a moral é forçosamente ligada a valores do grupo, por isso muda conforme o grupo, comunidade ou sociedade na qual ela é aplicada. O que não muda é o sentimento de dever que cada indivíduo tem (ética). Mas as normas estabelecidas de fora para dentro (moral) variam. Por exemplo: o sétimo mandamento, na versão cristã, "Não desejarás a mulher do próximo", é um mandamento contra o adultério. Ora, a versão original, da Torá dos judeus, diz "Não cobiçarás a casa do teu próximo, não cobiçarás a mulher do teu próximo, nem o seu servo, nem a sua serva, nem o seu boi, nem o seu jumento, nem

Movimento

coisa alguma do teu próximo" – ou seja, é um preceito contra a inveja, e não contra o adultério.

Em uma comunidade canibal é aceita a prática ritual de comer carne humana, nas sociedades cristãs não.

Em comunidades de religião masdeísta os corpos não eram enterrados, para não espoliar nem conspurcar as matérias puras e essenciais que regem a ordem do mundo e o compõem, segundo aquela crença.

Moral não é moralismo. Moralista é aquela pessoa que se ocupa em vigiar para, em geral, condenar o comportamento alheio (do outro).

A verdadeira ação moral é aquela que não visa a nenhuma recompensa, pois é feita sem esperar nada. Nesse sentido, ela se aproxima da ética. O espírito do Iluminismo era este: o de que a moral justificasse a religião, e não o contrário.

▶ Cultura. Ética. Iluminismo. Imperativo categórico.

Morte. Implica a noção de finitude, sendo esta contrária à de eternidade ou de reencarnação. Em ambas, o que está em jogo é a questão da consciência: se vida humana é sinônimo de consciência, tanto na vida eterna quanto na reencarnação a consciência mudaria de registro, ou seja, "não saberia" da(s) vida(s) passada(s).

"A morte não é o que confere significado à vida, mas sim o que lhe retira todo significado."
Sartre*

▶ Consciência. Existencialismo. Finito. Nada.

Movimento. Moção, processo de alteração das relações internas ou externas de um sistema. Para Aristóteles*, a moção é "o ato do que está em potência", ou seja, a passagem da potência ao ato. Quando ocorre uma atualização da potencialidade, também dizemos que há moção. Também chama-se a isso a realidade do devir (ou entelequia do ser em potência), que compreende o movimento espacial; a mudança qualitativa; a mudança quantitativa; a geração; a corrupção. Esses são os cinco sentidos da *kinesis* no pensamento aristotélico – termo grego que deu origem a cinético (relacionado a movimento).

Também entende-se movimento em sentido mais restrito e mecânico, como mudança de um ponto a outro, deslocamento contínuo no espaço físico.

▶ Ato. Devir. Potência.

Mundo

Mundo. Conjunto de tudo o que existe. Cosmos, do grego, *kosmos*, que originou palavras como cosmologia e cosmológico, por exemplo. Esse cosmos é um conjunto ordenado, no qual nossa vida se inscreve. Contrapõe-se à noção de caos, de desordem, de indefinição.

No pensamento religioso, designa em geral o conjunto da criação. Com as primeiras descobertas científicas, deslocando a noção de centro do sistema planetário para o Sol, em vez da Terra (heliocentrismo no lugar do geocentrismo), deu-se o que se convencionou chamar de "passagem do mundo fechado ao Universo infinito". Ou seja, a cosmologia tradicional (mundo finito) era superada pelo saber moderno, que concebe o Universo como infinito. Atualmente, mundo se refere tanto ao planeta, ao universo físico, material, quanto à abstração do conceito de mundo, que designa a humanidade, o conjunto de relações humanas. Usa-se as expressões microcosmo e macrocosmo para designar uma esfera reduzida de vida (mundo interior, universo particular) ou a representação de um conjunto, considerado relativamente a seus elementos. Essa noção de macrocosmo se aproxima do conceito de Universo, como conjunto de elementos ou partes em correspondência.

Mas, a revolução maior foi o novo olhar, as novas descobertas que provocaram a recusa de toda concepção baseada em noções de valor, de perfeição, de sentido e de finalidade. Ou seja, a desvalorização completa da noção de Ser, o divórcio entre o mundo dos valores e o mundo dos fatos.

▶ Cosmos. Finito (em Infinito). Universo.

N

NATUREZA

Nada. Vazio, privação do ser; ausência, seja relativa, seja absoluta, de ser ou de realidade; negação da existência.

No existencialismo (em especial para Jean-Paul Sartre*), a noção do nada tem um papel central: ela é o fundamento da condição humana. O nada seria experimentado na angústia diante da morte, mas também diante da liberdade, pela qual recusamos nosso estado presente e decidimos "não mais ser o que somos". A consciência dessa liberdade absoluta, experimentada na experiência radical da negação, da ausência, é que produz em nós a sensação do nada, de aniquilamento.

"Na verdade, somos uma liberdade que escolhe, mas não escolhemos ser livres: estamos condenados à liberdade."
Sartre*

▶ Consciência. Existencialismo. Liberdade. Niilismo.

Natureza. Em grego, *physis*, daí a expressão física, de inúmeras aplicações. Natureza é o mundo em que vivemos, o mundo que nos cerca, tudo o que temos de certo e necessário, o Universo físico, a totalidade que nos engloba. Sem ela, não temos onde pisar nem o que respirar, nem o que comer, nem o que olhar. Ela é o conjunto da realidade material considerada como independente da atividade e da história humanas. É o quadro da vida humana, que dela tira seus recursos.

Natural é tudo aquilo que o ser humano não fez, e nesse sentido é o contrário de artificial, de cultural, do que é histórica e socialmente adquirido ou construído.

Mas podemos falar também de natureza de algo: a natureza dessa conversa, a natureza humana. Ou seja, é sinônimo de essência, daquilo que define. Nesse sentido, natural é aquilo que é necessário, que é inato. Por exemplo: dizemos que uma característica biológica é inata quando ela é determinada desde o nascimento do indivíduo. O que não quer dizer que ela seja observável desde o nascimento, pois pode ser uma característica que só se manifeste em determinados períodos ou em certas condições. Por exemplo: a pilosidade (crescimento de pelos) é uma característica biológica inata do ser humano que só se manifesta a partir da puberdade.

Entendemos por adquirido tudo que resulta de fatores ambientais, culturais, sociais. Os comportamentos adquiridos são resultado da expe-

Necessário

riência, do aprendizado. Assim são os reflexos condicionados, como no exemplo clássico de Ivan Pavlov, autor desse conceito. Sempre que mostrarmos a um cachorro um pedaço de carne, a visão da carne e seu aroma fazem o animal salivar. Se tocarmos uma campainha, qual o efeito sobre o animal, é de reação de orientação. Ele simplesmente olha e vira a cabeça para ver de onde vem aquele estímulo sonoro. Se tocarmos a campainha e, em seguida, mostrarmos a carne e a dermos para ele, e se fizermos isso várias vezes, depois de certo número de vezes o simples toque da campainha provoca salivação no cachorro, preparando o seu aparelho digestivo para receber a carne. A campainha passa a ser um sinal da carne que virá depois. Todo o organismo dele reage como se a carne já estivesse presente, por isso ele saliva. Ou seja, o cachorro passa a ter um reflexo condicionado à campainha, que é um estímulo que não tem nada a ver com a alimentação, mas passa a ser capaz de provocar modificações digestivas. Essa é a diferença, demonstrada por Pavlov: salivar é natural, mas salivar a partir de um estímulo provocado é artificial.

Jean-Jacques Rousseau* foi o pensador que mais falou sobre o ser humano em estado natural – o estado anterior à constituição da sociedade. Segundo ele, somos naturalmente bons, as relações sociais é que nos impelem ao mal. Visão contrária à de Thomas Hobbes, Sigmund Freud* e Charles Darwin: o ser humano torna-se mau na ausência de uma autoridade ou de um controle, por isso promove conflitos e guerras sem fim.

Naturalismo é a teoria que considera a Natureza como princípio fundamental da realidade existente. Filosoficamente, é a linha de pensamento que considera a Natureza o princípio único de vida, excluindo qualquer tipo de intervenção divina.

"A Natureza não faz nada em vão."
Aristóteles*

▶ *Arché.* Estado de natureza (em Estado). Metafísica. *Physis.* Transcendente.

Necessário. O que é impositivo, essencial, o que deve obrigatoriamente ser, ou existir, para se atingir o objetivo pretendido. É aquilo que não podemos dispensar. Necessário é o que não pode ser de outra maneira. É o que é imposto, rigorosamente determinado pela natureza das coisas ou por um estado de fato. É o contrário de contingente (o que pode ser ou não ser). Ou seja, **necessidade** é o caráter obrigatório de alguma coisa, quando ela é indispensável.

Em lógica, chamamos de **condição necessária** a condição indispensável para que uma consequência seja possível. E de condição necessária e **suficiente** aquela que sempre provoca uma consequência, quando é estabelecida, e que sempre exclui a consequência, se estiver ausente (é o equivalente da fórmula matemática "se e somente se").

Onde há necessidade não há liberdade, pois o necessário é aquilo que escapa à vontade. Também é o contrário de acaso.

Para Baruch Espinosa, tudo o que acontece no Universo é governado pela mais absoluta necessidade: há no mundo uma única substância – o divino está na Natureza (imanência). Por isso é impossível que tudo fosse de outra forma, pois a razão de ser de tudo vem de dentro para fora. Quanto ao ser humano, só tem consciência dos próprios desejos, mas permanece ignorante das causas que o levam a desejar.

A necessidade também tem a ver com finalidade, não com desejo. Por exemplo: o ato sexual é um desejo do indivíduo, mas, primordialmente, uma necessidade da espécie (sem ele, a espécie não continua, desaparece). E também é falta, carência: se necessitamos de alguma coisa, é porque não temos. Nesse sentido, necessário é o que preenche essa carência, o que completa, portanto, o que é indispensável, imperioso, inevitável; uma exigência.

> *"Se Deus tivesse uma vontade, um objetivo, se ele agisse visando uma causa, isso significaria que ele tem uma necessidade (carência), e que ele não seria perfeito. Ele não seria Deus."*
> Flaubert

▶ Acaso. Imanente. Imperativo categórico. Lógica.

Neoplatonismo. Doutrina filosófica inspirada na filosofia de Platão* e mesclada por doutrinas religiosas orientais. Essa doutrina se disseminou a partir de Alexandria, no Egito, e teve em Plotino seu principal representante. Interpretando o platonismo de forma mística, supunha a transcendência de um Deus criador do mundo profano e a hipótese de o ser humano conseguir uma união com essa divindade, em um movi-

Niilismo

mento de interiorização. O dualismo platônico entre sensível e inteligível (matéria e espírito, finito e infinito, mundo e Deus) é acentuado e a matéria é identificada com o mal. Esses polos opostos da realidade podem se unificar por meio de um caminho de ascese, de aperfeiçoamento físico e espiritual, conseguido por uma moral contemplativa e austera.

▶ Dualismo. Idealismo. Moral. Transcendente.

Niilismo. Do latim *nihil*, nada. Filosoficamente, designa um ceticismo profundo, que nega toda e qualquer hierarquia de valores, toda e qualquer moral, crença, transcendência. Do ponto de vista do conhecimento, nega as verdades gerais e fixas; do ponto de vista da moral, a consistência de valores; do ponto de vista da religião, a existência de Deus. Tomado de um pessimismo radical, postula a importância do "nada".
O termo niilismo foi empregado pela primeira vez pelo escritor russo Ivan Turgueniev, em sua novela *Pais e filhos*, de 1861, para designar a crítica social feita pela *intelligentsia* (elite intelectual) radical russa, que tinha perdido suas ilusões quanto às reformas político-sociais. Recusando toda e qualquer imposição da sociedade sobre o indivíduo, autores russos niilistas defendiam a ação direta, e mesmo violenta, para derrubar o regime. Isso, a fim de reconstruir um mundo que garantiria a felicidade da população.
William Hamilton afirmou que só conhecemos os fenômenos (manifestação), nunca a substância das coisas. Ele se referia a Górgias, um pensador grego que defendia a tese de que "não há nada; e se houvesse, não seria cognoscível; e se fosse cognoscível, seria incomunicável". A noção básica é a de que tudo muda o tempo todo, e ainda muda para cada pessoa, por isso não há nada que permaneça, nada que possa ser conhecido.
Séculos depois de Górgias, Arthur Schopenhauer diria que a vida humana é cheia de sofrimentos, oscilando como um pêndulo entre dor e desejo; que qualquer sentido e propósito é mera ilusão; que a vida é castigo e expiação, uma dívida que contraímos ao nascer.
Na Rússia, essa ausência de valores gerou o anarquismo, representado em especial por Mikhail Bakunin, que afirmava que só a destruição é criadora. Mas o nome que a posteridade aliou por excelência ao niilismo foi o de Friedrich Nietzsche*, que via nele a crise de uma civilização doente e a consequência de vinte séculos de decadência do Ocidente.

Niilismo

Para ele, o niilismo dos espíritos fortes põe um ponto final no niilismo débil do pessimismo, no afã tolo de tudo querer compreender, o que de qualquer modo é inútil. Quando proclama que "Deus está morto", está dizendo simplesmente que o mundo das ideias – de Platão* e da metafísica – já não dá conta de entender a vida, nem é capaz de oferecer respostas, e que é preciso libertar os seres humanos de seus laços com o passado (a metafísica, as religiões, a moral). Libertar a humanidade da oposição mundo aparente e mundo verdadeiro: só o mundo das aparências é real.

Pela agudeza de suas análises psicológicas, Nietzsche* é considerado precursor de Sigmund Freud*. A seguir, uma esquematização dos pontos fundamentais de seu pensamento.

Deus está morto.	O Deus monoteísta é, por definição, imortal. Nietzsche* anuncia aqui o fim da religião cristã e dos valores morais e religiosos ligados a ela.
O Homem é algo que deve ser ultrapassado.	Nietzsche* sonha com uma cultura superior. Tornar-se um além do Homem (Supra-Homem) é renunciar aos valores negativos, em benefício de valores positivos e criadores.
O esquecimento é uma forma e uma manifestação de saúde robusta.	Não há nem remorso nem arrependimento sem memória. A moral do pecado supõe que não nos esqueçamos. Para Nietzsche*, o pecado está ligado à moral do ressentimento, que ele recusa. O esquecimento nos abre a porta do futuro e a possibilidade de viver. É preciso esquecer. Não esquecer nada é se deixar conduzir de fora para dentro, se deixar reduzir a ser somente um reflexo dos outros.

Noese

"Deus está morto: isso não significa que ele não existe, nem que ele não existe mais [...] Simplesmente, que ele falava conosco e já não fala..."
SARTRE*

▶ Cultura. Existencialismo. Moral. Psique. Religião. Supra-Homem.

Noese. É o processo consciente do trabalho cerebral. Segundo EDMUND HUSSERL, a noese é o próprio ato de pensar, que ocorre quando a consciência capta o objeto. **Noético** refere-se a noese: aquilo que não é nem sensível nem empírico, mas pertence à mente, ao intelecto. Atividade noética é a atividade intelectual, racional. A noeme é o objeto intencional desse pensamento, ou seja, o que é pensado, concepção.

▶ Intelecto. Razão.

Nominalismo. Teoria segundo a qual as ideias não têm existência real, pois não passam de palavras originárias da percepção (nomes), etiquetas que servem para designar as coisas. Por extensão, essa teoria afirma que a ciência não descreve o mundo tal como ele é, mas somente como a razão humana é capaz de conhecê-lo e efetivamente o conhece.

▶ Ciência. Ideia. Linguagem. Percepção. Razão.

Nomos. Em grego, uso, lei, regra de conduta; costume com força de lei; juridicamente, a lei explicada como uma convenção humana, algo que é estabelecido por um grupo humano, por uma cultura; portanto, oposto ao que é natural.

A palavra entra na composição de várias outras, como, por exemplo, nomocracia, maneira de governar em conformidade com um sistema de leis; ou autonomia, capacidade de governar a si mesmo, de se autogovernar.

▶ Autonomia. Convenção. Natureza. Política.

Normal. Aquilo que é conforme a norma, que obedece ou segue uma lei, um cânone, uma regra.

Não devemos confundir normal com comum, o que é mais frequente, corriqueiro. Por exemplo: qualquer político, de qualquer escalão ou de qualquer dos poderes do Estado, é uma pessoa comum, e deve ter o mesmo tratamento que todas as outras pessoas (equivalência diante da lei). É normal que assim seja. **Anormal** é dizer que alguém não é uma pessoa comum, diante da lei.

Outro exemplo: gastar o dinheiro do contribuinte em propaganda ou em mordomias ou viagens pode ser comum, mas pode não ser normal, tendo em vista que contraria as normas.

Normalidade é aquilo que obedece à regra geral. Por isso, uma pessoa anormal, carente ou portadora de algum tipo de deficiência, por exemplo, não pode ser considerada inferior às outras, mas sim diferente, particular, original, insólita.

▶ Convenção. Lei. *Nomos.*

Noúmeno. Para IMMANUEL KANT*, a realidade inteligível, sobre a qual só podemos pensar; aquilo que não pode ser objeto de um conhecimento empírico. KANT* chamou isso de a coisa em si – que é pensável, concebível, mas não podemos conhecer, pois escapa à percepção, que só capta os fenômenos (aquilo que se manifesta). Esse conceito foi elaborado a partir do termo *noumena*, usado por PLATÃO*, no sentido de ideia, de "aquilo que é pensado, pensamento".

▶ *Dasein.* Fenômeno. Ideia. Pensamento. Percepção.

Nous. Em grego, sinônimo de inteligência, faculdade de pensar. Aparece em HOMERO significando atividade mental; em ANAXÁGORAS como princípio cósmico, ilimitado e eterno, que tem a capacidade de ordenar a realidade material. Para PLATÃO* é a parte racional e imortal da alma – a inteligência –, na qual as grandes verdades e conclusões emergem imediatamente, sem necessidade de linguagem ou premissas. Ele compara a alma (psique) a uma biga (carro puxado por dois cavalos) que tem como cocheiro a razão (*logos*), a inteligência ou espírito (*nous*), conduzindo um cavalo obediente, que é o coração (a temperança, a moderação), e outro mais rebelde, o ventre (os desejos, as paixões, as paixões pulsionais). Segundo ARISTÓTELES* é o intelecto, a faculdade humana capaz de captar intuitivamente verdades fundamentais, conceito que os escolásticos transformam na capacidade humana de atingir intuitivamente a realidade divina.

▶ Intelecto. *Logos.* Pensamento. Psique. Pulsão.

O

Objeto

Objeto. Objeto é tudo aquilo que se apresenta ao pensamento ou à percepção, à consciência de um sujeito pensante. Assim, **objetivo** seria o que existe em si mesmo, independentemente do sujeito pensante, e **objetividade** aquilo que caracteriza um objeto, por oposição a **subjetividade**, que caracteriza o sujeito.

A objetividade caracteriza o que é próprio do objeto, o que constitui sua "realidade". Um dos critérios de objetividade mais aceitos é o da independência relativamente ao olhar do sujeito. Quer dizer: a objetividade se opõe à mera aparência, ilusão, ficção, mas, por relacionar-se ao físico, material, opõe-se também ao que é mental, espiritual. Mas essa concepção não é a única.

A objetividade caracteriza a validade de uma representação relativamente a um objeto. Ela depende, por um lado, daquilo que entendemos por objeto, e, por outro, das regras normativas daquela área de conhecimento. Em ciências, por exemplo, as regras constituem o que chamamos de método científico, próprio de cada disciplina.

Não se deve, entretanto, confundir objetividade com verdade, mas sim com uma espécie de índice de confiança ou de qualidade dos conhecimentos e representações. Uma teoria científica, por exemplo, pode ser objetiva sem ser verdadeira.

Desde IMMANUEL KANT*, a objetividade é definida como o que é válido universalmente, independentemente da época, em oposição ao que vale para uma única pessoa ou grupo. Ou seja, ela se opõe ao que é relativo. Do ponto de vista da ética, dizemos que algo é objetivo quando a pessoa faz um julgamento (juízo), quando uma avaliação é imparcial. A objetividade, aqui, se expressa em termos impessoais, desinteressados, com o sujeito tomando certa distância relativa ao objeto considerado, afastando-se de suas preferências e envolvimento pessoais. Esse "objeto" não precisa ser uma "coisa", pode ser um assunto, uma situação e seus protagonistas. Por exemplo: não podemos dizer que um caso de corrupção não é grave, se de alguma forma ou em alguma medida estivermos envolvidos, porque não há distância, recuo, nem desinteresse. Esse juízo seria parcial, pessoal e, sobretudo, antiético.

▶ Conhecimento. Ética. Juízo. Sujeito. Verdade.

Obrigação

Obrigação. Comando, regra ou dever moral, que supõe a liberdade de aceitá-lo ou recusá-lo. Não confundir ser **obrigado** com ser forçado: o que é forçado sofre uma pressão, sem possibilidade de resistência. Mas a pessoa que é obrigada pode desobedecer, e se não o faz, em geral, é por ter consciência do dever. **Obrigatório** é aquilo que é determinado por uma convenção, regra, lei (interna ou externa, ética ou moral); o que é indispensável, necessário, categórico.

▶ Ética. Imperativo. Moral. Necessidade (em Necessário).

Observação. Investigação, comprovação atenta para o conhecimento de fatos, situações etc. Também pode ser a ação que se conforma a uma regra, a uma lei – observância, respeito estrito.

▶ Conhecimento. Empirismo. Lei.

Oligarquia. Sistema político no qual o poder é exercido por um grupo ou facção social em proveito de seus membros. Dizemos que é oligárquica a organização ou partido, ou regime político em que o poder de decisão é controlado por um grupo que se impõe à maioria. A expressão vem do grego: *oligos* (pouco numerosos) e *arché* (comando).
Por derivação de sentido, significa, pejorativamente, a preponderância de um grupo no governo, em especial para praticar corrupção e governar em interesse próprio.

▶ Democracia. Política.

Ontologia. Discurso e estudo sobre o ser. Para Aristóteles*, é a metafísica, ramo da filosofia que se dedica à investigação sobre as propriedades mais gerais do ser, como a existência, o devir, a possibilidade.
Contemporaneamente, a partir de Martin Heidegger, é a reflexão que tem por objeto a elucidação (compreensão) do sentido mais abrangente do ser, da existência, considerada simultaneamente como ser geral, abstrato, essencial, e como ser singular, concreto, existencial. Essa leitura se opõe à concepção teológica escolástica, baseada no aristotelismo, que transformou o ser em geral num mero ente com atributos divinos. Essa distinção, justamente, funda o conceito de ôntico, aquilo que se relaciona ao ente, aos seres concretos, determinados. Segundo

ORFISMO

HEIDEGGER, o que diz respeito à existência cotidiana do *Dasein* – o existencial, o estar no mundo.

▶ *Dasein*. Metafísica.

Opinião. Afirmação arbitrária e subjetiva, pois se baseia em visão e/ou impressão pessoal e superficial da realidade. É uma apreciação, um juízo feito por um indivíduo ou um grupo, sem fundamento; expressão de uma visão particular ou do mero senso comum. As opiniões (o chamado "achismo") geralmente encobrem a ignorância. Esse desconhecimento está na origem da fragilidade de proposições feitas por quem só lida com as aparências de uma questão (as primeiras impressões), e não com sua essência. Assim, a opinião é um estado de espírito que consiste em reconhecer o caráter subjetivo do conhecimento que temos de alguma coisa, inclinando-nos a pensar que esse conhecimento se aproxima da verdade, quando pode não ser assim. Para PLATÃO*, *doxa*, tipo de conhecimento inferior ao conhecimento matemático (que chamamos hoje de ciência) e ao pensamento discursivo (*dianoia*), que compreende ainda a crença (*pistis*) e o pensamento por imagens (*eikasia*).

▶ Aparência. Certeza. Ciência. Conhecimento.

Oposto. É o que está em sentido contrário a alguma coisa, objeto, ideia, teoria. Exemplo: a igreja está do lado oposto da escola (fica do outro lado da rua), mas a Igreja tem posição contrária à educação escolar (seus preceitos contrariam os ensinamentos não religiosos da educação laica). O oposto supõe o contraste.
Oposto não é inverso (simetricamente invertido, avesso). Exemplo: movimento inverso ao dos ponteiros do relógio.

▶ Contrário (em Contraditório). Inverso.

Orfismo. Seita cuja doutrina exalta o desprendimento e o desejo de purificação, e que teoriza sobre a transmigração e a reencarnação da alma depois da morte do corpo físico. A expressão vem da Grécia antiga, relacionada a Orfeu, o lendário músico e poeta, criador da cítara e mestre dos encantamentos.

▶ Alma. Corpo. Morte.

Origem

Origem. Começo de fato de um processo ou de um fenômeno. Nesse sentido, é a gênese, o conjunto das circunstâncias de um aparecimento, do início de um processo. É conceito distinto de fundamento, que é o começo de direito, o ponto de partida e de sustentação lógico. Como sinônimo de princípio, origem é aquilo em que se baseia uma realidade: é referência, aquilo que explica o fenômeno ou processo.

▶ Fenômeno. Fundamento. Princípio.

Ortodoxia. Consiste em compartilhar uma opinião, uma ideia feita, ou princípios que supostamente são corretos. Assim, ortodoxo é o que obedece a uma norma, padrão ou dogma. A ortodoxia pode ser praticada em qualquer domínio – intelectual, político, artístico etc. – e não só na religião. É a atitude de conformidade (de um grupo, facção ou escola de pensamento) a uma doutrina ou ideologia e seus princípios, considerados os únicos verdadeiros e respeitáveis. Radicalizada, degenera em intolerância com o que é diferente. É o contrário de heterodoxia (ter opinião diferente e/ou divergente das ideias feitas). Em religião, especificamente, é a doutrina canônica, estabelecida pela Igreja como norma da verdade e do ensino religioso oficial. Lembrando que em grego *orto* quer dizer reto, direito, correto, e *doxa* significa opinião.

▶ Boxe Ideologia. Boxe Teoria das Ideias (em Teoria). Dogma. Religião.

Ousia. Palavra grega que significa substância.

▶ Essência. Substância.

Outro. É o contrário de mesmo; diferente. Permite identificar, diferenciar. Ou seja, é o elemento sem o qual não existe possibilidade de comparação. O mesmo é determinado, o outro é indeterminado. O outro marca a alteridade, mas também a reciprocidade e, eventualmente, a equivalência (um é igual ao outro, ou equivalente em algum sentido, por exemplo, diante da lei). O outro é o elemento que permite visualizar uma questão ou problema de um ângulo diferente, e acrescentar alguma precisão. O outro não é necessariamente um adversário, mas uma alternativa. O outro é igual a nós, mas está irremediavelmente separado de nós. Jean-Paul

Outro

Sartre* é o autor da famosa frase "o inferno são os outros" – quer dizer, outrem é sempre outro de mim, o eu que não sou eu.

O outro tem a vantagem de nos obrigar a pensar. Paul Valéry disse que "[...] durante sua atividade, a mente vai o tempo todo do mesmo ao outro; e modifica o que seu ser mais profundo produz, por essa sensação particular do julgamento de terceiros (o outro)".

▶ Alteridade. Identidade. Unicidade.

P

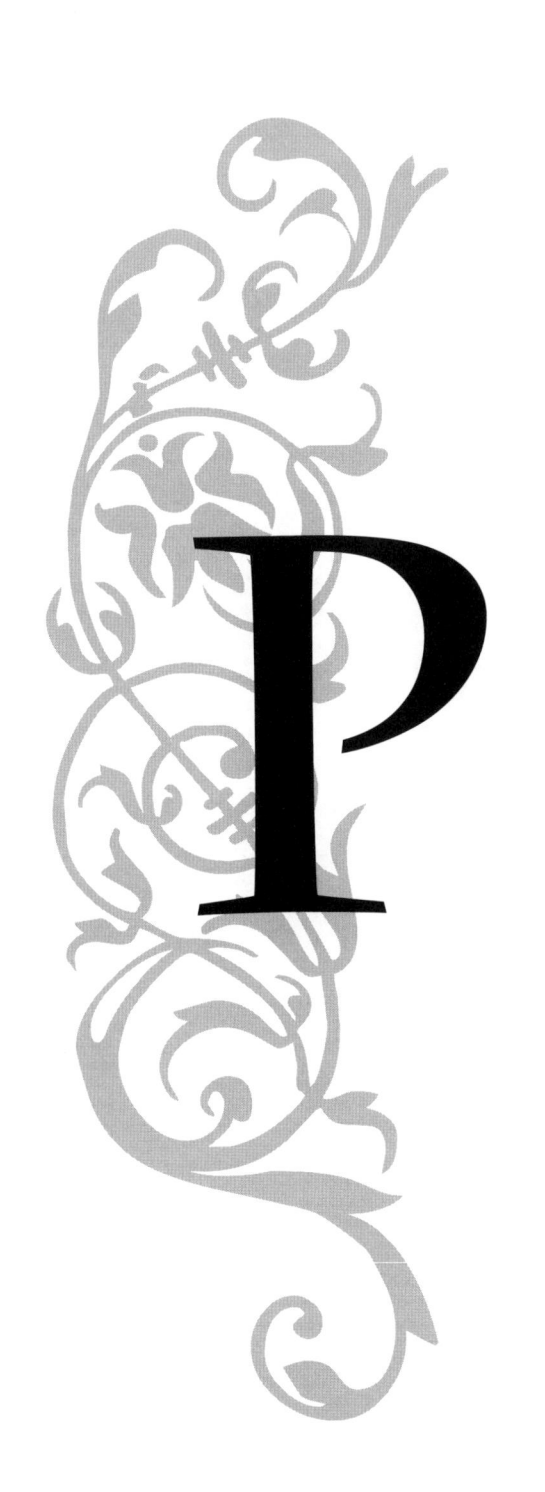

I

Paixão. Todo estado afetivo, todos os fenômenos passivos do espírito; tendência, inclinação, desejo. Em grego, *pathos*, significando entusiasmo, excesso, transbordamento. Dessa palavra vem patológico, que significa doença, deturpação, perturbação, anormalidade. Em filosofia, o conceito define as excitações mentais sem a participação da vontade (RENÉ DESCARTES*). Para os racionalistas, as paixões são perigosas, são como uma doença da alma, mais perigosa ainda porque em geral o doente não quer ser curado. BARUCH ESPINOSA separa as paixões alegres das tristes. As alegres aproximam as pessoas, e só são perigosas quando em excesso. As tristes são naturalmente más, porque diminuem nossa capacidade de agir e tendem a tornar as pessoas inconsequentes (o ódio, o medo, a vergonha, a pena).
Segundo IMMANUEL KANT*, ela é uma inclinação emocional que pode dominar a conduta humana, pois é violenta, o que diminui ou até elimina nossa capacidade de fazer escolhas racionais autonomamente.
O sentido mais comum desse termo é uma viva inclinação por alguma pessoa, objeto ou ideal, ao qual dedicaremos toda nossa atenção e energia, em detrimento de qualquer outra consideração. Esse é um estado afetivo de uma força tal que invade completamente nossa vida mental. As paixões podem ser sentimentos positivos (afeição, amor etc.) e negativos (ódio, ressentimento etc.). A partir de JEAN-JACQUES ROUSSEAU*, para os românticos do século XIX, a paixão é uma estrutura durável da consciência que pode se sublimar em sentimento de virtude. De acordo com FRIEDRICH HEGEL, as paixões não são inimigas da razão, mas sim um material que o espírito utiliza para fins racionais. Para FRIEDRICH NIETZSCHE*, são um estado afetivo que promove uma sadia disposição de vigor, pois organiza nossa difusa emotividade.
Toda nossa herança ocidental vem de PLATÃO*. Para figurar as paixões, ele usou a metáfora de uma biga puxada por dois cavalos, um branco e outro negro: o primeiro simbolizando a moderação, a temperança, e o segundo representando o descontrole das paixões, cabendo ao condutor (nossa razão) encontrar o justo equilíbrio, atentando para que o cavalo negro nunca imponha seu ritmo.

▶ Justiça. Psique. Sofrosine. Virtude.

Panteão. Do grego *pan*, todos, e *theos*, deus. Na Antiguidade, um panteão era um templo consagrado ao conjunto de deuses de uma mitologia.

Paradigma

Assim, **panteísmo** é a concepção que rejeita ou minimiza a ideia de um único Deus criador e transcendente, porque identifica Deus ao mundo, ao Universo – ele existe em tudo, na natureza própria das coisas e dos seres vivos, não é um ser separado do mundo, tudo é Deus. Por isso dizemos que Deus é imanente (presente na natureza de todos e de cada ser), por oposição ao transcendente (exterior ao mundo) e pessoal das três religiões monoteístas.

▶ Imanente. Mitologia. Monoteísmo. Transcendente.

Paradigma. Padrão, exemplo. A palavra tem origem grega, *paradeigma*, sinônimo de modelo ou exemplo; palavra que vem, por sua vez, de *paradeiknunai*, que significa mostrar, comparar. Paradigma é uma representação de mundo, uma maneira de ver as coisas, um modelo coerente que tem uma base definida, que pode ser uma corrente de pensamento, um modelo teórico, uma matriz disciplinar. Essa expressão é muitas vezes utilizada no sentido de *Weltanschauung*, visão de mundo. Na esfera da ciência, por exemplo, é uma concepção teórica dominante em uma determinada época ou comunidade científica.

▶ Pensamento. Teoria. *Weltanschauung*.

Paradoxo. Raciocínio que chega a uma conclusão completamente contraditória, ou no mínimo contrária ao bom-senso. Por exemplo: um chefe que alega não saber das falcatruas praticadas por seus funcionários. Isso é um paradoxo, porque ou ele está mentindo, por isso não pode continuar a ser chefe (pois não tem ética), ou está dizendo a verdade, e não pode continuar a ser chefe porque é incapaz (deveria saber o que fazem seus subordinados).

▶ Contraditório. Raciocínio (em Razão).

Paralogismo. Raciocínio falso, mas que não tem intenção de enganar, erro involuntário. É o contrário de sofisma.

▶ Sofista.

Para-si. Em Jean-Paul Sartre*, é o ser da consciência e o oposto do ser em si, o que é, o que existe.

▶ Consciência. Em si. Ser.

Percepção

Particular. O que pertence ou diz respeito especificamente a alguns indivíduos ou realidades, e não a todos(as); o que é peculiar de um indivíduo, grupo, espécie; o que se opõe a geral ou universal. Por exemplo: ter escamas é próprio dos peixes em geral, mas ter escamas com uma cavidade interna é particular dos tubarões e das raias.

▶ Geral. Singular. Universal.

Pensamento. É o ato de pensar, quando fazemos uma abstração. Ou seja, quando vamos além do imediato, do concreto e do particular captados por nossos sentidos. O pensamento, à medida que se elabora e se desenvolve, nos dá a completude, o conjunto todo de objetos, sem a necessidade de examinar cada parte de um conjunto. Entendemos uma ideia de uma só vez, e não aos poucos, ou numa sequência, como no raciocínio (elos de corrente). Por exemplo: quando pensamos em uma rosa, pensamos nela toda: seu formato, seus espinhos, sua cor, seu perfume, sua delicadeza – e fazemos isso de uma só vez, sem precisar de um passo a passo. O pensamento é basicamente o que chamamos de entendimento, o princípio da vida intelectual. Ele é nossa capacidade de conhecer, de julgar, de raciocinar – além de **abstrair**. Sinônimo de razão, essa capacidade de refletir está ligada à linguagem. O pensamento é aquilo que chamamos de mente, a capacidade que temos de representar inclusive o que não existe na realidade. A ele estão ligadas nossa imaginação e nossa memória. É ele que produz nossas ideias.

"Pensar é dizer não."
  Alain

▶ Abstrair (em Abstração). Entendimento. Intelecto. Linguagem. Razão.

Percepção. Ação de perceber, de reunir sensações e de produzir imagens mentais respectivas. Ela é o modo mais imediato de representação que fazemos do mundo. Mas o mundo não é uma coleção de sensações que se imprimiriam em nós, como tinta sobre uma folha de papel, por exemplo. A percepção implica uma atividade mental sintética operada pela consciência. Ela é uma operação intelectual e psicológica complexa pela qual a mente, organizando os dados recebidos dos sentidos, forma uma representação dos objetos exteriores e toma conhecimento do mundo

Percepção

real. Ou seja, é a relação da pessoa (sujeito do conhecimento) com o mundo que a cerca (objeto do conhecimento). Temos percepções de tipo tátil, visual, olfativa, espacial etc., que estão ligadas aos nossos sentidos e fazem o reconhecimento de um objeto.

O processo perceptivo começa com a atenção e é influenciado por fatores de diversos tipos, que vão, por exemplo, da intensidade, do volume, do movimento (externos) a motivação, valores, contexto social e experiência anterior (internos), o que faz que essa relação do sujeito com o(s) objeto(s) seja complexa. Durante muito tempo a percepção foi entendida meramente como uma reação corporal imediata a um estímulo externo; depois, como uma síntese das sensações. Mas com a contribuição da teoria fenomenológica do conhecimento ela passou a ser considerada uma parte fundamental do conhecimento humano: nós só temos sensações sob a forma de percepções, pois é praticamente impossível separar os estímulos externos propiciados por um objeto de como sentimos esses estímulos, ou seja, separar sensação e percepção. Sua estrutura é diferente da do pensamento abstrato, pois este só opera com ideias. Assim, por exemplo, diante de um espelho, sabemos que existe o lado de trás que não tem nada a ver com a imagem refletida, e para isso não precisamos ver essa parte de trás: isso é assim porque nosso pensamento (intelecto) faz o que chamamos de abstração da forma, ou seja, ele capta o objeto (espelho) de uma só vez, por inteiro, e não precisa ver seus dois lados. Quando pensamos nele, pensamos nos dois lados ao mesmo tempo, enquanto na percepção dependemos dos sentidos, e só captamos o objeto em facetas ou partes.

Para a filosofia idealista e racionalista (Platão*, René Descartes*) a percepção é uma fonte instransponível de erros ou, no mínimo, de aproximações, pois nosso corpo só nos fornece informações disparatadas, e o julgamento que daí procede sempre pode ser falho. Os empiristas, ao contrário, insistem no fato de que todo nosso conhecimento se enraíza em nossos sentidos e não tem qualquer saber sem representação física e intuitiva do mundo. A questão da percepção animal opõe Descartes* e Gottfried Leibniz: para o primeiro, os animais não conseguem apreender mentalmente o ambiente que os cerca, ao passo que o segundo considera que o ser humano e o animal têm em comum a percepção (as "pequenas percepções" inconscientes), mas não a consciência (privilégio humano).

Perfeito

Atualmente, neurologistas e filósofos rejeitam em bloco a posição cartesiana e reconhecem (com poucas exceções) que a intencionalidade é a condição de possibilidade de uma forma significativa de representação; evidentemente os animais percebem o mundo, mas é difícil saber se eles formam uma espécie de imagem mental estruturada, ou de visão global, comparável à que um ser humano pode formar.

▶ Conhecimento. Empirismo. Idealismo. Racionalismo (em Razão). Representação. Sujeito. Verdade.

Perfeito. Pleno, completo, terminado, consumado, inteiro, integral, ideal, sem defeito ou carência, exato. Aquilo que é de tal forma que não se pode conceber, imaginar nada superior. Estado de perfeição, plenitude, excelência de um objeto ou ser determinado, fenômeno que é exatamente o que deve ser. Algo acabado, que tem todas as qualidades por essência, que é ideal. Essa noção vem da gramática, em especial do grego Antigo, língua na qual o perfeito é uma categoria verbal que apresenta um processo como inteiramente cumprido, terminado, resultando no presente.

A esse conceito de perfeição liga-se o de **perfectibilidade**: possibilidade de aperfeiçoar algo ou alguém. A perfectibilidade do ser humano, por exemplo, que pode ser entendida no sentido de história ou na superação dos obstáculos que encontra. Essa concepção se confunde com a de progresso, sinônimo de marcha para a frente, processo evolutivo, orientado na direção de um ideal, avanço, crescimento. À medida que avança, a humanidade cria sua própria história. Segundo essa noção, típica do Iluminismo – o ser humano poderia se aperfeiçoar, dentro de um projeto político que visava a arrancá-lo da heteronomia do mundo religioso. Por heteronomia entende-se o fato de ser influenciado por fatores exteriores, de ser submetido a leis ou regras, de ser dependente de uma entidade que está fora de nós. Ou seja, o contrário de autonomia.

Assim, podemos entender perfectibilidade como uma capacidade que só o ser humano tem, porque tem consciência. É a faculdade específica de se transformar por si mesmo e conforme as circunstâncias: uma capacidade dinâmica de adaptação e também de transformação pelo aprendizado, pela educação – outro ideal iluminista. Nisso ela se diferencia da perfeição, que não é uma faculdade, mas o estado estático (imóvel) de algo.

Peripatético

Jean-Jacques Rousseau* foi um dos autores que falaram dessa capacidade: pelo fato de não sermos determinados por um instinto, como os animais, somos agentes livres, podemos mudar nossa maneira de ser. O ser humano transcende sua condição pelos ideais, ao passo que os animais se mantêm sempre na mesma condição. A ideia de que é possível nos aperfeiçoarmos supõe que somos imperfeitos, incompletos.

A essa noção liga-se o conceito aristotélico de entelequia (atividade ou perfeição resultante de uma atualização, da passagem da potência ao ato).

"O que faz o ser humano é sua grande capacidade de adaptação."
Sócrates*

▶ Ato. Educação. Entelequia. História. Iluminismo.

Peripatético. Método de ensino empregado por Aristóteles*, de caminhar com seus discípulos enquanto conversava. Por extensão de sentido, passou a ser sinônimo de aristotélico.

▶ Educação. Método.

Pessoa. É o ser humano; indivíduo da espécie humana definido pela consciência que tem de existir, como ser biológico, moral e social. A pessoa se distingue do simples indivíduo biológico porque é dotada de razão e consciência moral. Ela é consciente de regras, deveres e direitos, é livre e responsável para escolher e decidir. Por extensão de sentido, a pessoa é o que chamamos de eu, aquilo que constitui nossa consciência e individualidade.

▶ Consciência. Indivíduo. Intimidade. Unidade.

Phronesis. Prudência, em grego. Conceito aristotélico de sabedoria prática. Faculdade de decidir, de escolher com bom-senso, com razoabilidade.

▶ Filosofia. Sabedoria.

Physis. Natureza, mundo natural em grego. E daí vem a palavra física, em português, denotando que, por muito tempo, a filosofia e as chamadas ciências naturais – como a física – andaram juntas. Filósofos e naturalistas, até meados do século XIX, compartilharam o estudo e o conhecimento do mundo.

▶ Ciência. Filosofia. Natureza.

Platonismo

Platonismo. Escola de pensamento baseada na filosofia de Platão* e de seus discípulos e seguidores. O fundador da Academia criou e elaborou todo um sistema filosófico: metafísica, ética-moral, política, teoria do conhecimento, estética.

Podemos dizer que o cerne (o coração) de seu pensamento está na concepção de que os dados sensíveis não são confiáveis, porque são fonte de erro, e somente o conhecimento das ideias (que são abstratas) permite estabelecer parâmetros para o comportamento moral e político. Assim, é preciso começar por buscar a verdade na esfera do inteligível, fugindo das sensações, que são enganadoras. As ideias (ou formas) devem nos servir de modelo para bem agir. Não se trata, para Platão*, da construção de um mundo ideal, utópico, mas sim de modelos teóricos, de razão, entendimento, inteligência, capacidade de abstração. Por exemplo: o círculo, o quadrado, os números, são ideias que não conseguimos apreender pelos sentidos, mas sim pelo intelecto - justamente porque são inteligíveis. Daí a inscrição na entrada de sua Academia: "Que ninguém entre aqui se não for geômetra", pois na geometria se demonstra nossa capacidade de abstração, nossa atividade intelectual. No primeiro degrau do inteligível, ficamos presos ao que os sentidos nos dão (as sensações). O segundo degrau do inteligível (porque a matemática ainda está parcialmente presa ao sensível, pois precisa de traçados e trabalha com postulados iniciais que não são demonstrados) permite o acesso às ideias pelo método dialético, elevando o espírito (entendimento, intelecto) progressivamente rumo ao verdadeiro fundamento, que é a ideia do Bem. Platão* faz desse conceito não uma ideia moral, mas um princípio metafísico; ele é o princípio de harmonia que governa o Universo (cosmos ordenado) e, da mesma forma, é ele que deve conduzir nossa vida privada (moral) e governar nossa vida pública (política).

Para saber o que é uma conduta justa, é preciso ir à ideia de justiça, e não tomar como parâmetros ações que parecem justas, que observamos no mundo sensível (exemplos que podem levar ao erro). Para estabelecer qual o melhor regime de governo na cidade, é preciso saber o que convém aos cidadãos; para isso, é preciso estudar sua natureza. Cada pessoa, diz ele, tem as três tendências, as três inclinações que definem um modo de ser, mas somente uma delas predomina: os que amam as

PLURALISMO

riquezas e o prazer (e que são dominados pelas paixões); os que amam as honras e a dominação (dominados pela coragem); e os que amam a verdade (dominados pela razão).

Para PLATÃO*, a política é um saber. Para ter esse saber, é preciso conhecer a finalidade específica do que deve ser feito. A finalidade da política é nos fazer viver em um mundo de razão, lutando contra a violência. Uma cidade justa é aquela na qual cada um desempenha o saber que mais está de acordo com sua natureza, a fim de promover o equilíbrio.

Corpo social	Função	Equivalente no espírito	Virtude cardeal
filósofos	governo da cidade	razão	sabedoria
guerreiros	defesa da cidade	valentia	coragem
artesãos	trabalho	apetites, paixões	temperança

Lembrando que sabedoria + coragem + temperança = justiça.

A virtude da justiça não consiste em respeitar os direitos ou um conjunto de obrigações; ela representa um estado de perfeição interna, de equilíbrio interno, que se reflete na vida da cidade, se for aplicado. Ela está relacionada à harmonia presente nas três esferas que a compõem, desde que cada cidadão desempenhe a função para a qual tende naturalmente, por inclinação de seu espírito; e cada um deve cumprir da melhor forma sua função e nela se contentar. Ou seja, a boa cidade é aquela na qual os filósofos comandam, os guerreiros defendem e os artesãos trabalham.

▶ Boxe Teoria das Ideias (em Teoria). Conhecimento. Estética. Ética. Idealismo. Justiça. Mito da caverna (em Alegoria). Saber. Virtude.

Pluralismo. Oposto do monismo; pluralismo é doutrina que admite a necessidade de postular vários princípios para conhecer verdadeiramente a constituição do mundo. Doutrina que afirma também que os seres que compõem o Universo não podem ser reduzidos a uma substância única e absoluta.

▶ Monismo. Substância. Universo.

POLITEIA

Poder. Capacidade natural (qualidades inerentes ao sujeito da ação) e possibilidade material (dependendo de certas condições) de cumprir uma ação; faculdade, aptidão, possibilidade; também é sinônimo de potência, força. Exemplo: o poder do dinheiro, o poder do *marketing*. Poder fazer alguma coisa é ter direito, autorização de agir.

Por extensão de sentido, a palavra passou a designar a capacidade legal ou convencional de agir, a prerrogativa que permite a uma pessoa governar as demais, como nos mandados políticos. Em teoria política, a noção de poder que vigora na maioria dos Estados constituídos é a de THOMAS HOBBES: os cidadãos abrem mão de sua liberdade em nome da segurança, conferindo, alienando seu poder a alguém que represente o grupo. Esse poder central forte, entre outras, tem a prerrogativa de punir. E sua autoridade será respeitada justamente porque seus subordinados sabem que podem ser punidos se infringirem a lei. Ou seja, poder assume neste caso o sentido de dominação.

▶ Cidadão. Contrato. Governo. Política.

Politeia. Regime político, em grego. Posteriormente traduzida por república, termo latino formado por *res* (coisa) *publica* (pública). A obra de PLATÃO* que conhecemos como *República* chama-se, no original, justamente *Politeia*, porque nela o filósofo reflete sobre o regime de governo que mais convém à natureza humana. É preciso identificar qual o sistema político em que cada cidadão conseguirá realizar a aspiração que predomina em seu espírito (a razão, o coração ou as paixões). Para tanto, PLATÃO* estuda a justiça no indivíduo e conclui que essa forma é a aristocracia, o governo dos melhores, dos mais capazes entre os cidadãos. Muitos séculos mais tarde, fazendo a mesma reflexão, MONTESQUIEU se decidiu pela monarquia constitucional e parlamentarista; foi ele quem analisou pela primeira vez o problema da Constituição de um Estado, além de estabelecer a divisão e a necessidade de equilíbrio dos três poderes, Executivo, Legislativo e Judiciário, com predomínio do parlamento (poder legislativo). Foi por meio dos princípios por ele estabelecidos, que todo Estado legitimamente estabelecido passou a procurar preservar em sua Constituição as regras que conciliem duas exigências: por um lado, estabelecer um governo eficaz e, por outro, preservar a vida pública livre e democrática.

Politeísmo

A reflexão sobre a politeia chama-se política, que é a reflexão sobre o ideal e a prática da cidadania – lembrando que *pólis* significa cidade, em grego, e *polites*, cidadão.

▶ Cidadão. Democracia. Estado. Governo. Justiça. Natureza humana (em Natureza). Política.

Politeísmo. Doutrina religiosa ou sistema filosófico que aceita a existência de vários deuses, reunidos em um conjunto, o panteão. Essas divindades têm uma natureza superior à humana e, em função de seus atributos particulares, divinos, agem sobre a Natureza e intervêm nos assuntos e destinos humanos. Assim, por exemplo, no Egito, o Sol era considerado o deus mais importante, porque dele dependia a fertilização do solo depois das cheias do rio Nilo.
As religiões panteístas mais conhecidas são a grega e a egípcia. É o contrário de monoteísmo, doutrina que só admite a existência de um único Deus.

▶ Monoteísmo. Panteão. Religião.

Política. De *pólis*, cidade em grego. Política é o que se refere à vida em comum, atualmente chamada de social (ver o boxe O mito da justiça em Justiça). Tudo o que acontece em sociedade é político, tudo depende da política no que diz respeito à ação de governo. Ela é a gestão pacífica dos conflitos; ela começa onde termina a guerra; ela estabelece a discussão dos assuntos que são de interesse da comunidade. Por isso pressupõe o desacordo, o conflito de interesses, o equilíbrio de forças e opiniões, que devem ser regulados e administrados pelos governantes, pela administração do Estado, sem excluir a participação direta ou indireta da população. Toda ação política, ação de governar, é particular, mas deve ser o resultado da ação conjunta da sociedade em vista do bem comum. A ação de governar deve ser maior do que as ideologias e os interesses de grupos e partidos, deve se sobrepor a eles, transcender a eles.
Como disciplina, política é a pesquisa, a reflexão sobre os fenômenos relativos aos negócios públicos, de onde o seu sentido de concepção ou teoria. Literalmente, é a ciência do melhor governo.

"O Homem é um animal político por natureza."
ARISTÓTELES*

▶ Bem. Boxe Ideologia. Cidadão. Estado. Governo. Justiça. Politeia.

Positivismo

Positivismo. Sistema filosófico fundado por Auguste Comte, que considerava que não somos capazes de atingir as coisas na sua essência e que só os fatos experimentais têm sentido e valor universais. Os mistérios são impenetráveis e é inútil se ocupar deles. Seu objetivo é codificar os conhecimentos ditos "positivos", aqueles que decorrem diretamente da observação e da experiência, eliminando tudo o que sofre a influência da metafísica. Por sua visão de mundo e seus métodos, se aproxima das ciências naturais. Apesar de a expressão ter sido inventada por Auguste Comte, podemos considerar que David Hume, Jean Le Rond d'Alembert e Condorcet também façam parte dos primeiros representantes do positivismo.

Comte fez uma reflexão histórica segundo a qual o espírito humano e todas as civilizações se caracterizam por três estados, comparados aos estágios da evolução humana:

1. teológico ou ilusório, na infância, fase em que perguntamos "quem?"

2. metafísico ou abstrato, na adolescência, com a questão "por quê?"

3. positivo ou científico, que corresponde à idade da ciência, na idade adulta, quando se deixa de lado a questão "por quê" para privilegiar a questão "como?"

O espírito positivo se orienta na direção das leis científicas, em substituição às crenças teológicas e explicações metafísicas. Para Comte, a teologia e a metafísica impedem o desenvolvimento humano, que só a ciência pode trazer. Mas a ciência deve renunciar à questão sobre o "porquê" das coisas, que é a busca do sentido do absoluto, para se concentrar no "como", de modo a poder descrever as leis da natureza (estudo das relações fixas e observáveis no mundo natural) e ser útil à sociedade.

Exemplos de valores positivos: realidade, utilidade, experimentação, certeza, precisão, organização, progresso. Este último conceito está no lema de nossa bandeira ("Ordem e progresso"), pois Benjamin Constant, um dos principais ideólogos da nossa República, era positivista.

▶ Ciência. Civilização. Espírito. Evolução.

Possível

Possível. O que pode ser, o que não implica contradição. O real é um caso especial do possível. É possível tudo aquilo que pode se realizar, existir, ocorrer, se produzir, tudo aquilo que é factível (que pode vir a ser um fato). O impossível é aquilo que não pode ser, ou porque é irrealizável, ou porque contraria as leis da Natureza. Por exemplo: é possível que eu vá ao cinema amanhã, mas não é possível que eu vá ao cinema amanhã em Marte.

Do ponto de vista de reflexões, ações, estudos, possível é o admissível, concebível como possibilidade lógica. E esta é concebida pelo pensamento e não necessariamente falsa (porque não implica uma contradição lógica), mesmo que não possa ser confirmada ou verificada objetivamente.

Para ARISTÓTELES*, o possível está na categoria de potência.

▶ Ato. Contraditório. Potência.

Postulado. Axioma; proposição que não é evidente, não pode ser demonstrada, mas é assumida como verdade. Por exemplo: a parte é menor que o todo (afirmação que, por seu sentido lógico, é aceita sem discussão). Em religião, postulado é sinônimo de dogma (aquilo que não se discute). Em filosofia, é uma proposição não evidente por si mesma, mas considerada como tal por não haver outro princípio ou formulação equivalentes passíveis de serem questionados.

▶ Axioma. Boxe Ideologia. Dogma. Verdade.

Potência. Para ARISTÓTELES*, é a capacidade, a possibilidade de alguma coisa se modificar. **Potencialidade**: tudo aquilo que num determinado ser tem a possibilidade de tornar-se real, como parte de sua essência. Quando um ser realiza essa potencialidade, chamamos isso de passagem da potência ao ato (passagem do possível ao atual). É como se aquele ser passasse do estado virtual – ou **potencial** – ao real. Por exemplo: a semente pode se transformar em flor, ela é uma flor potencial; essa realização, essa passagem, faz parte do seu processo de desenvolvimento. Chamamos isso de potência ativa. Já potência passiva é quando alguém ou alguma coisa sofre um processo de mudança por influência de uma ação externa. Exemplo: a madeira pode se transformar em mesa (pela ação de alguém). Mas mesmo sofrendo essa ação externa a coisa

Pragmatismo

precisa ter a potencialidade de transformação. Uma semente não pode se transformar em mesa, essa possibilidade não faz parte da natureza dela, de sua essência, mesmo ajudada pela ação de um agente externo. Desse segundo sentido vem o significado mais comum, de nossa vida cotidiana, de potência como força.

▶ Ato. Atual. Devir. Entelequia.

Pragmatismo. Teoria segundo a qual nossa inteligência e nossos conhecimentos devem servir para que atuemos sobre as coisas. Segundo essa doutrina, o conhecimento é o conjunto dos meios apropriados para agir sobre o real, sobre o mundo, e o critério de verdade de uma ideia ou de uma teoria é sua possibilidade de ação sobre o real. Para o pragmatismo, é porque funciona que tal coisa é verdadeira, e não o inverso. Ele assume como critério de verdade de uma ideia ou de uma teoria sua possibilidade de ação sobre o real.

Essa corrente de pensamento se desenvolveu na Inglaterra, em especial por influência de Ferdinand Canning Scott Schiller, que se declarava partidário do pragmatismo integral, por ele chamado de humanismo. Isso porque ele retomou a famosa máxima de Protágoras – "O Homem é a medida de todas as coisas" –, defendendo inclusive que o ser humano não só é a medida, como também o criador da realidade. Essa realidade, segundo ele, é uma massa informe e plástica, que é transformada, convertida em fato unicamente pela ação humana, que a modifica e a reinventa sem cessar. Assim também a verdade: não existe verdade absoluta, toda verdade é humana. Ela não se encontra estabelecida para sempre, mas, pelo contrário, é dinâmica, vai sofrendo alterações, pertence à esfera do devir, do vir a ser.

Uma pessoa **pragmática** é aquela que dá mais importância à observação dos fatos e à ação do que à teoria. Esse conceito está ligado ao de **prática**: aquilo que diz respeito à ação (portanto, o contrário de teórico). Essa ação pode ser, por exemplo, a ação de pensar (prática teórica). Para Immanuel Kant*, esse termo assume um sentido moral, de como devemos nos comportar, ligado ao conceito de liberdade (escolhemos agir de determinada forma).

Outro conceito associado é o de **práxis** – realização, atividade psíquica e fisiológica orientada para um resultado; aquilo que é orientado para a ação.

Predicado

Na doutrina marxista, é o conjunto de práticas pelas quais o ser humano transforma a Natureza e o mundo, o que o insere na estrutura social determinada pelas relações de produção em determinado momento histórico. Ou seja, o marxismo entende por práxis o conjunto de atividades materiais e intelectuais que tem como efeito a transformação da realidade social.

▶ Humanismo. Liberdade. Marxismo. Relativismo. Verdade.

Predicado. Propriedade, atributo, qualidade, tudo aquilo que se afirma ou nega sobre um sujeito; em lógica, termo ou conjunto de termos que podem ser atribuídos ao sujeito de um juízo ou proposição (por meio de uma afirmação ou negação). Os filósofos de inspiração fenomenológica fazem a distinção entre predicado e atributo, concebido como um modo de ser objetivo – portanto, a noção de atributo é ontológica, e a de predicado, é lógica.

▶ Fenomenologia (em Fenômeno). Juízo. Lógica.

Premissa. Cada uma das duas proposições (maior e menor) de um silogismo (raciocínio composto de duas premissas e uma conclusão). Ela é uma proposição, uma afirmação que faz parte de uma demonstração da qual tiramos uma conclusão. É o ponto de partida do raciocínio.

▶ Lógica. Proposição. Silogismo.

Pré-socráticos. Ver o boxe Escola de Mileto em Filosofia.

Princípio. É a *arché*, aquilo de que decorrem as outras coisas, causa ativa, elemento que tem a propriedade de produzir determinados efeitos. Algumas expressões das quais essa palavra faz parte:
Princípio lógico é uma proposição evidente e indemonstrável, pressuposta em toda operação lógica ou dedutiva.
Princípios racionais são o conjunto de verdades fundamentais evidentes por si mesmas, em que se baseiam todos os raciocínios.
Princípio científico é a regra elementar de uma ciência.
Princípio de indeterminação são relações de incerteza: todo conhecimento sofre a influência do observador.
Princípio de razão suficiente é o princípio segundo o qual nada pode existir nem acontecer sem que haja uma razão que explique adequadamente por que é assim e não de outra forma.

Progresso

Princípio aristotélico de não contradição é o axioma segundo o qual "nada pode ser e não ser simultaneamente". Esse princípio também é conhecido como princípio do terceiro excluído: de duas proposições contraditórias, se uma é verdadeira, a outra é necessariamente falsa, reciprocamente, e não existe terceira solução possível.

Princípio de bivalência é aquele segundo o qual toda proposição P deve ser verdadeira ou falsa, não podendo assumir esses dois valores de verdade, mas um único. Nesse sentido, trata-se de uma formulação semântica do princípio do terceiro excluído.

Essa palavra tem também o sentido de início no tempo, de começo. E ainda de regra, lei.

▶ *Arché.* Ciência. Lógica. Proposição.

Problemática. Desenvolvimento de um problema por meio da reflexão; conjunto de problemas e questões posto por um domínio particular de conhecimento, ou seja, pesquisa sobre um tema preciso. Problematização é uma operação intelectual que consiste em discutir a estrutura fundamental de um problema filosófico.

▶ Lógica.

Progresso. Mudança de estado, progressão, transformação gradual, propagação, crescimento quantitativo ou intensivo de um fenômeno. Figurativamente, significa evolução: processo que caminha para a frente, no sentido de um ideal – quando significa avanço, melhoria, desenvolvimento. Mas essa concepção é delicada, porque, primeiro, supõe um ideal e, segundo, é preciso discutir com cuidado o que é decadência. Por exemplo: algumas inovações tecnológicas são benéficas, outras promovem a decadência dos costumes, das relações pessoais e sociais (solidão, isolamento, menor interação etc.), apesar do progresso aparente.

O que é diferente de se falar de progresso no sentido de aperfeiçoamento, de perfectibilidade. Exemplo: a leitura sempre promove o progresso da pessoa que lê, porque vem somar, sempre acrescenta algo, ao mesmo tempo que aperfeiçoa suas capacidades internas de conhecimento, reflexão, entre outras.

Enciclopedistas como VOLTAIRE, DENIS DIDEROT* e JEAN LE ROND D'ALEMBERT nos trouxeram a concepção de que progresso não é meramente o das

Proposição

ciências e técnicas, mas também e sobretudo um progresso social no sentido de liberdade política e de bem-estar econômico.

▶ Boxe Enciclopédia. Enteléquia. Evolução.

Proposição. Unidade de significação à qual é atribuído um valor de verdade (positivo ou negativo), ou seja, ela é considerada verdadeira ou falsa.

Uma proposição é verdadeira quando é coerente e reflete fielmente a realidade. Como diz Immanuel Kant*: "Uma proposição incorreta é forçosamente falsa, mas uma proposição correta não é forçosamente verdadeira".

▶ Coerente. Lógica. Verdade.

Prova. Testemunho, fato, raciocínio que pode levar nosso intelecto a reconhecer de maneira irrefutável a realidade de alguma coisa ou a verdade de uma proposição. Uma prova pode ser feita por demonstração ou por verificação.

▶ Demonstração. Lógica. Verdade.

Provável. Variação do possível; o que não é, mas poderia ser. Enquanto o possível significa simplesmente que nada impede que isso possa acontecer, provável significa que podemos esperar, dentro de um quadro razoável, que isso aconteça. É o plausível, admissível, que é razoável supor que tem muitas chances de se produzir, de acontecer.

▶ Necessário. Possível.

Psique. Conceito grego de personificação do princípio da vida (parte espiritual do ser humano) em oposição ao corpo material. Aristóteles* atribui todos os fenômenos vitais ao exercício de um princípio imaterial – a psique – que habita o corpo e o comanda.

Em psicologia (palavra formada justamente por psique + *logos*), é o conjunto de aspectos conscientes e não conscientes do comportamento individual, por oposição ao que é puramente orgânico (pensamento, sentimentos, reflexos, pensamentos inconscientes). Em sentido amplo, é o que chamamos de espírito.

PULSÃO

"Nossa personalidade social é uma criação do que os outros pensam de nós."
PROUST

"Você pode esconder dos outros uma ação condenável, mas nunca de si mesmo."
SÓCRATES*

▶ Alma. Consciência. Corpo. Espírito.

Pulsão. Conceito freudiano de um processo dinâmico que cria no organismo um estado de tensão, tendo como objetivo, justamente, eliminar esse estado de tensão. Em psicanálise, ela está ligada à noção de "representante", uma espécie de delegação enviada pelo somático (corpo) ao psíquico.

Os termos pulsão e instinto são usados de forma muito distinta por SIGMUND FREUD*.

O instinto é um comportamento inato e hereditário; ele leva o sujeito a executar atos adaptados a um objeto. Exemplo: os gatos têm instinto de caçar pássaros (o gato é o sujeito, os pássaros são o objeto e caçar é o ato). Quanto à pulsão, é na descrição da sexualidade humana que se delineia essa noção freudiana. Seu alvo e objeto não são específicos, mas variáveis e dependentes das fontes somáticas (corporais), que também são múltiplas. Por exemplo, o indivíduo homossexual tem uma escolha de objeto diferente do heterossexual; o alvo da pulsão sexual infantil é diferente da pulsão sexual adulta. A pulsão sexual se contrapõe a outras. Temos pulsões sexuais e pulsões de autoconservação (as grandes necessidades ou as grandes funções indispensáveis à conservação do indivíduo, como a fome e a função de alimentação).

Fonte, alvo, objeto e pressão são os quatro elementos da pulsão: uma pulsão tem a sua fonte numa excitação corporal (estado de tensão); o seu alvo é suprimir o estado de tensão que reina na fonte pulsional; é no objeto, ou graças a ele, que a pulsão pode atingir o seu alvo; a pressão é a exigência de trabalho imposta ao aparelho psíquico.

"O coração tem razões que a razão desconhece."
PASCAL

▶ Consciência. Psique.

Q

Qualidade

Qualidade. Atributo, essência, caráter, estado, natureza, propriedade. Valor que se atribui a alguma coisa, como bom ou mau, positivo ou negativo. Em relação a uma pessoa, é uma das categorias fundamentais para designar sua maneira de ser.

Em lógica, tudo o que pode ser afirmado sobre o tema de uma proposição. A qualidade é expressa pelo predicado e pode ser afirmativa ou negativa. Em sentido estrito, são qualidades todas as formas acidentais. Como categoria especial, a qualidade é uma determinação interna, diferente da quantidade. Por exemplo: a elasticidade de um corpo. Como determinação interna, ela se opõe às determinações externas, como tempo e lugar.

Em metafísica, é uma das dez categorias no pensamento de ARISTÓTELES*. Ela indica determinada maneira de ser que pode ser afirmada ou negada (quente, frio, saudável, doente etc.). Pode ser dita de vários modos: pode ser um hábito ou uma disposição, ou ainda uma capacidade (ser um bom cantor). Pode ser algo afetivo (cores, sons, sabores etc.), ou ainda a figura e a forma de uma coisa (curvatura, quadrado etc.) As únicas características verdadeiramente próprias da qualidade são, segundo ARISTÓTELES*, a semelhança e a diferença.

▶ Acidente. Categoria. Essência. Lógica. Metafísica. Sensação.

R

RAZÃO

Radical. Relativo à raiz, à essência de alguma coisa, à origem; que diz respeito ao princípio primeiro, fundamental, que está na origem de alguma coisa ou de um fenômeno; que existe intrinsecamente. É aquilo que tem uma ação decisiva sobre as causas profundas do fenômeno. Por exemplo: uma análise radical de um problema é aquela que vai ao limite máximo de cada uma das consequências implicadas na escolha inicial, e que investiga os verdadeiros e profundos motivos do problema. Outro exemplo: uma reforma radical é completa, quando realizada sem exceções ou concessões.

▶ Essência. Fundamento. Princípio.

Razão. É o entendimento, a faculdade mental, intelectual, de estabelecer relações entre as coisas e formar conceitos. Capacidade de fazer juízos **racionais**, lógicos e coerentes, ou seja, de distinguir o verdadeiro e o falso, o certo e o errado. É o contrário de paixão, loucura, sensações.
Uma razão é um princípio de explicação, a causa de alguma coisa. Também pode ser a justificação.
Chamamos de **razão desassistida** a tradição ocidental de pensamento herdeira de Atenas. É a via da filosofia, a resposta racional e autônoma à pergunta que a humanidade se faz desde sempre sobre qual a melhor maneira de viver (a outra resposta é a religiosa, da crença e da obediência). Desse conceito derivam vários outros. Assim, **razoável** é quem é dotado de razão e age de acordo. Daí decorre o sentido mais comum desse termo: dizemos que alguém é razoável quando age inspirado pela razão, e não pelos sentimentos, pelas paixões. Alguém razoável é alguém sensato, lógico, que pondera com justeza. Racional é o que diz respeito à razão, que é conforme à razão. Uma pessoa é racional porque dotada de capacidade lógica, de **raciocínio**, ou seja, porque demonstra uma inteligência clara e coerente no pensar e no expor seu pensamento.
Racionalismo é a teoria segundo a qual a experiência não pode fornecer todo o nosso conhecimento, pois o racional tem o domínio do sensível, já que tudo o que existe é inteligível (passível de ser compreendido). Para os racionalistas, é a razão que sistematiza os princípios organizadores dos dados empíricos. Todo conhecimento, assim, vem de princípios *a priori* formulados logicamente, que não dependem da experiência sensível, pois são inatos no entendimento, como, por exemplo, as noções

REAL

de tempo e espaço. Este último ponto é justamente a grande divergência entre o racionalismo e o empirismo, que não aceita a existência de ideias ou princípios inatos. Por outro lado, o racionalismo não nega o valor da experiência, mas afirma que é justamente a razão, considerada como sistema de princípios organizadores dos dados empíricos, que torna possível e aproveitável a experiência.

Racionalismo crítico, segundo KARL POPPER, consiste em reconhecer que todo pensamento pode ser revisto, já que tudo pode ser errôneo. "Aprendemos com nossos erros", diz; o que, na sociologia, corresponde à noção de "sociedade aberta". Ele defende que nosso conhecimento é uma busca inacabada, porque nunca saberemos tudo, nem nada de forma definitiva, pois a ignorância é condição da sabedoria ou, como dizia SÓCRATES*: "Só sei que nada sei".

Racionalidade é o paradigma da proposição que faz uso do conjunto de princípios e regras pressupostos por todo discurso compreensível; caráter daquilo que é racional, lógico, que diz respeito à razão.

Raciocínio, silogismo ou argumentação, em lógica, é o conjunto de asserções, em que uma é sustentada pelas outras. De modo mais amplo, é a capacidade de perceber e analisar o real, estabelecendo as relações entre os objetos, os seres, estejam eles presentes ou não; a capacidade de compreender os acontecimentos; a atividade da razão discursiva.

Raciocínio dedutivo é aquele no qual as premissas levam necessariamente à conclusão, de modo que é impossível que as premissas sejam verdadeiras e a conclusão falsa.

Raciocínio indutivo é aquele no qual as premissas levam razoavelmente à conclusão.

Raciocínio hipotético é aquele que assume a verdade de uma tese para examinar e avaliar as consequências que dela decorrem.

▶ Conhecimento. Discurso. Lógica. *Logos*. Racionalismo (em Razão). Silogismo. Verdade.

Real. Realidade, tudo aquilo que existe em oposição às aparências; relativo a existente, concreto, objetivo. É real tudo aquilo que existe independentemente do sujeito, que não é produto do pensamento. É o contrário de ideal (o que existe como ideia, no pensamento e por meio dele), mesmo lembrando que existir a título de ideia também é existir, pois há outras maneiras de ser, além da material. Por exemplo: um número qualquer é algo ideal, pois na dimensão da realidade não encontraremos nenhum número, separada e autonomamente, sem estar ligado a algo. Aproximando os dois conceitos da linguagem comum, podemos dizer que real é o que é, e ideal é o que deve ser. Lembrando que vivemos em um mundo de imagens, palavras e ideias com as quais lidamos e que substituem as coisas. Lembrando que realidade e verdade não são a mesma coisa.

Chamamos de **realismo** a doutrina segundo a qual existe uma realidade exterior independente, distinta do pensamento. Segundo Immanuel Kant*, o mundo exterior é conhecido tal como ele aparece para nós, por meios dos fenômenos, e não como ele é em si mesmo. A partir desse conceito, considera-se que além da observação e descrição fenomenológica que fazemos de um processo existe uma realidade. Essa linha de pensamento começou em Platão*. A teoria platônica segundo a qual existem ideias, essências das quais os seres individuais e as coisas sensíveis não seriam mais do que reflexos, simulacros, cópias, é chamada de idealismo. Herdeira dessa concepção dualista é a doutrina religiosa que afirma a existência de essências independentes das coisas, nas quais essas essências se manifestariam.

Há outras aplicações para o termo: em política, ser **realista** é agir pragmaticamente, de acordo com as circunstâncias e conveniências presentes; em estética, é a concepção segundo a qual o criador reproduz a realidade, sem idealizá-la; e em teoria psicanalítica, temos o princípio de prazer e o princípio de realidade.

▶ Dualismo. Fenômeno. Pragmatismo. Psique.

Relação. Ato de pensamento pelo qual associamos vários objetos. É a ligação estabelecida pelo pensamento entre dois conceitos, dois fenômenos, duas coisas, duas grandezas. Em lógica, é a ligação de interdependência entre duas ou mais variáveis, definida com base em um princípio comum, de tal modo que qualquer modificação de uma dessas variáveis provoca a mudança de todas as outras. O que também pode ser aplicado às nossas relações pessoais, pois as ligações entre pessoas podem ser de dependência, de interdependência e de influência recíproca. Temos relações afetivas, comerciais, profissionais, amorosas, intelectuais, e

Relativismo

qualquer alteração das variáveis provoca uma mudança nos elementos envolvidos nessas relações, podendo ser amigáveis, tensas, difíceis, calorosas, duradouras, temporárias, superficiais, intensas etc.

Esse conceito tem várias aplicações e forma muitas expressões, por exemplo, relação causa-efeito. Já a relação dose-efeito é algo muito importante hoje em dia, quando estamos matando nosso planeta: é a relação entre a dose de substância tóxica absorvida e um determinado efeito – absorção de gás carbono e o efeito estufa no aquecimento da Terra.

▶ Amor. Determinismo. Lógica. Pensamento.

Relativismo. Doutrina segundo a qual os valores são **relativos** às circunstâncias e às variáveis; mesmo os valores morais variam em função da época e das sociedades – assim, o que é normal em determinado contexto pode ser considerado anormal em outro, e inversamente. Dela deriva a noção de relatividade, usada nas ciências humanas e naturais, como a física (Albert Einstein).

Essa noção se opõe à de dogmatismo, que afirma a existência de valores e normas absolutos, que não podem ser discutidos. A noção de relatividade também considera que uma coisa pode ter um significado para uma pessoa, e outro completamente diferente para outra – um significado relativo, que depende de uma série de correlações, de aspectos. Saber que as coisas são relativas nos impede de cometer alguns erros e de sermos enganados. Por exemplo: pesquisas de opinião podem apontar que uma pessoa tem determinados índices de popularidade – ora, é importante saber como se chegou a esse resultado, pois as respostas sempre dependem das perguntas que fazemos. E mesmo que a pergunta não tenha a intenção de condicionar a resposta, ainda assim depende de para quem ela é feita, qual a região, nível cultural, condição financeira, comprometimento com a situação, qualidade de informação etc. das pessoas pesquisadas.

Não podemos conhecer nada de modo absoluto, mas sempre e somente de modo relativo. Isso quer dizer que em uma relação do tipo sujeito-objeto há elementos que a condicionam o que faz que o conhecimento dependa deles.

As leis e normas, sejam elas políticas ou morais, não são naturais, mas produto de uma convenção, portanto sujeitas ao debate, à discussão, à

Relativismo

confrontação, à comparação. Ou seja, são relativas a todas essas condicionantes. Também dizemos que algo é relativo quando depende de outro elemento, na ausência do qual aquilo é incorreto, ininteligível (incompreensível) ou impossível.

A frase mais famosa, relacionada ao relativismo foi dita por Protágoras: "O Homem é a medida de todas as coisas". Esse sofista defendia que cada um de nós estabelece suas próprias verdades, sendo por isso sua própria medida. Dá o exemplo do mel, que pode parecer muito doce para uma pessoa, mas amargo para outra, doente – o que nos impede de poder afirmar que uma delas está errada. Com a afirmação anterior, o grego antecipou o que muitos séculos depois seria chamado de antropocentrismo: o ser humano ou Homem (em grego, *antropos*) está no centro, é ele o elemento essencial da cultura. Dessa forma, o ser humano como ser pensante destronava os deuses e a noção de origem divina e secreta das leis.

Hoje, a questão do relativismo intelectual e cultural está relacionada à da verdade: se a verdade é aquilo que cada um de nós entende ser verdadeiro, independentemente da opinião das demais pessoas e de valores ou conclusões aceitas, isso imobiliza a discussão. Levada ao extremo, essa concepção resulta na noção de que aquilo que é verdade para uma pessoa pode não ser verdade para outra, e não se discute. Essa postura tem dois lados: tanto a pessoa em questão não aceita que ninguém apresente a ela outra versão, quanto ela não se interessará em pôr em discussão a sua própria versão. Ou seja, esse tipo de relativismo prejudica ou mesmo elimina a existência e aceitação de princípios e valores universais. Por outro lado, deve-se reconhecer a grande virtude do relativismo como barreira e oposição aos radicalismos.

"Infiel: em Nova York, quem não acredita na religião cristã. Em Constantinopla, quem acredita."
　　　Bierce

"O Homem é a medida de todas as coisas"

Outro aspecto importante dessa frase de Protágoras é que ela serviu de base e inspiração para Vitrúvio, um arquiteto romano que se dedicou em especial ao estudo, feito pelos gregos, do corpo humano

Religião

> como modelo de proporção – a chamada proporção áurea (ϕ, que é igual a 1,618).
>
> Os gregos descobriram que uma mesma medida, chamada de número de ouro, se repete em várias proporções no corpo humano, como entre a altura do corpo e a distância do umbigo até o chão; entre a medida do cotovelo até o pulso e o tamanho do pé; entre a medida da cintura até a cabeça e o tamanho do tórax etc. O símbolo dessa medida é a letra grega Phi, inicial do nome do arquiteto encarregado da construção do Parthenon, o templo dedicado à deusa da sabedoria, Athena, e que até hoje é o modelo ideal e perfeito de proporção e beleza – todo ele baseado no número áureo.
>
> Com base nos estudos de proporção perfeita do corpo humano, Vitrúvio estabeleceu o modelo que Leonardo Da Vinci utilizou para desenhar seu famoso "Homem vitruviano".

▶ Absoluto. Determinismo. Radical. Real. Verdade.

Religião. Conjunto de crenças, princípios, símbolos que definem a relação do ser humano com o sagrado ou com a divindade. Cada religião é definida por elementos específicos: dogmas e práticas, ritos, cultos, textos, prescrições, que dizem respeito a comportamento, normas de conduta, proibições. Na leitura cristã, a palavra vem do verbo latino *religare*, ligar novamente, unir novamente; nesse caso, "unir os Homens e o divino e uni-los entre si, garantindo a ligação afetiva da humanidade ao divino e a coesão social", como disse Tertuliano.

Há controvérsias, pois, ao pé da letra, o substantivo latino *religo* significa compromisso, escrúpulo, obrigação e, por extensão de sentido, superstições, temor aos deuses, crenças, práticas religiosas, culto, sentimento religioso. O sinal distintivo das religiões é que crenças são adotadas como convicção, por um indivíduo, grupo ou sociedade. Com as religiões que se desenvolveram baseadas na história exemplar de um povo, profeta ou símbolo de ideal de vida, ou seja, com o advento dos três principais monoteísmos (cristianismo, islamismo e judaísmo) e sua crença na revelação, cada uma passou a ser con-

Representação

siderada por seus respectivos seguidores o crivo de verdade, transformando as demais em mitologia. O que dá razão ao comentário da escritora chilena Isabel Allende: "Mitologia é a religião dos outros". Chamamos de religião natural uma religião hipotética baseada em uma fé pessoal, por oposição às religiões positivas (todas as religiões de fato, estabelecidas por uma autoridade) e às religiões reveladas (as três principais versões do monoteísmo). Ignorando os cultos exteriores e convencionais, ela se refere ao estatuto de ser racional, tendo em vista que se limita a prescrições morais, cuja aplicação é universal. Exemplo: a religião defendida por Jean-Jacques Rousseau* em seu *Contrato social*, a fim de dar uma base absoluta ou sagrada a dispositivos e compromissos que são de ordem convencional (estabelecidas por acordo, por convenção humana) e utilitária. Essa religião inspirou os revolucionários franceses (1789), que afirmavam tolerar todos os cultos, exceto os que fossem intolerantes.

Para Henri Bergson há o conceito de religião estática e religião dinâmica. Segundo ele, estáticas são todas as religiões históricas que se baseiam na ligação social, na imensa maioria das sociedades: "[...] a religião estática liga o ser humano à vida e, por consequência, liga o indivíduo à sociedade, contando a ele histórias comparáveis às que contamos às criancinhas". Por outro lado, chama de dinâmica a religião que não estiver ligada a uma sociedade particular, e que dê prova de uma aspiração que conduza o conjunto da humanidade a uma transformação radical. Ainda segundo ele, a humanidade deve "se tornar divina" com a ajuda de Deus, seguindo o exemplo dos maiores místicos, que são os seus guias: "Deus é amor e é objeto de amor. [...] O que o misticismo diz, claramente, é que o amor divino não é uma coisa de Deus – é o próprio Deus".

"A religião é um assunto entre cada ser humano isolado e a divindade."
Bayle

"Todas as religiões prometem recompensas por qualidades do coração ou da vontade, mas nenhuma pelas qualidades da inteligência ou da compreensão."
Schopenhauer

▶ Deísmo. Dogma. Mitologia. Monoteísmo. Niilismo. Sagrado. Tolerância.

Representação. Na teoria do conhecimento, é o que está presente em nossa mente, conjunto de nossas ideias e de nossas imagens. **Repre-**

Revelação

sentar algo é produzir uma imagem mental desse algo, é figurá-lo; é o ato de tornar alguma coisa presente, mostrá-la. É o ato de pensamento pelo qual o objeto do pensamento torna-se presente ao entendimento (nossa mente) e, nesse sentido, é o conceito que fazemos de algo. Nessa operação, o entendimento tem presente nele mesmo a imagem ou a ideia que corresponde a algo que está fora da consciência.

Para Arthur Schopenhauer, a única coisa em si é a vontade, o princípio metafísico geral que governa o Universo. As representações são as aparências, os fenômenos das coisas. Por isso ele começa sua obra mais importante com a frase: "O mundo é a minha representação". Dessa forma, quer dizer que a essência do mundo não está nele, mas naquilo que determina, que condiciona seu formato, seu aspecto exterior, e que Schopenhauer chama de vontade.

▶ Conhecimento. Fenômeno. Imagem. Objeto. Real. Sujeito. Vontade.

Revelação. Do latim *revelare*, dar a conhecer. Em teologia, a revelação é o ato pelo qual a divindade se manifesta ao homem, revelando seus mistérios, seus desígnios e as verdades acessíveis à razão. Esse conjunto de elementos assim levados ao conhecimento humano constitui um dos fundamentos da religião monoteísta. A divindade se revela aos profetas (Moisés, Jesus, Maomé), que passam a ser depositários da revelação, mediadores. O profeta é um iluminado por Deus (em grego, *prophétes*, intérprete dos deuses), que lhe confia o livro sagrado. Com a sabedoria recebida de Deus, ele é um guia orientador para sua gente, tendo a incumbência de fortalecer e esclarecer a doutrina religiosa e, sobretudo, de anunciá-la. Ao passo que o apóstolo (missionário, enviado) é um mensageiro, encarregado de divulgar a mensagem divina, de difundi-la (evangelho = boa nova), de divulgá-la.

▶ Absoluto. Dogma. Dualismo. Monismo. Monoteísmo. Religião. Transcendente.

Revolução copernicana. Foi uma grande mudança promovida pelo pensamento de Immanuel Kant* na filosofia ocidental. Até então, considerava-se que todos os nossos conhecimentos teriam de ser regidos pelos objetos, mas Kant* propõe considerar que os objetos é que são regidos por nosso conhecimento. E disse: "Há aqui uma semelhança com o primeiro pensamento de Nicolau Copérnico, que ao não poder prosseguir com a

REVOLUÇÃO COPERNICANA

explicação dos movimentos celestes, obedecendo à suposição de que toda a legião de estrelas girava em volta do espectador, tratou de ver se não poderia explicar tudo melhor, pela suposição de que era o espectador que também se movia, deixando as estrelas em paz".

Assim, a mudança proposta por KANT* também foi uma revolução: em vez de colocar o objeto no centro, fazendo a razão girar em torno dele, estabeleceu que o mundo dos fenômenos é que gira em torno da razão humana; pois somos incapazes de conhecer o mundo, as coisas tal como elas são em si mesmas, pois só captamos seu fenômeno, ou seja, a maneira como elas se manifestam aos nossos sentidos e ao nosso entendimento.

▶ Conhecimento. Entendimento. Fenômeno. Objeto. Razão.

S

Saber

Saber. Afirmar com a certeza de poder apresentar prova ou demonstração; é estar persuadido. É o contrário de crer, ter certeza da verdade de uma proposição sem prova nem demonstração.

Sabedoria, em grego *sophia*, significa o tipo de saber que conjuga (reúne) o conhecimento teórico e o saber prático, o saber-fazer. Ela é o objetivo da filosofia; é o conhecimento crítico, a justa apreciação das coisas. Mas é muito mais. É comportamento, a partir do que se sabe; é reflexão sobre o conhecimento; é aplicação na vida prática. A sabedoria não pode ser medida, como o conhecimento, nem provada. Só demonstrada. Não é teoria pura, é teoria e prática, é vida. Uma pessoa sábia não se confunde com um erudito, porque ela vive de acordo com sua filosofia; sua vida é a realização das ideias nas quais acredita. Os gregos já opunham sabedoria teórica (*sophia*) a sabedoria prática (*phronesis*), e a verdadeira sabedoria seria a combinação das duas.

A filosofia (amor à sabedoria, em grego) é o caminho para alcançar a sabedoria, porque, como dizia MICHEL MONTAIGNE, ela "nos ensina a viver". Porque ela nos ensina a pensar. E pensar por si mesmo, com base nos ensinamentos de outros, é um elemento fundamental para a prática da sabedoria. A filosofia é a disciplina que nos ajuda a refletir sobre todos os ramos do conhecimento e sobre todo o volume de informação que recebemos, nos ajudando a separar ilusão de realidade, a identificar a mentira, a ideologia, o fanatismo, os prejuízos.

EPICURO também ensinava que não podemos alcançar a sabedoria sem a filosofia, e que nunca é tarde demais para começar a filosofar, porque nunca é tarde demais para ser feliz; para se atrever a ser feliz, como diria IMMANUEL KANT*. A felicidade, dizia ele, não pode derivar unicamente dos sentidos, para uma pessoa que pensa. "Não devemos buscar qualquer tipo de prazer": é preciso selecioná-los com grande cuidado. A felicidade envolve uma ideia espiritual que só pode ser alcançada pela inteligência, e que não tem nada a ver com libertinagem, com prazer fácil: "Uma vida sem prudência, nem bondade, nem justiça não pode ser feliz". Ou seja, quem é escravo dos sentidos não é feliz.

O poder, o prestígio, a fama, o dinheiro, tudo pode acabar, passar, a sabedoria não. Até porque ela nos ajuda a manter o que conseguimos. O príncipe não precisa ser amado, mas temido, dizia NICOLAU MAQUIAVEL* – isso ficou para trás, e hoje, em tempo de comunicação de massa e de

Sagrado

marketing político, diz-se que o bom governante não precisa ser amado, mas respeitado. Para tanto, ele precisa de sabedoria.

Ela também é uma vacina contra o medo, a angústia, a falta de esperança. Não se confunde com a religião, nem com a moral, mas é a melhor conselheira para se levar uma vida digna e feliz. Na mitologia grega, a divindade imaginada para simbolizar o tempo carrega uma lamparina, que representa a sabedoria, porque ela ilumina o caminho. A maior sabedoria é saber transformar conhecimento em vida lúcida, ética, livre, responsável. Como nos ensina Baruch Espinosa: conhecer, compreender, atuar.

"A verdadeira sabedoria está em reconhecer a própria ignorância."
Sócrates*

"Mesmo que possamos ser eruditos pelo saber do outro, só podemos ser sábios por nossa própria sabedoria."
Montaigne

"A sabedoria é uma reflexão sobre a vida, e não sobre a morte."
Espinosa

▶ Conhecimento. Felicidade. Filosofia. Mitologia. Sabedoria. Sofrosine.

Sagrado. Que pertence a um domínio separado, que ultrapassa o humano; o que é inatingível, inviolável, privilegiado por seu vínculo com a divindade, inspirando temor e respeito. Etimologicamente, significa aquilo que não pode ser conspurcado, contaminado, sujo. Por extensão, aquilo que se opõe ao que é **profano**, constituído por tudo que é exterior à religião. Para a teologia, o sagrado pertence ao domínio religioso, é objeto de um culto e provoca um sentimento de temor e de respeito. O sagrado é misterioso e inacessível, o que deve ser venerado.

Em sociologia, é sagrado tudo o que diz respeito a uma ordem poderosa e temível, e deve ser separado do domínio das realidades ordinárias (comuns): "As coisas sagradas são aquelas que as proibições protegem e isolam", nos diz Émile Durkheim. O domínio do sagrado e o das práticas religiosas tendem a coincidir, do ponto de vista da sociologia.

Outro conceito oposto a sagrado é laico, relativo à vida civil. Exemplo: na república democrática, o ensino deve ser gratuito, obrigatório e laico.

▶ Divino. Laico. Natureza. Religião. Separação Estado-Igreja.

Secularização

Secularização. Laicização (ato de tornar leigo); passa-se do regime religioso para o regime civil. **Secular** é tudo aquilo que diz respeito ao mundo (*saeculum*, em latim, refere-se ao tempo, ao profano). É o domínio das coisas que não cabem à Igreja, é a esfera do mundano, do temporal. Secularização designa a evolução das sociedades, no sentido da diminuição do poder e da influência das autoridades e das instituições religiosas na organização da vida social. Nas sociedades modernas ditas secularizadas, no espaço público, as pessoas crentes não se sentem mais ligadas por obrigações religiosas, pois consideram que a crença é uma questão pessoal e não diz respeito ao poder público. Segundo o sociólogo ÉMILE DURKHEIM,

"a religião abarca uma parcela cada vez menor da vida social. Na origem, ela se estendia a todas as atividades, mas pouco a pouco as funções política, econômica, científica e cultural se libertaram da função religiosa, assumindo um caráter temporal cada vez mais acentuado. Por assim dizer, Deus estava presente em todas as relações humanas, mas foi se retirando progressivamente: ele abandonou o mundo humano aos seres humanos e seus conflitos. O individualismo e o livre pensar não datam de hoje, nem de 1789 (Revolução Francesa), nem da Reforma, nem da escolástica, nem da queda do politeísmo greco-latino ou das teocracias orientais. Ele é um fenômeno que não começou em parte alguma, mas que se desenvolveu ininterruptamente (sem parar) ao longo de toda a História".

Esse fenômeno, de crescente individualização e secularização, está ligado a outro, que chamamos de "desencantamento do mundo", empregado primeiramente por MAX WEBER, para designar o processo de perda de poder da magia como meio de ação e como técnica de salvação, em favor do crescimento de uma relação racional e pragmática das pessoas com o ambiente natural e social que as cerca. MARCEL GAUCHET escreveu um livro com esse título, no qual mostra que desse ponto de vista a religião, cuja função original foi essencialmente política, desde o surgimento do monoteísmo e da mentalidade individualista, nunca parou de perder terreno. Os progressos da ciência e da racionalidade vêm acompanhados de um processo irreversível (que não tem volta) de secularização, quer dizer, de uma dissociação das diferentes funções sociais (culturais, econômicas, morais, políticas) e de uma emancipação da política relativamente à religião. Em paralelo, a fé tornou-se para os crentes um assunto particular.

▶ Laico. Religião. Sagrado. Separação Estado-Igreja.

Sensação

Sensação. Impressão provocada no sujeito por um objeto ou fenômeno, pelo qual um estímulo psicológico (externo ou interno) provoca uma reação específica – a sensação é o estado provocado por esse fenômeno. Diz respeito aos **sentidos**, ao que é **sensível**, por isso há vários tipos: do tato, de visão, de olfato, de fome, de sede, de amargo, de azedo, de opressão, de agradável, de doloroso etc. As sensações não são as qualidades do objeto, mas sim o que essas qualidades provocam em nós, a partir de nossos referenciais (sociais, pessoais, de história de vida, de gosto e outros). Daí dizer que as sensações são subjetivas, e não objetivas, porque dependem de uma soma de fatores, produzidos pela interação do objeto com o sujeito, a pessoa. Assim como é praticamente impossível separar os estímulos externos provocados por um objeto da sua forma, pois o sujeito sente esses estímulos, também é difícil separar a sensação da percepção, que é uma síntese de sensações. Ao sentirmos o perfume de uma flor, não separamos o perfume da flor, pelo contrário, associamos os dois.

Assim, sensível é o que pertence ao domínio da sensibilidade, dos sentidos, entendendo-se por sentido a faculdade de apreender, captar, ter sensações (parte do processo de conhecimento, contato empírico com a realidade imediata). Tradicionalmente, desde PLATÃO* e ARISTÓTELES*, domínio oposto ao inteligível (intelecto, entendimento).

▶ Conhecimento. Experiência. Percepção. Sujeito-objeto.

Sentimento. Do latim *sentire*, perceber pelos sentidos. São todos os estados afetivos do ser humano que, por oposição às emoções fugidias (transitórias, passageiras, efêmeras), têm certa duração e estabilidade. Exemplo: o amor, a felicidade (a paixão e a alegria são emoções). Como forma superior da atividade afetiva, os sentimentos são próprios do ser humano. Alguns podem até conter uma dimensão moral ou espiritual, como a generosidade ou o sentimento religioso.

▶ Emoção. Paixão.

Separação Estado-Igreja. É a concepção pela qual se considera que os assuntos políticos são tratados pelos governos (Estado) e os assuntos religiosos são tratados pela Igreja, separadamente, sem que um interfira na esfera do outro. Essa concepção é herdeira da Revolução Francesa

Separação Estado-Igreja

de 1789, que por sua vez foi o culminar, o resultado, de um processo de múltiplas facetas, ingredientes e mudanças. Sobretudo a mudança de mentalidade que tem início com a Reforma, ainda no século XV.

De um ponto de vista histórico mais amplo, a união que esse movimento desfaria teve início com a conversão do imperador Constantino ao cristianismo, em 315. O cristianismo deixava de ser uma seita e passava a ser uma religião autorizada no Império Romano. Mais tarde se transformou em religião do Estado, oficial. Ligando-se ao poder do governo romano, ganhou visibilidade e apoio oficial. Esse casamento entre Estado e Igreja levou à consolidação da Igreja de Roma como Igreja católica, universal, e levou-a, com o passar do tempo, a ajustar sua doutrina para melhor servir à causa do governo de Roma. Durante muito tempo, no fim da Antiguidade e na Idade Média, opor-se à Igreja católica era sinônimo de se opor ao governo do império mais poderoso do planeta, expondo-se a castigos bastante duros. Não aceitar a doutrina católica era considerado um delito grave, sujeito à excomunhão e mesmo à pena de morte. Com a Reforma protestante, teve início um período de guerras e conflitos sangrentos, que abalaram toda a Europa. Mas a semente da mudança de mentalidade, especialmente no que diz respeito à doutrina e à questão da salvação da alma, tinha sido plantada para sempre. Dois séculos depois, o que se discutia era a separação desses dois poderes, a independência entre política e religião.

Baruch Espinosa foi um dos seus principais teóricos. Ele critica agudamente o uso que as autoridades monárquicas faziam da religião, para, em suas palavras, "reduzir os seres racionais ao estado de animais". Para ele, a religião e a moral são uma questão estritamente pessoal e o Estado não deve interferir nem se envolver. Ao exigir a completa dissociação (separação) entre política e religião, Espinosa fornece as bases do que chamamos de "república laica": a liberdade é a condição da felicidade na comunidade de cidadãos, mas esse regime de liberdade só pode ser estabelecido em uma sociedade cujas leis protejam as pessoas não somente dos tiranos, mas também de si mesmas, pois a multidão, naturalmente supersticiosa e irascível, não segue espontaneamente o que dita a razão, como atestaram muitos massacres populares acontecidos na época do autor.

Ser

"[...] onde se demonstra que em uma república livre é permitido que cada um pense o que quiser e que diga o que pensa."
ESPINOSA

▶ Boxe Reforma. Estado. Laico. Natureza. Razão. Religião. Secularização.

Ser. Como verbo (ser), exprime o fato de existir, a essência (natureza, identidade de alguma coisa) ou ainda o fato de pertencer a uma categoria, a uma espécie. Como substantivo (o ser), exprime tudo o que é ou existe. Assim, o ser remete não só a realidades moventes, que existem no presente mas que serão outras no futuro, como também a essências ou a ideias que "são", mesmo que de modo abstrato. Para ARISTÓTELES*, o termo não pode ser definido, por causa de sua generalidade (pode ser aplicado a tudo): "o próprio Ser não é um gênero", disse o mestre. Fica mais fácil pensarmos nele se o substituirmos simplesmente pela palavra "existir".

Ser-no-mundo, na fenomenologia, é o ser humano como existência, da qual a existência das coisas não pode ser dissociada. O ser humano está mergulhado no mundo, que é a "estrutura de sentido" de todos os seus atos e de todos os seus pensamentos.

Ser-para-a-morte, segundo MARTIN HEIDEGGER, é característica do ser humano que sabe que sua existência é "para-a-morte", quer dizer, orientada para esse fim. Em um sentido mais positivo, ser-para-a-morte é assumir nossa condição de mortais, é aceitar e agir de acordo.

Para HEIDEGGER, o ser é anterior aos entes. Entendendo-se por ente "aquilo que é", enquanto o ser é o fato de que qualquer ente dado seja. Em especial, a escolástica também discutiu essa questão (irrelevante para muitos autores): a resposta simplificada seria que o ente é aquilo que o intelecto concebe em primeiro lugar. Dessa ótica, o ente, ou os entes, não se confundiriam com o ser em si, o ser ou a realidade absoluta – admitindo-se a existência de um Ser absoluto.

Ser-para-si, de acordo com JEAN-PAUL SARTRE*, é o ser humano, que ele define como "uma paixão inútil". Diante do fracasso geral da cultura, o ser humano se sente desamparado, sem o apoio antes representado pela religião. Condenado a existir, não lhe resta outra coisa a não ser o exercício da liberdade: criar seus próprios valores, exercer sua consciência crítica, analisar sua relação com o mundo e com as outras pessoas. O

Signo

ser-para-si é o ser humano consciente. Talvez angustiado, sozinho, mas livre e responsável.

▶ Aparência. *Dasein.* Existencialismo. Liberdade. Metafísica.

Significado. É o conceito que o significante representa ou o conteúdo do signo. É uma ideia ou um objeto que imaginamos ao ouvir ou ler a palavra escrita.

Esses conceitos foram elaborados por FERDINAND SAUSSURE, considerado o fundador da linguística estruturalista, que define a língua como o aspecto social da linguagem, e a fala como o aspecto individual da linguagem.

▶ Conceito. Estruturalismo. Linguagem. Signo.

Significante. É a expressão material do signo, como, por exemplo, o som de uma palavra ou a palavra escrita no papel.

▶ Conceito. Linguagem. Signo.

Signo. O sentido mais comum é de elemento material, vocal, gráfico etc., que evoque outra coisa à qual ele remete ou que ele representa. O signo permite prever um conteúdo, imaginá-lo. Quer dizer sinal, marca. Em linguística, podemos distinguir os signos naturais (a fumaça, o grito animal), os signos intencionais, que manifestam uma vontade de comunicar (mímica, gesto, linguagem) e os signos convencionais, próprios da comunicação humana (em especial, o signo linguístico).

A matemática é fértil em signos, ou **símbolos**: +, –, x, :, >, < etc. A música também; aliás as partituras são compostas unicamente de signos musicais (notas, pauta, clave – de fá, de dó, de sol etc.)

Os símbolos são signos ou sinais que apresentam alguma analogia com aquilo que representam. Por exemplo: € (euro, a moeda europeia); ® (marca registrada); @ (arroba).

Simbólico é aquilo que opera por meio de símbolos. Seu valor está naquilo que evoca ou exprime; é o alegórico. Por exemplo: o mito da caverna é uma alegoria usada por PLATÃO* para representar uma situação que simboliza a ignorância humana e o processo de descoberta da verdade filosófica, permitindo-nos entrar em contato com as ideias (verdadeiras), saindo do nível dos sentidos (enganador).

▶ Conhecimento. Linguagem. Significado. Significante.

Silogismo

Silogismo. Raciocínio composto de duas premissas e uma conclusão. Em grego, a palavra significa conexão de ideias, raciocínio.

Com essa expressão, Aristóteles* designou a argumentação lógica perfeita, constituída de duas premissas e uma conclusão. Exemplo clássico: "Todo homem é mortal. Sócrates é homem. Logo, Sócrates é mortal".

▶ Lógica. Raciocínio (em Razão).

Sincretismo. Tendência que procura aproximar e fundir diferentes doutrinas, crenças, cultos e outras expressões culturais. O principal exemplo filosófico é o neoplatonismo, que expressava a interação dos cultos greco-romanos e orientais. Os cultos e ritos sincréticos, bastante conhecidos dos brasileiros, são os da umbanda, que aproximaram o catolicismo de origem europeia e o candomblé de origem africana.

▶ Cultura. Diferença. Religião.

Singular. Que se aplica a um único sujeito, caso único, específico; o que se opõe a geral. Diz respeito a um único caso, se relaciona a um único objeto ou indivíduo. Em linguagem comum, singular é o insólito, o diferente, especial. Exemplo: em seu livro *O segundo sexo*, Simone de Beauvoir diz que "em cada escritor singular se refletem os grandes mitos coletivos".

▶ Geral. Particular. Universal.

Síntese. Operação que consiste em compor um todo por meio de seus elementos. Ela organiza um novo conjunto de elementos até então separados ou associados de outra forma.

Para Aristóteles*, é a operação do entendimento que reúne um sujeito e um predicado.

Dizemos que uma operação é **sintética** quando vai do geral ao particular (ao passo que uma analítica vai do particular ao geral). Um juízo é dito sintético quando introduz em um predicado uma noção que não está compreendida no sujeito, e que não pode ser constatada empiricamente. Assim, Immanuel Kant* chama de juízos sintéticos *a priori* aqueles que não dependem da experiência sensível, como os matemáticos, por exemplo: $2 + 2 = 4$.

SOFISTA

Uma proposição é dita sintética quando nela o atributo acrescenta algo à compreensão do sujeito. Exemplo: este material é um metal.

Para Friedrich Hegel, é o terceiro e último momento do processo dialético, superação da hipótese (ou tese) e da antítese.

▶ Dialética. Hipótese.

Skepsis. Em grego, exame, estudo, pesquisa, investigação. Palavra de onde vem o termo cético: aquele que duvida, que procura a verdade, que examina.

▶ Ceticismo. Dúvida. Verdade.

Socrático. Relativo a Sócrates*, ou à sua filosofia. Dizemos que são socráticas as escolas de pensamento influenciadas por ele (os cínicos, os cirenaicos). O método socrático, de diálogo com o aluno, visa a fazer o interlocutor descobrir a verdade por si mesmo. Ele será levado a isso pelas perguntas irônicas do mestre, que faz assim o trabalho de uma parteira intelectual, daí o nome dado a esse método: maiêutica.

O centro dessa reflexão é a existência de ideias, de verdades imutáveis (muito além das aparências enganadoras do plano do sensível) – as verdadeiras virtudes. Seu objeto principal é a ética, a arte de bem viver, já que a finalidade da vida é a felicidade. Por isso é preciso investigar as virtudes verdadeiras, e delas ter um saber profundo, sem erro.

Friedrich Nietzsche* vê em Sócrates* o momento funesto em que a filosofia ocidental abandona a força, os instintos (mito), para mergulhar na metafísica desagregadora da vida.

▶ Filosofia. Justiça. Maiêutica.

Sofista. Nome dado aos primeiros professores, pois ensinavam a seus alunos como bem falar, de modo a poderem defender suas ideias na assembleia de cidadãos para serem votadas.

Górgias, por exemplo, dizia a seus alunos que sobre uma mesma coisa era preciso saber proferir o discurso do sim e o discurso do não (ter argumentos a favor e contra). Ou seja, dominar a arte da argumentação, da retórica. Convencer um auditório ou interlocutor de uma ideia, mas também de seu contrário.

Sofista

A arte da persuasão, que exige ao mesmo tempo o domínio da razão, das paixões e do estilo, era tema de tratados, em Atenas, pelo simples fato de que os sofistas ensinavam essa arte aos filhos das grandes famílias, que participavam da política local – tratava-se, portanto, de uma questão de poder. Nesse sentido, retórica e sofística se confundem; por exemplo, quando alguém diz o que o público, a plateia, ou o eleitorado quer ouvir, e não aquilo que realmente pensa.

De modo geral, os sofistas duvidavam da existência de qualquer verdade universal. Essa posição relativista afirmava ser incomensurável (que não tem medida comum com outro) a relação entre linguagem, pensamento e a realidade: nada pode ser realmente conhecido. Nada é verdadeiro, tudo pode mudar conforme a conveniência.

Historicamente, na Grécia Antiga, a palavra sofista designava sábios que se dedicavam ao ensino da habilidade, da sabedoria e do bem falar. Mas a leitura socrática, platônica e aristotélica desmereceram seu valor (sobretudo porque eles eram pagos pelo que faziam), e essa concepção se transformou em herança, de onde a conotação pejorativa de sofista/sofística.

Só mais recentemente é que se procedeu a uma revisão desse juízo. O grande erudito WERNER JAEGER, por exemplo, diz que: "[...] os sofistas são um fenômeno tão necessário quanto SÓCRATES* e PLATÃO*; aliás, sem eles, estes [dois] são absolutamente impensáveis".

Realmente, os sofistas fizeram uma verdadeira revolução espiritual, deslocando o eixo da reflexão filosófica da *physis* (Natureza) e do cosmos para o ser humano e aquilo que diz respeito à sua vida como membro de uma sociedade. Por isso seus temas predominantes foram a ética, a política, a retórica, a arte, a língua, a educação, ou seja, aquilo que hoje chamamos de cultura. Assim, pode-se afirmar que com os sofistas tem início o período humanista da filosofia Antiga.

Sofisma é uma argumentação falaciosa, utilizada com a intenção deliberada de enganar o interlocutor.

Chamamos de sofisma da composição um raciocínio sofístico que consiste em pretender que um objeto ou um conjunto possua determinada característica simplesmente porque todas as partes desse objeto, ou todos os membros desse conjunto, possuem essa característica.

Sofisma da divisão é um raciocínio que consiste em pretender que cada parte de um objeto, ou cada membro de um conjunto, possui uma deter-

Solipsismo

minada característica simplesmente porque esse objeto ou esse conjunto possui tal característica.

Cum hoc (*ergo propter hoc*) – juntamente com isso, portanto em consequência disso – é um sofisma que afirma que dois eventos que acontecem ao mesmo tempo têm uma relação de causa e efeito.

Post hoc (*ergo propter hoc*) – depois disso, logo causado por isso – é outro sofisma, que consiste em afirmar que dois eventos que ocorram em ordem cronológica (um depois do outro) estão necessariamente ligados por uma relação de causa e efeito.

Basicamente, é o seguinte: quando o evento A acontece, o evento B também acontece – portanto, o evento A é causa do evento B.

Apesar de parecer um mero exercício de lógica, esse sofisma é um erro particularmente perigoso, porque a sequência temporal aparece como inerente (fazendo parte) da **causalidade**. O erro está em concluir com base unicamente na ordem dos eventos, em vez de levar em conta outros fatores que poderiam eliminar essa relação. As crenças, as superstições, o pensamento mágico, resultam com frequência desse tipo de erro (fazer uma correlação falsa).

Ele consiste em tomar como causa o que é só um antecedente. Exemplo: o galo sempre canta antes do amanhecer. Portanto, amanhece porque o galo canta.

▶ Cultura. Educação. Filosofia. Lógica. Raciocínio (em Razão). Verdade.

Sofrosine. Em grego *sophrosine*, sinônimo de temperança, moderação.

▶ *Hybris*. Justiça.

Solipsismo. Segundo René Descartes*, a única realidade da qual tenho certeza sou eu mesmo. É a atitude do sujeito pensante para quem sua consciência é a única realidade, e as outras consciências, o mundo exterior, são meras representações. Por extensão de sentido, é a atitude do indivíduo que, em sua expressão, sua criação, sua visão de mundo, privilegia a solidão de sua subjetividade. Dito em linguagem corrente, solipsismo é considerar o indivíduo como uma ilha.

▶ Consciência. Indivíduo. Sujeito.

Substância

Substância. Em grego, *ousia*; aquilo que é permanente, em oposição ao que muda, ou seja, a realidade permanente que serve de suporte aos atributos variáveis. Para Aristóteles*, tudo o que não é atributo de nenhum sujeito, aquilo que existe por si, e não precisa senão de si mesmo para existir; aquilo que é essencial (o que permanece), apesar do acidental (o que muda).

Mas na Idade Média o termo substância (que em latim quer dizer "a instância que está abaixo") foi traduzido como essência (literalmente, "o que possui o ser", também em latim) para designar a "substância primeira" de Aristóteles*, de modo a aproximá-lo do conceito de Deus; enquanto a substância era interpretada como uma realidade concreta ou individual, a essência se referia a realidades abstratas, como predicados e propriedades. E só Deus passava a ser considerado verdadeiramente substância, por não necessitar de nada para existir, pois sua essência implicaria sua existência. Cada ser teria, assim, duas instâncias, a do essencial e a do acidental.

Segundo Immanuel Kant*, substância é o que existe em si, e persiste em meio às mudanças dos fenômenos. Já David Hume afirma que ela não passa de ficção, pois como não conseguimos perceber as substâncias pelos sentidos, não conseguimos fazer nenhuma ideia delas.

▶ Abstração. Acidental (em Acidente). Essência. Fenômeno.

Sujeito-objeto. São os dois integrantes, os dois elementos de uma relação de conhecimento: quem conhece e aquilo que é conhecido. A pessoa que procura conhecer (o sujeito) forma uma imagem mental, um conceito ou uma ideia, e essa elaboração que ele faz passa a fazer parte de sua subjetividade. A noção de sujeito sempre se opõe à de objeto, em especial a partir do racionalismo (principalmente René Descartes*), que concebe o eu pensante como o elemento principal do conhecimento.

Dizemos que é **subjetivo** tudo o que diz respeito ao sujeito (pessoa) e não ao objeto percebido ou conhecido. E chamamos de **objetivo** tudo aquilo cuja existência independe do sujeito pensante, ou o que se apresenta como um objeto de pensamento fundamentado, válido para todos, e não para uma ou outra pessoa.

▶ Conhecimento. Empirismo. Idealismo. Intelectualismo. Racionalismo.

SUPERSTIÇÃO

Supra-Homem. Designação em geral dada ao termo que em alemão (*Übermensch*) significa Além do Homem. Literalmente, super-humano, supra-humano, metáfora usada por Friedrich Nietzsche* para defender a ideia de superação do niilismo, da perda de valores que enfraquece a humanidade e a desorienta. Para dar um sentido à história da humanidade, é preciso fazer uso do que ele chama de vontade de poder, a energia que todos os seres vivos têm de conseguir fazer algo. Poder, nesse caso, não deve ser entendido como poder sobre os outros ou sobre a Natureza, mas como poder crescer, poder se expandir etc., sinônimo de conseguir. A vontade de poder ou de potência significa desenvolver todas as potencialidades, toda a vontade criadora de novos valores. Para tanto, é preciso expulsar de dentro de si o medo, a culpa, a noção de Deus ou de deuses, de transcendência.

Essa metáfora do além do Homem se inscreve em outro conceito nietzschiano, o do eterno retorno, que não tem nada a ver com a noção de reencarnação, pelo contrário. Ele nos diz: "Vive a tua vida como se pudesses desejar que ela se repetisse eternamente".

"Os deuses estão mortos, agora queremos que viva o além do Homem."
Nietzsche*

▶ História. Metafísica. Niilismo. Religião.

Superstição. Crença estreita, excessiva e superficial em determinados aspectos do sagrado. Baruch Espinosa disse ser ela causada pelo medo. Costuma estar aliada à ignorância, ao não saber. Uma superstição é algo sem fundamento: acredita-se que situações, objetos ou atos têm um sentido particular, podendo indicar intenções ou acontecimentos futuros, atrair sorte ou azar. É uma atitude irracional e ingênua baseada no medo (males imprevisíveis) e na esperança (bens hipotéticos). Ela se manifesta essencialmente por comportamentos inconsequentes ou absurdos, que visam exercer uma influência sobre forças sobrenaturais, ou sobre os deuses, anjos, espíritos etc. Para Sêneca, "a religião honra os deuses, a superstição os ultraja (ofende)".

Segundo Platão*, a superstição é inclusive uma das causas da impiedade. Mas os pensadores não crentes, em especial a partir do Iluminismo, tendem a associar as religiões e a superstição como conjunto das prá-

Suspensão do juízo

ticas que são ininteligíveis (não compreensíveis) por si mesmas, e de crenças que não têm fundamento racional.

▶ Medo. Razão. Religião.

Suspensão do juízo. Em grego, *epoché*, é a ação pela qual os céticos se abstinham de julgar. Conforme Sexto Empírico, é "o estado de repouso mental pelo qual nem afirmamos, nem negamos", um estado que conduz à imperturbabilidade.

▶ Ceticismo.

T

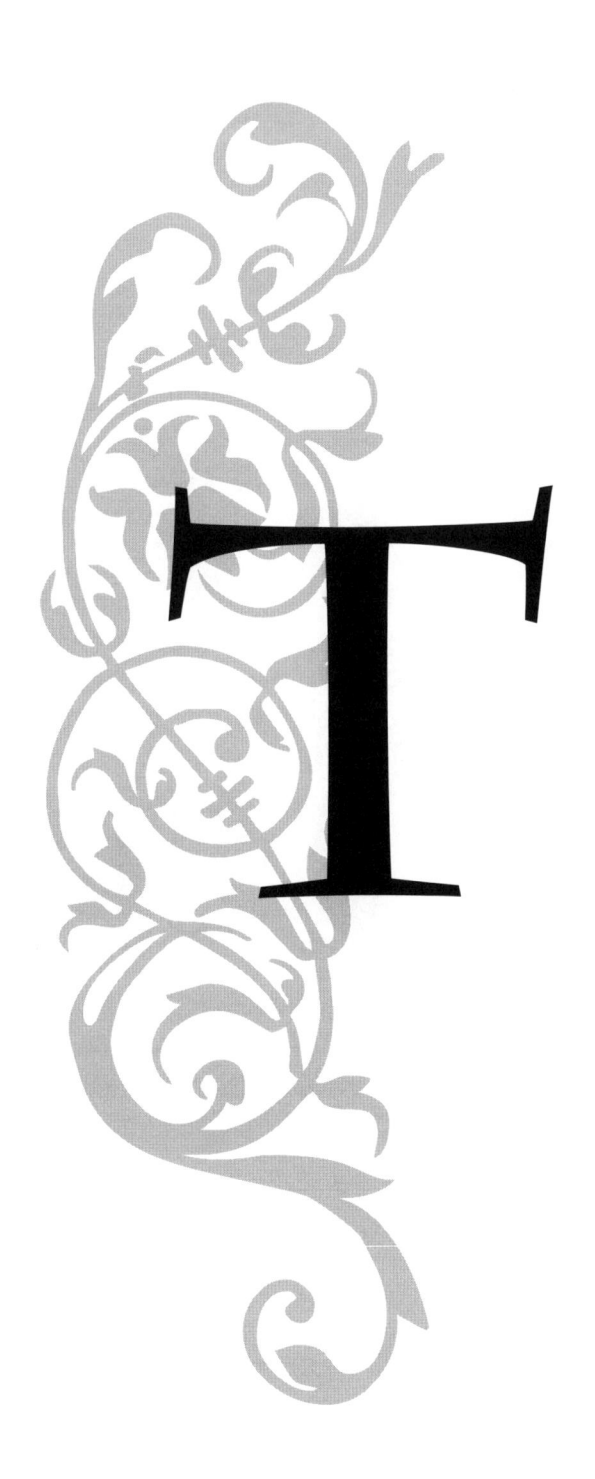

T

Técnica

Tabula rasa. Em latim, literalmente, tábua limpa, sem nada escrito sobre ela; metáfora usada para designar a mente vazia. Para os empiristas, em especial JOHN LOCKE e DAVID HUME, o conhecimento humano começaria pela experiência. Assim, o intelecto humano seria como uma *tabula rasa* sobre a qual seriam impressas as primeiras sensações. Essa concepção é oposta à do racionalismo, que defendia a existência de ideias inatas, existentes *a priori* no entendimento humano (como as noções de espaço e tempo, por exemplo).

▶ Conhecimento. Empirismo. Experiência. Racionalismo (em Razão). Teoria das Ideias (em Teoria).

Tautologia. Em lógica, proposição na qual o sujeito e o predicado (atributo) são um único e mesmo conceito, ainda que não expresso pela mesma palavra ou formulação. Segundo LUDWIG WITTGENSTEIN, "proposição complexa que permanece verdadeira em virtude de sua forma única, qualquer que seja o valor de verdade das proposições que a compõem". Em retórica, formulação que repete um conceito já expresso ou desenvolve uma ideia já mencionada, sem acrescentar, explicar ou esclarecer o que já tinha sido dito. Ou seja, consiste em apresentar uma simples repetição em termos diferentes.

▶ Lógica. Predicado.

Técnica. Em grego, o termo *techné* significa o ofício, o saber-fazer, a destreza (habilidade), a arte, a competência profissional. Atualmente, o sentido mais usual é o de conjunto de procedimentos inventados e postos em prática pelo ser humano, com vistas a produzir um certo número de resultados julgados úteis; designa mais especificamente o conjunto do que chamamos de tecnociências, ou seja, as técnicas complexas que constituem o prolongamento das ciências modernas, como, por exemplo, as biotecnologias.

Segundo MARTIN HEIDEGGER, a técnica contém uma visão de mundo megalomaníaca e assustadora, pois sua essência é a transformação da Natureza, a submissão, o domínio e eventualmente a destruição do universo material em seu conjunto. Se no começo das descobertas científicas a ciência e as técnicas em geral tinham como objetivo melhorar a vida

Teísmo

humana (construção de barragens, máquina a vapor etc.), rapidamente a ganância e a violência humanas deram outro uso a elas. Por exemplo: Santos Dumont ficou extremamente decepcionado quando seu invento começou a ser usado na guerra, e considera-se que seu suicídio foi motivado por esse imenso desgosto. O projeto brutal e desmedido de avanço da técnica e do controle violento da Natureza tem se mostrado uma ameaça concreta, próxima e assustadora para a humanidade e o mundo. Basta lembrar o aquecimento do planeta, com o desaparecimento de ilhas inteiras, derretimento das geleiras etc.

▶ Arte. Ciência. *Weltanschauung.*

Teísmo. Crença em um ser único, transcendente, criador do Universo. Em geral essa divindade é descrita como uma pessoa – com vontade própria, que ama, recompensa e pune. A religião cristã, por exemplo, é teísta: Deus é apresentado como um ser celeste, que ouve confissões, revela sua vontade e conclama a uma vida espiritual com ele. A palavra vem do grego *theos*, que significa deus. É o contrário de ateísmo e de deísmo; sua forma mais conhecida é o monoteísmo. Essa concepção inclui a noção de determinismo, ou seja, de um conjunto de regras estabelecidas de fora para dentro por um Deus criador que tudo controlaria, segundo leis fixas e predeterminadas.

▶ Ateísmo. Crença. Deísmo. Fé. Monoteísmo. Religião.

Telos. Em grego, finalidade, completude. **Teleologia** é, portanto, uma doutrina finalista, que supõe que tudo tem uma finalidade; concebe o mundo como um sistema de relações entre meios e fins. Pode ser ainda o estudo, a investigação acerca dos fins da existência humana (felicidade, justiça, progresso etc.).

▶ Finalidade (em Fim). História. Transcendente.

Tempo. Meio indefinido e homogêneo no qual se situam todos os seres e todas as coisas; duração contínua, ininterrupta, indeterminada; o tempo é o nosso horizonte, podemos medi-lo (simbolicamente), mas não controlá-lo; ele é impalpável. Criamos a noção de passado e futuro, mas cada momento de nossas vidas é um momento presente. Só temos o presente. O passado vive na memória, o futuro é uma expectativa. O que existe, existe no tempo: a vida é um perpétuo agora, e o agora, o presente, é indivisível.

A ideia de duração é que cria em nós a noção de presente, passado e futuro, não a ideia de tempo. A marcação do tempo é uma convenção que estabelecemos porque precisamos de parâmetros para viver de forma organizada. Na verdade, vivemos numa categoria única, espaço-tempo (ou espaço-temporal). Somos prisioneiros do presente, mas conservamos o passado e fazemos projeções do futuro: prevemos o que vamos fazer, projetamos nossos sonhos e sentimentos, nossas esperanças e planos.

Para IMMANUEL KANT*, o tempo é uma forma universal *a priori* de todos os conhecimentos e de todas as existências, na qual se operam ao mesmo tempo o desenrolar sucessivo da diversidade sensível e a compreensão unificadora desse desenrolar. É no tempo que os fenômenos acontecem, e as mudanças não dizem respeito ao tempo em si mesmo, mas aos fenômenos no tempo.

De acordo com HENRI BERGSON, o tempo verdadeiro é a duração vivida como dado imediato da consciência. Não se pode medir o próprio tempo, nem falar de seu movimento, mas só de projeção do tempo no espaço.

A Teoria da Relatividade, de ALBERT EINSTEIN, mudou em muito a noção de espaço-tempo, mas ainda assim ele continua dependendo da velocidade e da matéria. Não existe um tempo universal e absoluto. Exemplo: se alguém viajasse à velocidade da luz, não envelheceria da mesma maneira que as pessoas na Terra.

Resumindo: o tempo (intervalo objetivo medido pelos relógios) é diferente da duração vivida (BERGSON), da **temporalidade** (caráter do que é temporal), e também da consciência que temos do tempo (EDMUND HUSSERL). Na filosofia grega, o conceito de tempo (o mundo do devir, do vir a ser) era contraposto ao mundo da verdade imutável, intemporal. Desde KANT*, a filosofia procura compreender o mundo, a existência, o ser etc. a partir da consciência humana temporal – "o ser a partir do tempo", como diz MARTIN HEIDEGGER. Esse novo método, essa nova abordagem (KANT*, JOHANN FICHTE, FRIEDRICH HEGEL, HEIDEGGER) visa determinar as fronteiras do mundo interior da nossa consciência e compreender a partir do tempo de nossa vida (ou seja, de nossa consciência real) todos os dados do Universo.

Teocracia

"Tudo se aniquila, tudo perece, tudo passa. Só o mundo permanece. Só o tempo dura."
                                                                            Diderot*

▶ *A priori.* Consciência. Entendimento. História. Inatismo.

Teocracia. Do grego *theos* (deus) e *kratos* (poder), é uma forma de governo na qual a autoridade está ligada ao poder religioso, que representaria a vontade e o desígnio divinos. Dessa forma, uma casta sacerdotal ou um soberano que reina em nome de Deus exerce tanto o poder temporal (assuntos humanos, relativos a questões materiais, sociais, políticas) quanto o espiritual (ligado à fé, à doutrina, ao culto). Dois exemplos disso são o governo dos faraós, no antigo Egito, e a tentativa da Igreja católica de instaurar uma teocracia pontifical, depois da reforma gregoriana (do papa Gregório VII) do século XI, fazendo do papa em Roma o representante supremo de Deus na Terra.

▶ Autoritarismo. Governo. Religião.

Teologia. Em grego, estudo de Deus, de seus atributos, sua natureza e suas relações com o mundo e com o ser humano. Teologia natural é a parte da metafísica que trata da existência e dos atributos de Deus, do destino humano e da imortalidade da alma, tudo com base na razão (diferentemente da chamada teologia revelada, que se baseia nos textos sagrados). Teologia física é a doutrina que defende a existência de Deus e de sua sabedoria pela constatação da ordem que reina no universo material. Teologia moral é, para Immanuel Kant*, a ciência que demonstra a existência de Deus por meio dos fins morais do ser humano.

▶ Dogma. Escolástico. Metafísica. Moral. Religião.

Teoria. Conhecimento contemplativo (não prático). Na filosofia grega, é sinônimo de conhecimento abstrato, especulativo, radicalmente oposto à prática, a um saber aplicado. Posteriormente, passou a designar um conjunto de ideias, ou de noções, de conceitos abstratos aplicados a um domínio particular.

Em ciência, é um conjunto de enunciados ligados entre si que explicam um fenômeno determinado. Uma construção intelectual, hipotética e sintética, organizada em sistema e verificada por um protocolo experimental; conjunto de leis que forma um sistema coerente, que serve de base a uma ciência dada ou explica determinados fatos.

Teoria do conhecimento é o ramo da filosofia que estuda a relação que têm entre si o sujeito e o objeto, no ato de conhecer.

Teoria das ideias

Na concepção de Platão*, o que explica a realidade que nos cerca são as ideias, modelos de tudo o que existe. Muito mais do que meras representações mentais, elas são o que chamamos de paradigma, e formariam o mundo inteligível, tendo como seu duplo o mundo sensível (das coisas), que Platão* classifica de simulacro (cópias). Nesse sentido, elas são a causa das coisas, porque sem elas não conseguimos ter acesso ao mundo real. Ou seja, sem ideias, não existe mundo real porque não conseguimos pensá-lo. Por isso Platão* afirma que elas são a própria realidade.

A explicação mais famosa dessa diferença está no mito (ou alegoria) da caverna. Imaginemos várias pessoas dentro de uma caverna escura, fracamente iluminada pelas chamas de uma fogueira. O que as pessoas enxergam são as sombras projetadas nas paredes da caverna, dos objetos e delas mesmas. Mas como elas não sabem que aquilo são sombras, confundem essas imagens com a realidade, acreditando que elas são reais, sem saber que são meras aparências. Só quem sair da caverna descobrirá a luz do dia, que em princípio cega, mas em seguida revela a realidade tal como ela é.

Esse mito é uma alegoria, simbolizando a ignorância humana e o processo de descoberta da verdade filosófica, que nos permite entrar em contato com as ideias (verdadeiras), saindo do nível dos sentidos (enganador).

Platão* está defendendo o exercício da racionalidade, que leva ao conhecimento verdadeiro. Este ocorre da seguinte forma: a imaginação pertence à esfera da aparência, da mentira, da sensibilidade (órgãos dos sentidos), mas o intelecto consegue penetrar no mundo das ideias, compreendê-las, e assim captar a verdade das coisas. Isso porque todo ser humano tem a capacidade da memória;

Tese

> por meio dela, conseguimos nos conectar com as ideias, por nos lembrarmos delas, de seus conteúdos. Segundo Platão*, temos esse conhecimento verdadeiro dentro de nós, e conhecer é recordar.

▶ Abstrato (em Abstração). Conceito. Conhecimento.

Tese. Aquilo que é defendido por um autor, afirmação teórica. É a proposição positiva ou negativa que consideramos verdadeira, e que defendemos por meio de uma argumentação; ou seja, a proposição que expressa uma posição defendida.

Em Friedrich Hegel, um dos três elementos da dialética: ela é o primeiro momento (também chamada de hipótese), que será negado no segundo (antítese), para serem ambas depois resolvidas no terceiro momento, o final (síntese).

▶ Conhecimento. Dialética. Hipótese. Síntese.

Tirania. Na Grécia Antiga, regime político no qual o poder monocrático (*mono* = um e *kratos* = poder, em grego) era instituído por usurpação ou abolição do regime aristocrático (governo dos melhores). Por extensão de sentido, passou a designar forma de governo absoluto e opressivo. Atualmente, consideramos tirânico um governo exercido por uma pessoa, grupo, facção ou partido que detém a autoridade suprema, caracterizada pela injustiça, opressão e qualquer forma de censura.

Em linguagem corrente, significa o fato de se impor de maneira imperiosa e absoluta, obrigando uma pessoa ou um grupo a se conformar a certas exigências morais, materiais; por derivação de sentido, influência, dominação excessiva em um domínio particular.

▶ Absoluto. Autoritarismo. Democracia.

Tolerância. Tendência e capacidade de admitir modos de pensar, de agir e de sentir diferentes dos nossos. Ela supõe o diálogo e o respeito, o que sempre elimina a violência, o autoritarismo, a tirania, as relações de força opressora. Uma atitude **tolerante** reconhece o princípio da igualdade entre todos os seres humanos, sem distinção de qualquer tipo: sexo, orientação sexual, etnia, crença. Tolerância é tentar

TRANSCENDENTE

entender e, sobretudo, respeitar o ponto de vista do outro, mesmo sem concordar com ele.

▶ Ética. Outro. Religião. Verdade.

Totalidade. Reunião de todas as partes, elementos, integrantes de um conjunto dado. Uma totalidade é uma integralidade, uma completude (algo completo), que não exclui nada. Para IMMANUEL KANT*, é categoria do entendimento que garante a síntese entre a pluralidade (diversidade, multiplicidade) e a unidade. Uma totalidade orgânica é um conjunto estruturado que tem propriedades específicas, distintas das propriedades dos elementos que o constituem.

▶ Categoria. Entendimento. Síntese. Unidade.

Transcendente. O que está além do domínio tomado como referência, como o divino em relação ao humano. Ser superior, que está acima e tem outra natureza. É o contrário de imanente, que significa o que é interior ao ser. Por exemplo: localizar o divino na Natureza é conceber a divindade como imanente. Inversamente, o Deus das três principais formas de monoteísmo é transcendente, está fora e além de toda experiência possível.

Para IMMANUEL KANT* transcendental é o que se aplica a todo conhecimento *a priori*, independente da experiência, mas que precisa da experiência para ser possível, para poder existir.

Para a fenomenologia, é transcendente aquilo que está fora do domínio da consciência, e para o qual ela se dirige. Assim, transcendência é aquilo que se situa além do domínio considerado, aquilo que é exterior à consciência.

▶ Absoluto. Alma. Corpo. Dualismo. Materialismo. Monismo. Natureza.

U

U

Utilitarismo

Unicidade. Singularidade, qualidade do que é único. Designa o caráter insubstituível de toda individualidade.

▶ Identidade. Indivíduo. Pessoa.

Unidade. Qualidade daquilo que não pode ser dividido. O átomo, por exemplo, não pode ser dividido. **Uno** é tudo aquilo que forma um só ser, ou uma só entidade, um todo substancial e coerente.
Friedrich Nietzsche* definiu a unidade como "estado de crisálida": tudo é uno, a unidade de tudo o que é.

▶ Atomismo. Monismo.

Universal. Aquilo que é válido para todos os elementos de uma determinada classe de objetos, sem exceção. É diferente de geral, que significa aquilo que vale na maioria dos casos, mas pode ter exceções. É o mesmo tipo de diferença que existe entre particular (o que vale para alguns casos) e singular (o que vale para um único caso). Vejamos alguns exemplos: "Todos os homens são mortais" é uma proposição universal, vale para todos os humanos. As leis de um Estado são gerais (elas valem para todas as pessoas daquele Estado, mas não valem para outros Estados). Dizer que alguns homens são carecas é enunciar uma proposição particular. E afirmar que Machado de Assis escreveu *Dom Casmurro* é enunciar uma proposição singular (só vale para Machado de Assis).

▶ Geral. Particular. Singular.

Universo. Com letra maiúscula, designa tudo o que existe (ou se julga existir) no tempo e no espaço. Com letra minúscula, designa um conjunto harmonioso, ordenado, ou ainda um ambiente, uma esfera ou domínio de atividade em que algo acontece. Exemplos: o universo urbano, o universo artístico etc.

▶ Cosmos. Infinito. Mundo.

Utilitarismo. Doutrina que faz do **útil** (aquilo que serve para alguma finalidade, em geral a própria) o princípio de todos os valores, tanto no domínio do conhecimento quanto no da ação. Uma pessoa ou grupo **uti-**

Utopia

litarista aproxima o conceito de justiça, moral, ou direito, por exemplo, ao que lhe convém em um momento e em uma situação determinados. Doutrina ética e política fundada por Jeremy Bentham e J. Stuart Mill, baseada na noção de **utilidade** ou "princípio do maior bem-estar", permitindo dividir as ações em boas ou más, conforme elas sirvam para aumentar ou diminuir o sofrimento, o bem-estar, o prazer ou o poder das pessoas e do conjunto da sociedade.

Para o conceito de **moral utilitária** no sentido socrático, veja a biografia de Sócrates*, na seção Biografias.

▶ Ética. Moral.

Utopia. Neologismo criado por Thomas More – síntese das palavras gregas *utopós* (lugar que não existe, lugar nenhum) e *eutopós* (lugar de felicidade), como representação de uma realidade ideal, sem falhas. O que se traduziria num regime político ideal, numa sociedade perfeita. **Utópico** é aquilo que não está em nenhum lugar, por exemplo, um plano imaginário de governo de uma sociedade futura, ideal, que realizaria a felicidade de todos, como a da ilha de Utopia, de Thomas More. É sinônimo de quimera, de irrealizável, impraticável, fantasia.

O socialismo utópico designa as doutrinas dos primeiros socialistas europeus, do início do século XIX (que precederam Friedrich Engels e Karl Marx). Essa corrente de pensamento, influenciada pelo humanismo, se inscreve na perspectiva de progresso e de fé na humanidade e na técnica.

▶ Felicidade. Marxismo. Perfeito.

V

V

VERDADE

Valor. Tudo o que é desejável (não o que é desejado); é algo que vem depois da moral e está ligado a um determinado contexto (cultural, social, histórico, político, econômico). Cada um de nós tem um conjunto de valores, crenças e princípios, únicos e individuais de cada pessoa. A palavra grega para valor é *axios*, aquilo que é preciso, que é digno de ser estimado.

Valor extrínseco é aquele que diz respeito a algo por causa das consequências que provoca.

Valor intrínseco é aquele que diz respeito a algo por causa de suas próprias características.

Há vários tipos de valores: morais, humanos, biológicos, religiosos, estéticos etc.

▶ Boxe Ideologia. Ética. Moral.

Verdade. Princípio de retidão, de sabedoria, considerado como um ideal na ordem do pensamento ou da ação; conhecimento reconhecido como justo e conforme ao seu objeto. No sentido corrente, verdade é esse reconhecimento da conformidade de uma ideia, discurso, proposição, tese ou representação qualquer da realidade.

Consideramos uma verdade de fato aquela referente a uma dada situação ou acontecimento. Por exemplo: NAPOLEÃO BONAPARTE morreu em 1821. Uma verdade de direito é aquela que não está ligada a acontecimentos, situações ou objetos determinados. Por exemplo: 2 + 2 = 4.

Em lógica, distinguimos a verdade formal da material. A lógica formal estuda as relações entre as proposições independentemente do conteúdo (ou da matéria) dessas proposições. Se um raciocínio é coerente, sem contradição, ele será considerado formalmente verdadeiro. Mas para que ele seja materialmente verdadeiro, será preciso que seu conteúdo corresponda a uma realidade, que seja adequado a ela. Valor de verdade é o valor positivo ou negativo atribuído a uma proposição, dependendo se ela está de acordo com a realidade (e então ela será considerada verdadeira) ou se ela contradiz a realidade (nesse caso, ela será considerada falsa).

Na escolástica e para TOMÁS DE AQUINO, valendo-se de ARISTÓTELES*, ela é uma adequação da coisa à inteligência.

Virtude

Geralmente aceita-se que a verdade revela-se nos julgamentos com os quais só podemos concordar, pois eles se impõem a todas as mentes. Há três tipos de critério que permitem controlar ou reconhecer a verdade: a evidência, para as verdades primeiras (axioma); a demonstração, para proposições e teorias; e a verificabilidade (confrontação conclusiva com os dados experimentais); para tudo o que tem a ver com a experiência.
Em filosofia da ciência, é o conjunto de juízos, proposições ou demonstrações coerentes com suas hipóteses e dados de referência. Da mesma forma, em epistemologia, verdade é a correspondência entre a hipótese desta ou daquela proposição com os dados observáveis, e coerência dessa hipótese com o conjunto da teoria científica envolvida.
Para filósofo Karl Popper, toda teoria científica é falsificável, quer dizer, sempre pode ser invalidada ou revista, ao menos parcialmente, por fatos novos que a contradiriam.
Para Immanuel Kant*, a verdade é o acordo do pensamento com ele mesmo, considerando a forma e a coerência do conhecimento ou de sua expressão, independentemente de seu conteúdo, de toda e qualquer observação do mundo.
Chamamos de verdade revelada uma verdade inacessível à razão e supostamente transmitida aos seres humanos por vias sobrenaturais.

"Os que concordam com uma opinião a chamam de verdade. Mas os que a desaprovam a chamam de heresia."
Hobbes

"Acredite sempre nos que buscam a verdade, mas duvide dos que a encontram."
Gide

"A verdade pertence aos que a procuram, e nem um pouco aos que dizem detê-la."
Condorcet

▶ Ciência. Conhecimento. Empirismo. Filosofia. Idealismo. Materialismo. Racionalismo (em Razão). Razão. Religião. Sabedoria.

Virtude. Qualidade, força do espírito, aquilo que faz o valor moral, mental e físico de uma pessoa. Disposição que move o indivíduo a agir no sentido do bem, da verdade e da justiça.
No pensamento grego, o conceito (*areté*) não tem essa conotação moral, mas sim de excelência, de aptidão ou capacidade própria de um ser (por

VONTADE

exemplo, a virtude do olho é enxergar bem). Para PLATÃO*, são quatro as virtudes cardeais que representam o pivô da vida ética: sabedoria, coragem, temperança e justiça. Na república que chamamos de Clássica, o modelo grego, é feliz quem viver de acordo com a virtude: a maior felicidade possível está nas virtudes intelectuais, das quais as mais importantes são a sabedoria e o pensamento. É mais feliz aquele que se dedica à reflexão filosófica (entendendo-se por filosofia a tentativa de explicar o mundo, ou seja, uma atitude racional e de investigação empírica, pois ainda não havia a separação entre filosofia e ciência, que só ocorreu no século XIX). Já para ARISTÓTELES*, a virtude está em uma conduta equilibrada e harmônica entre dois extremos, o que só se consegue pela prática repetida, ou seja, pelo hábito. Por isso ele afirmou que é isso a educação, "já que não se pode mudar a natureza humana, é preciso mudar seus hábitos".

No pensamento moderno, isso muda. Segundo MONTESQUIEU, é a preferência atribuída pelo cidadão ao todo (o Estado), relativamente à parte (o indivíduo): probidade e respeito às leis. A virtude – aqui, sinônimo de civismo – é o princípio da república, ou seja, ela é ao mesmo tempo seu espírito e seu fundamento.

Para JEAN-JACQUES ROUSSEAU*, é a preferência atribuída aos interesses do outro, relativamente aos próprios interesses. A virtude – sentimento altruísta (o contrário de egoísmo) – é naturalmente derivada do sentimento de piedade.

Segundo IMMANUEL KANT*, é a disposição constante da vontade, que respeita a lei moral, de maneira totalmente desinteressada. É a disposição de fazer o bem, o dever.

De acordo com NICOLAU MAQUIAVEL*, *virtù* tem outra conotação: o conceito de virtude perde seu sentido positivo. Ela passa então a ser uma mistura de audácia, utilitarismo, oportunismo, cálculo e instinto.

▶ Ética. Justiça. Política. Verdade. Vontade.

Vontade. Faculdade humana de impor a si próprio o fazer ou não fazer determinada coisa, em plena liberdade e em função de motivos racionais. Conjunto de forças psíquicas que levam à ação; disposição, empenho, capacidade de decidir entre várias alternativas; é o querer humano.

Vontade é a liberdade em ato. A espontaneidade da vontade define a

Vontade

liberdade. No sentido de que cada pessoa, como diz Jean-Paul Sartre*, "é uma escolha absoluta de si mesma". Querer ser livre, exercer essa vontade, é aprender a trilhar o caminho da sabedoria. Somos livres quando nossos atos são resultado de nossa personalidade, no sentido de ter uma coerência íntima com ela. Não tem nada a ver com uma vontade guiada pelas paixões, pelas inclinações sensíveis, o que na verdade é sinônimo de ausência de liberdade (é ser escravo dos sentidos).

Boa vontade, particularmente para Immanuel Kant*, é a vontade determinada pelo respeito à lei moral. Ou seja, quando queremos fazer o que deve ser feito. Essa concepção se aproxima de uma noção de Direito, chamada princípio de autonomia da vontade, segundo o qual o autor de um ato tem a capacidade de agir livremente, de determinar segundo sua vontade o conteúdo e os efeitos de seus atos, no respeito à ordem pública e aos bons costumes.

Vontade de poder, em alemão, *Wille zur Macht*. Não se trata de poder sobre os outros ou sobre a Natureza (poder como substantivo), mas de poder crescer, poder se expandir etc. (poder como verbo). A expressão também pode ser traduzida como vontade de potência, vontade de conseguir. Para Friedrich Nietzsche*, trata-se da energia que todo ser humano traz dentro de si, e que pode ajudá-lo a superar o niilismo, a perda de valores que destrói a humanidade. Por isso usa a metáfora de além do Homem (Supra-Homem), aquele que supera a condição humana para construir o próprio destino. A falta de referências culturais e de valores, denunciada pelo filósofo em sua teoria sobre o niilismo, se resolveria unicamente com a libertação dos laços que unem a humanidade a seu passado de religião, moral e metafísica, ou seja, a uma tradição cultural que, segundo ele, a mergulhou na escravidão. O caminho da superação dessa falta de perspectiva e de falência de valores (niilismo) seria o de uma energia presente em todos os seres humanos: a vontade de poder. "Querer ser mais forte, querer crescer." Para isso, nos diz ele, é preciso expulsar Deus de nosso interior, pois só a plena liberdade permite que sejamos fortes, que encontremos dentro de nós o que ele chamou de além do Homem aquele que ama a vida e exerce plenamente todas as suas capacidades e potenciais. "O que não nos mata nos torna mais fortes." Se transpusermos essa frase para a esfera da psicologia, diremos que é preciso sair da zona de conforto e assumir riscos, porque mesmo que eles resultem em insucesso, nos fa-

Vontade

rão mais fortes. Mas a vontade de poder não deve ser reduzida à vontade de ter poder, trata-se de ter vontade de poder alguma coisa. Por exemplo: vontade de poder ser feliz, vontade de poder ousar, vontade de poder agir segundo sua própria ética etc.

Em psicologia, vontade é o poder que temos de realizar atos e movimentos, controlando-os, ou seja, agindo em função de uma representação consciente e de uma intenção prévia de agir daquela forma.

Segundo ARTHUR SCHOPENHAUER, vontade é o princípio universal de esforço instintivo, pelo qual todo ser realiza, cumpre o modelo de sua espécie, e luta contra os outros seres para manter a forma de vida que é a sua. Ou seja, vontade de viver (conceito que inspiraria NIETZSCHE*, na elaboração de sua concepção de vontade de poder). A vontade submetida ao princípio formal do conhecimento, o princípio de razão, tem existência verdadeira – é a coisa em si –, ao contrário dos objetos, cuja realidade, cuja verdade não somos capazes de apreender, portanto de conhecer a verdade. Dos objetos, só temos a representação que fazemos. Ao contrário das representações, que são meros fenômenos ou aparência, a vontade é uma energia, integra todo o Universo, é uma força irracional que afeta tudo o que existe.

Vontade geral, segundo JEAN-JACQUES ROUSSEAU*, é a associação dos cidadãos (contratantes do pacto social) que unifica as diversidades, produzindo um corpo político soberano e legítimo. ROUSSEAU* transfere o conceito de soberania do governante para todo o corpo político. A vontade geral consiste na soberania popular; quando o povo exerce sua vontade soberana (a vontade geral), ele é livre. Assim, o poder soberano desloca-se da figura do monarca para o próprio povo. Surge, então, a soberania popular.

▶ Contrato social (em Contrato). Existencialismo. Liberdade. Niilismo. Representação. Supra-Homem.

W

W

WELTANSCHAUUNG

Weltanschauung – Termo alemão composto de duas palavras: *Welt* (mundo) e *Anschau* (visão). Ou seja, visão de mundo, concepção global de mundo.

▶ Boxe Escola de Frankfurt.

BIOGRAFIAS

Aristóteles

Ao lado de Platão*, Aristóteles é um dos maiores nomes da filosofia antiga. Sua importância no Ocidente é imensa. Redescoberto na era medieval, seu pensamento é a base da doutrina escolástica – o que fez que o sistema aristotélico dominasse o pensamento ocidental até o século XVII. A partir daí, o avanço das ciências experimentais transformaria a compreensão do mundo.

Filho de um médico, discípulo de Platão*, ele nasceu em 384 a.C., na cidade de Estagira, na Macedônia.

Ainda na adolescência foi estudar em Atenas, pois esta cidade era o centro intelectual e artístico grego. Optou pela Academia de Platão*, em cujo pórtico estava inscrito o famoso lema, de que ali não deveria entrar quem não conhecesse geometria. Ou seja, a proposta platônica era de preparar os alunos com base na episteme (conhecimento, ciência), com base no pensamento abstrato; a geometria deveria ser o fundamento da realidade. Ali Aristóteles ficou por vinte anos, até a morte de seu mestre, em 347 a.C., quando abandonou Atenas e fundou uma escola em Assos. Nessa época conheceu Teofrasto, o primeiro pensador a observar e a descrever as relações dos organismos entre si e com o meio que o cerca, que trabalharia com ele por mais de vinte anos.

Em 342 a.C., Felipe, rei da Macedônia, o chamou para ser o preceptor (responsável pela educação) de seu filho, o futuro Alexandre, o Grande. Quando este subiu ao trono, em 335 a.C., Aristóteles voltou a Atenas e ali fundou o Liceu, onde escreveu a maior parte de suas obras. Seu hábito de caminhar com os alunos enquanto discutiam as ideias e os temas propostos, em geral sob o arvoredo que cercava o Liceu, valeu a eles o nome de peripatéticos (os que caminham).

O foco de seus estudos foram as ciências naturais. O próprio Alexandre lhe enviava exemplares da flora e da fauna de regiões por onde passava. As matérias ali ensinadas eram filosofia, metafísica, lógica, ética, política, retórica, poética, biologia e medicina, das quais ARISTÓTELES estabeleceu tanto as bases quanto a metodologia filosófica e científica.

O criador do chamado pensamento lógico sistematizou pela primeira vez os campos do conhecimento, escrevendo uma obra sobre cada um deles: ética, política, física, metafísica, lógica, psicologia, poética, retórica, zoologia, biologia, história natural, direito. O conjunto de sua obra é chamado *corpus aristotelicum*. No século XIX foi descoberta ainda a Constituição de Atenas.

Em 323 a.C., a morte do imperador Alexandre despertou a hostilidade de uma facção política dos gregos contra os macedônios. Acusado de traição e de ateísmo, ARISTÓTELES fugiu e se refugiou em Cálsis, onde morreu poucos meses depois. Teofrasto o sucedeu no comando do Liceu. Sua obra perdurou graças a inúmeros continuadores, como o próprio Teofrasto. Em 60 a.C., Andrônico de Rodes (11º sucessor de ARISTÓTELES à frente do Liceu) foi encarregado por Roma de restaurar o *corpus* aristotélico, guardado em um porão. Foi ele que deu títulos a conjuntos de textos. Essa reunião foi feita por ele, e não por ARISTÓTELES: ciências teóricas, ciências práticas e ciências poéticas.

A exemplo dos demais pensadores gregos, ARISTÓTELES foi traduzido pelos árabes, mas, quando a biblioteca de Alexandria foi incendiada, boa parte de sua obra se perdeu. Mas o grande responsável pela manutenção da herança aristotélica foi TOMÁS DE AQUINO que no século XIII tentou conciliar o pensamento aristotélico à fé cristã, e para tanto mandou traduzir os textos do mestre. Sua filosofia foi transformada em doutrina oficial da Igreja católica, o que deu origem à escolástica e ao tomismo. Não por acaso, ARISTÓTELES é o autor mais citado na Suma teológica. O sucesso dessa empreitada foi tamanho, que se passou então, nas universidades cristãs, a chamar ARISTÓTELES de O Filósofo.

PENSAMENTO

Discípulo de SÓCRATES* e PLATÃO*, ARISTÓTELES reteve de ambos a concepção de que o conhecimento é a pesquisa e o conhecimento do necessário e do universal, e não a opinião. Mas não concordava com a teoria platônica das ideias, e refutou a sofística, fundando a lógica. Para ele, o mais alto grau de realidade não é o que é revelado pelo raciocínio, pelas ideias, mas o que é percebido pelos sentidos. Afirmava que a razão é vazia, ao passo que os sentidos não entram em ação.

Elaborando no *Organon* o princípio de dedução sob a forma de silogismo, fundou a lógica como instrumento de precisão do discurso filosófico. Trabalhou ainda no significado do ser como ser e estabeleceu assim os fundamentos da teologia, em sua *Metafísica*, obra de referência para o pensamento medieval judeu, muçulmano e cristão. A cosmologia, a biologia e a observação da Natureza foram os temas mais tratados, mas sua filosofia abordou também a política e a moral, na qual, ao desenvolver uma concepção finalista (privilégio da causa final) da essência da cidade, se pronunciaria pela procura do bem supremo que conduz à virtude: a felicidade.

"A metafísica é a ciência dos princípios e das causas do ser considerado em si mesmo, como simples ser."
ARISTÓTELES

Bacon

FRANCIS BACON* (1561-1626) nasceu em Londres, numa família que tradicionalmente trabalhava para a Coroa inglesa; foi jurista, fez política, chegou a ministro, mas sua carreira foi breve, acusado de corrupção.

Realista e pragmático, elaborou a teoria de uma ciência que deveria ter como objetivo a eficácia. Desse modo, estabeleceu como fundamental a necessidade de conhecer as leis naturais – para ele, as de causa e efeito –, pois defendia que se conseguíssemos transformar as causas, conseguiríamos transformar os efeitos. A observação das coisas como são é a primeira condição para promover o progresso do saber, dizia ele, estabelecendo aí a tese central do empirismo. Para tanto, é preciso lutar contra quatro tipos de ídolos:

1. os da tribo (os preconceitos comuns a todos os seres e grupos humanos);

2. os da caverna, em alusão à alegoria da caverna, de PLATÃO* (os preconceitos individuais, relativos à nossa educação e às circunstâncias da vida de cada um);

3. os do fórum (os mais odiosos, derivados da linguagem e da retórica);

4. os do teatro (ilusões originárias dos sistemas filosóficos).

Rompeu com RENÉ DESCARTES*, com a escolástica (e, portanto, com ARISTÓTELES*). Era admirador de NICOLAU MAQUIAVEL*. Propôs que uma nova lógica, baseada na experiência, substituísse a de ARISTÓTELES*, baseada em silogismos. Defendia a necessidade de repertoriar, classificar os fatos para enunciar hipóteses, que, por sua vez, deveriam ser verificadas pelo que chamou de experiências cruciais (capazes de decidir entre duas hipóteses).

Para ele, a ciência tinha como objetivo o bem da humanidade. Por isso esta deveria ser separada da religião (o que teria influenciado GALILEU GALILEI). Costumava dizer que o ateísmo é menos prejudicial que a superstição, porque ao menos não atrapalha os governos.

"Só conseguimos vencer a Natureza nos submetendo a ela."
BACON

Descartes

Filósofo francês considerado por muitos o fundador da filosofia moderna, René Descartes viveu de 1596 a 1650. Seguramente o pai do racionalismo. Era filho de um membro do Parlamento e estudou com os jesuítas. Em 1616 se formou em direito e se alistou no Exército para lutar na Guerra dos Trinta Anos, durante a qual decidiu se dedicar ao estudo da filosofia e das ciências. Percorreu boa parte da Europa, e em 1628 se fixou na Holanda, onde escreveu suas reflexões matemáticas e filosóficas. Convencido da unidade do saber, reunido no que chamou de matemática universal, ele construiu o raciocínio lógico: a dedução e a intuição evidentes, como únicos guias da razão, transformada em postulado de base, com o famoso enunciado "Penso, logo existo".

Com seus discursos metafísicos, tentou provar racionalmente a existência de Deus e afirmou que todas as verdades decorriam dele. Insistindo na noção de livre-arbítrio, redefiniu a moral e suas aplicações éticas. Convidado pela rainha Cristina, da Suécia, a se estabelecer na corte, ele morreu pouco tempo depois de sua chegada.

"Muitas vezes, uma falsa alegria vale mais do que uma tristeza cuja causa é verdadeira."
DESCARTES

Diderot

Nascido em 1713 na França, DENIS DIDEROT estudou com os jesuítas, mas, contrariando os desejos familiares, não se tornou padre. Formou-se em artes pela Universidade de Paris, se casou e teve várias profissões. Em 1747 foi nomeado codiretor, com JEAN LE ROND D'ALEMBERT, da publicação da *Enciclopédia*, cujos trabalhos absorveriam cerca de vinte anos e grande parte de suas atividades. A aventura editorial da *Enciclopédia* começou na verdade com o projeto de tradução em francês do dicionário de Ephraim Chambers, publicado em Londres em 1728, denominado *Cyclopaedia* ou *Dicionário universal das artes e ciências*. Em 1743, o editor ANDRÉ LE BRETON, encarregou JOHN S. MILL, um inglês que vivia na França, do projeto. Mas descobriu em 1745 que MILL não só não tinha um exemplar da obra, como mal falava francês e não tinha avançado no projeto. À procura de um novo redator-chefe, contratou o abade Gua de Malves, que recrutou ETIENNE CONDILLAC, D'ALEMBERT e DIDEROT. Cerca de um ano depois, Malves foi despedido e LE BRETON nomeou DIDEROT e D'ALEMBERT como redatores-chefes. Ambos se cercariam de uma imensa equipe de homens de letras. Eles visitavam as oficinas e se ocupavam da edição e de uma parte da comercialização do projeto, já transformado em *Enciclopédia*. DIDEROT ficaria por 25 anos no cargo, até a conclusão do projeto.

Em 1749 foi preso pelo governo real, pela autoria da *Carta sobre os cegos*, considerada subversiva. Em 1751, era publicado o primeiro volume da famosa e inédita *Enciclopédia*. Em 1757 saía o tomo VII, no qual estava o artigo "Genebra", que provocou a ruptura com JEAN-JACQUES ROUSSEAU*. Em 1759, a *Enciclopédia* foi considerada subversiva pelo Parlamento. O rei revogou os privilégios concedidos à impressão e ordenou que os sete volumes publicados fossem queimados. O papa inseriu a obra no índex (a lista de livros proibidos pela Igreja). Felizmente, Malesherbes escondeu os manuscritos de DIDEROT em sua própria casa. Em 1765, os últimos dez volumes da *Enciclopédia* foram impressos secretamente, sem privilégios e com endereço falso. A imperatriz Catarina II da Rússia comprou a biblioteca de

DIDEROT, para que ele tivesse dinheiro para o dote da filha, que ia se casar. DIDEROT morreu em Paris no dia 30 de julho de 1784.

O título completo da obra era *Enciclopédia:* dicionário racional das ciências, artes e ofícios. Ora, a palavra *encyclopédie*, em francês, vem de *encyclopedia*, latinização feita no século XIV da expressão grega *enkuklios paideia*, literalmente "o círculo dos conhecimentos" (*enkuklios* = circular e *paideia* = educação). A justificativa oficial para o confisco da *Enciclopédia* foi que "as vantagens que poderiam decorrer de uma obra daquele tipo, para as artes e as ciências, nunca compensariam o dano irreparável para a moral e religião".

POSTERIDADE

DIDEROT declarou esperar ter "ao menos servido à humanidade" com a estupenda *Enciclopédia* que ajudou a escrever. Lutando em todas as frentes pela liberdade e contra a intolerância, a *Enciclopédia* foi o mais poderoso veículo da propaganda filosófica da época: foram editados 25 mil exemplares antes de 1789 (Revolução Francesa).

DIDEROT foi autor, ainda, de extensa obra, da qual fazem parte textos para teatro, ensaios sobre arte, romances, contos e ensaios filosóficos. Ele é representativo da mudança de mentalidade realizada pela época das Luzes. Num elogio a ele, J. WOLFGANG VON GOETHE disse que "a maior eficácia do espírito (entendimento humano) é de despertar o espírito".

"O ser humano é o único ponto de partida e o único ao qual toda reflexão deve voltar."
DIDEROT

Freud

SIGISMUND FREUD (aos 22 anos mudou o nome para Sigmund) nasceu em 1856 em Freiberg, na Morávia (hoje parte da República Tcheca; mas território Austríaco à época). De família judia, reivindicaria durante toda a vida pertencer a essa origem, apesar de se declarar ateu.

Trabalhou principalmente com base em descobertas feitas pela psiquiatria do século XIX: os trabalhos de JEAN-MARTIN CHARCOT (especialista em histeria com quem trabalhou um ano em Paris), HIPPOLYTE BERNHEIM (que também pesquisava a histeria), PIERRE JANET, além de concepções compartilhadas com o poeta austríaco ARTHUR SCHNITZLER, com quem se correspondia. Do ponto de vista filosófico, podemos dizer que bebeu na fonte dos pensamentos de FRIEDRICH NIETZSCHE*.

Em 1882, JOSEF BREUER, um amigo de FREUD, 14 anos mais velho, lhe falou de observações surpreendentes que havia feito a partir de uma cura inédita, pois tinha contado com a participação da paciente: era o conhecido caso de Anna O., que gerou o famoso *Estudos sobre a histeria*, escrito a quatro mãos, antes que FREUD rompesse relações com o amigo. Mais tarde também rompeu relações com WICHELM FLIESS, a quem atribuiu a invenção da psicanálise. O caso de Anna O. foi fundamental por revelar a BREUER a importância do inconsciente – nele, nada se perde, tudo se conserva. FREUD percebeu essa função fundamental do inconsciente para curar seus pacientes, e rapidamente se deu conta de que suas manifestações não residem unicamente nos sintomas da neurose, mas também na vida cotidiana. Renunciou pouco a pouco à hipnose; trabalhando o método de associações livres, se dá conta da importância dos sonhos. Aplicou a seu próprio caso a técnica psicanalítica que empregava com os doentes, e essa autoanálise lhe permitiu forjar os principais conceitos da teoria psicanalítica. Conceitos inovadores, como a sexualidade da criança, o ato falho, a pulsão, a censura e a rejeição.

FREUD morreu em Londres em 1939.

"A interpretação dos sonhos é o caminho majestoso que leva ao conhecimento do inconsciente, na vida psíquica."
FREUD

Kant

Sobre o filósofo alemão nascido em 1724 e morto em 1804, escreveu HEINRICH HEINE, em 1853:

"A história da vida de IMMANUEL KANT é difícil de escrever, pois ele não teve nem vida nem história; viveu uma vida de celibatário, vida mecanicamente regulada e quase abstrata, em uma ruela afastada de Königsberg. Não acredito que o grande relógio da catedral tenha cumprido sua tarefa com menos paixão e mais regularidade que seu compatriota IMMANUEL KANT. Levantar-se, tomar o café, escrever, dar aula, jantar, ir caminhar, tudo tinha hora fixa, e os vizinhos sabiam exatamente que eram duas e meia quando IMMANUEL KANT, vestido com seu traje cinza [...] saía de casa e caminhava pela alameda de tílias, atualmente batizada de alameda do Filósofo, em homenagem a ele. Ele subia e descia oito vezes por dia, qualquer que fosse a estação; e quando o tempo estava encoberto, ou nuvens negras anunciassem a chuva, seu empregado doméstico o seguia com um ar vigilante e preocupado, com o guarda-chuva sob o braço, verdadeira imagem da Providência."

Mas esse homem austero é um dos pilares da filosofia ocidental moderna. Discípulo de DAVID HUME, filósofo inglês que defendia o empirismo, acabou se distanciando dessa teoria, que coloca o sensível na origem do conhecimento.

KANT operou a chamada "revolução copernicana" do conhecimento, com sua *Crítica da razão pura*, de 1781. Nela, considera que o sujeito é quem constrói o objeto de seu conhecimento. Que não existem coisas em si, que o que conhecemos são fenômenos, manifestações.

Reflete ainda sobre a moral, estabelecendo o incomparável imperativo categórico, no qual estabelece a mais simples e rigorosa regra do agir humano: a definição do dever se baseia somente em nós mesmos – "aja sempre", diz ele, "como se a máxima de tua ação fosse transformada em lei universal por tua vontade".

No fim da vida, ainda se dedicou a pensar sobre a questão do gosto. Ou seja, dedicou sua vida ao trabalho, tentando responder a questões fundamentais: O que posso conhecer? Como devo agir? O que posso esperar? O que é o ser humano?

"O sábio pode mudar de opinião. O ignorante, nunca."
KANT

Lévi-Strauss

CLAUDE LÉVI-STRAUSS não é filósofo, mas um dos antropólogos mais importantes do século XX. O estudo de seu pensamento é necessário para tratar de algumas noções de filosofia. Especialista em etnologia (estudo das sociedades ditas primitivas), aplicou a essa ciência o método filosófico estruturalista (corrente de pensamento inspirada no modelo da linguística que apreende a realidade social como um conjunto formal de relações). Nasceu na Bélgica em 1908 e faleceu em Paris em 30 de outubro de 2009. Muito respeitado, foi eleito para a Academia Francesa. Esteve no Brasil, onde lecionou na Universidade de São Paulo (USP).

Lévi-Strauss defende a igualdade de todos os seres humanos, sem a divisão preconceituosa de "bárbaros" e "civilizados". Afirma que esse tipo de classificação é resultado da ignorância de não sabermos como vivem outros povos, outras comunidades diferentes da nossa, seja nos costumes, seja no tempo ou na geografia. As culturas são todas merecedoras de respeito, pois se é verdade que são diferentes, nem por isso são desiguais. Ou seja, não podemos classificar de "primitiva" – com nossos critérios de avaliação – uma cultura só por ela ser diferente da nossa.

Em relação ao pensamento estruturalista, Lévi-Strauss considerava que uma estrutura (que podemos dizer que é o equivalente à noção de totalidade) se conserva e se enriquece pelo jogo de transformações dos elementos que a constituem. Esse conjunto que chamamos de estrutura tem leis próprias, por isso se autorregula, sem a necessidade de elementos exteriores. Dentro dela, cada parte, ou elemento, só tem sentido na relação com as demais – ela é um todo formado por elementos solidários, unidos.

"É bárbara, antes de tudo, a pessoa que acredita em barbárie."
Lévi-Strauss

Maquiavel

Poucos pensadores são mais controversos do que o autor de *O príncipe*, Nicolau Maquiavel, que nasceu em Florença, na Itália, em 1469 e ali morreu em 1527.

Se René Descartes* funda a Modernidade com o racionalismo, Maquiavel a inaugura, com a destruição do modelo antigo de república, baseado na excelência humana (virtude), no qual o Estado é primeiro com relação ao cidadão, que deve agir visando sempre ao bem comum. Assim, dirá Nicolau Maquiavel que o ser humano não se pauta pela virtude: ele é mau. E se quiser dominar, deve mesmo ser mau – esta, a grande novidade, fundadora de uma nova ótica e de uma nova prática do poder e da política.

Há quem julgue que seus textos não foram compreendidos e que sua herança foi uma nova compreensão da realidade histórico-política, fazendo-nos repensar a política de um modo mais lúcido e, ao mesmo tempo, escolher não só a liberdade, como também os esforços necessários para preservá-la. De qualquer forma, ao lado de Thomas Hobbes, ele é inegavelmente tido como o inventor da filosofia política moderna.

Florentino, Maquiavel enfrentou uma coalizão do papa, dos espanhóis e dos venezianos, unidos para restaurar o poder ducal dos Médicis, contra a frágil República de Florença. *O príncipe*, seu tratado político, foi provavelmente escrito em 1513, mas só publicado em 1532, depois de sua morte. Numa Itália dividida em vários principados rivais, o objetivo da obra era expor a arte e a maneira de governar, jogando habilidosamente com os humores contrários do povo e dos poderosos, por meio da ação política que faz uso das leis em proveito próprio, além da astúcia. Em 1559 o livro foi incluído no índex da Igreja, e proibido a partir de 1564, como as demais obras de Maquiavel.

A "virtude" do governante, diz ele, não deve ser moral, mas política: a capacidade de conservar o poder e enfrentar as vicissitudes (obstáculos) da vida, da história, sabendo dosar o temor e o amor que é capaz de inspirar na população, a fim de controlá-la, mantendo a unidade.

Mas a originalidade do pensamento de Maquiavel está em não aconselhar ao governante que menospreze todas as formas de moralidade: para se manter no poder, é preciso respeitar publicamente as regras que o povo respeita – é preciso manter as aparências. Pouco importa que, a portas fechadas, ele faça exatamente ao contrário. Muitas vezes, para atingir um objetivo político ele deverá trair a própria palavra, trair as próprias ideias e convicções, agir ao contrário do que sempre pregou e defendeu – o mais importante, é manter o poder. Segundo ele, os fins justificam os meios. Mas, publicamente, o governante deve fingir, para que seu povo não se volte contra ele.

Outro ponto importante é o conselho sobre as alianças: se o objetivo é conservar o poder, diz Maquiavel, em vez de contar com o apoio dos poderosos, é melhor contar com o apoio do povo.

"Na política, os aliados atuais são os inimigos de amanhã."
Maquiavel

Nietzsche

Friedrich Nietzsche nasceu na Saxônia prussiana em 1844 e ali morreu, em 1900. Filósofo e escritor, era filho de um pastor prussiano. Estudou na famosa escola de Schulpforta, e depois nas universidades de Bonn e Leipzig. Um de seus mestres foi o respeitado filólogo Wilhelm Ritschl. Nietzsche se interessava pela ciência, particularmente pelo evolucionismo de Charles Darwin, então muito recente. Foi nomeado professor da Universidade de Basileia aos 24 anos de idade. No ano seguinte, se alistou como enfermeiro do exército alemão, mas sua saúde precária o obrigou a renunciar a suas funções em 1879. Durante anos lutou corajosamente contra a doença que acabou por vencê-lo: no início de 1889, sua saúde mental é gravemente afetada (devido à sífilis) e daí em diante ficou sob os cuidados da mãe e da irmã, até sua morte, em agosto de 1900.

Em 1882, num período em que havia recuperado a saúde, conheceu Lou-Andreas Salomé, seu grande amor, mulher que admirava e com quem queria fundar um "círculo de espíritos livres", um círculo de estudos baseado no modelo grego dos jardins de Epicuro, aceitando homens e mulheres. Ele pediu Lou duas vezes em casamento, mas ela recusou, o que o afetou profundamente.

Nietzsche foi uma ventania que varreu o pensamento ocidental. Ele disse coisas como "Deus, refúgio dos fracos"; "a razão, instrumento do corpo, essa pequena razão que tu chamas de espírito...". Para ele, como para Arthur Schopenhauer, a vontade é o princípio impulsionador da vida. Descobriu esse pensador ainda jovem, o que o marcou muito. Em seguida conheceu Richard Wagner, o compositor, do qual se tornou grande admirador e amigo, antes de romper com ele, por ter-se tornado cristão, e, assim, passou a considerar sua obra, em especial *Parsifal*, o cúmulo da decadência da arte romântica alemã.

Por meio de uma moral cínica, Nietzsche construiu uma afirmação do ser e uma forte crítica do cristianismo. Avaliou que a perda de valores que assola a humanidade devia ser ocasião para o aparecimento do que chamou de Super-Homem, num movimento de superação. Que era realmente preciso libertar a humanidade de valores do passado, que já não davam respostas a seus anseios: a moral, as religiões, a metafísica.

NIETZSCHE refletiu ainda sobre a arte e a cultura contemporâneas. Seu estilo distintivo fundamenta-se no aforismo e na poesia. A influência de seu pensamento é substancial em toda a filosofia posterior, em especial no existencialismo e no pós-modernismo. Pouco reconhecido em vida, ele é atualmente considerado um dos pensadores que tiveram uma influência mais profunda sobre o pensamento ocidental do século XX.

> *"Tudo o que se faz por amor se faz além do bem e do mal."*
> NIETZSCHE

Platão

Um dos maiores filósofos de todos os tempos, ao lado de SÓCRATES* e ARISTÓTELES*, sendo que, entre os três, PLATÃO foi o primeiro cujas obras completas chegaram até nós.

Filho de uma família aristocrática ateniense, PLATÃO (427-347 a.C.) parecia destinado a assumir responsabilidades políticas da maior importância. Estudou letras, matemática, música e ginástica. Mas o contato com SÓCRATES* mudou seus planos. Esse encontro decisivo, em 408 a.C., o levou a desistir das artes para se dedicar à filosofia, mas toda sua obra seria fortemente impregnada dessa primeira formação poética.

E pelo mestre guardaria por toda a vida um enorme respeito. O fato de Atenas condenar à morte o homem mais respeitado da época marcou e determinou sua abordagem filosófica. Depois da morte de SÓCRATES*, ele passou a se dedicar integralmente a escrever. Decepcionado com a democracia responsável por essa injustiça, partiu de Atenas. Estabelecendo-se no sul da atual Sicília – região de colonização grega –, tentou convencer o governante local a estabelecer ali um governo regido pela filosofia, mas não obteve sucesso – o tirano se enfureceu e o vendeu como escravo. Felizmente, foi comprado por um amigo.

Voltou então a Atenas, por volta de 387 a.C., onde fundou uma escola de filosofia que seria chamada de Academia, porque ficava nos jardins de Academus. Ali ensinava-se também matemática e ginástica. O ensino era realizado na forma de discussões e de debates de ideias, o que explica a predileção de PLATÃO pelo diálogo como forma de escrita. Por isso nos referimos a sua obra como "os diálogos de PLATÃO".

ARISTÓTELES* viria a estudar ali, posteriormente – um local onde o inovador pensamento de SÓCRATES* podia ser ensinado. Tornou-se seu discípulo mais brilhante e, efetivamente, o único a poder rivalizar com o mestre. Ao que se sabe, foi na Academia que PLATÃO escreveu a maior parte de suas obras, que marcaram para sempre o quadro do pensamento ocidental, até hoje.

Durante o período agitado que Atenas vivia naquela época, SÓCRATES* havia prevenido os atenienses contra a ignorância, a injustiça e a amoralidade da sociedade. A primeira parte da obra de PLATÃO é constituída de diálogos sobre o processo e os últimos dias de SÓCRATES* (*Apologia de Sócrates, Críton*). Em outros diálogos descobrimos o método dialético de SÓCRATES*, graças ao qual nos livramos das ideias feitas, das certezas ingênuas, e nos aproximamos, por meio do conhecimento, das ideias verdadeiras.

PLATÃO ainda voltou à Sicília para tentar salvar a vida de um de seus amigos, e quase morreu. Retornou então definitivamente a Atenas, onde se dedicou à filosofia até sua morte, aos oitenta anos.

PLATÃO abriu o caminho do conhecimento pela metafísica, ao passo que seu discípulo, ARISTÓTELES*, preferiu o caminho da lógica, ambos no rumo da sabedoria e da felicidade.

"O conhecimento das palavras conduz ao conhecimento das coisas."
PLATÃO

Rousseau

JEAN-JACQUES ROUSSEAU nasceu na Suíça em 1712 e morreu na França em 1778. De origem humilde, teve uma infância e juventude difíceis. Suas primeiras tentativas, em Paris, foram no meio musical, mas sem sucesso. Em 1744, começava uma relação amorosa que geraria um filho, posto "na roda", como se dizia na época: uma portinhola giratória que permitia depositar anonimamente um bebê à entrada da instituição das Crianças Abandonadas. Os quatro filhos seguintes teriam o mesmo destino. No entanto foi *Emílio* (tratado sobre a educação) a obra que faria IMMANUEL KANT* perder a hora, mergulhado em sua apaixonante leitura.

ROUSSEAU ficou famoso aos 38 anos, quando respondeu a uma pergunta feita publicamente num jornal pela Academia de Dijon, em forma de concurso, com a afirmação de que o progresso é sinônimo de corrupção, no texto que introduzia o conceito central de sua filosofia: o ser humano é naturalmente bom, a sociedade é que o corrompe, segundo ele.

Suas teses provocaram intensa polêmica e ele decidiu então promover o que chamou de "reforma moral", discutindo o que considerava serem os fundamentos da desigualdade entre os homens. Construiu a imagem fictícia do "homem natural", que permitia imaginar como seríamos se não vivêssemos em sociedade.

Autodidata, Rousseau foi leitor dos antigos: Platão*, Aristóteles*, Cícero, Sêneca, Epicteto e Plutarco. Sua obra aponta a influência de John Locke e de Etienne Condillac. Também leu Nicolau Maquiavel*, que reconhecia como republicano. Criticava Thomas Hobbes e Hugo Grotius.

"Rico ou pobre, forte ou fraco, todo cidadão desocupado é um vigarista."
Rousseau

Sartre

Jean-Paul Charles Aymard Sartre nasceu em Paris em 1905 e ali morreu, em 1980. Filósofo e escritor, foi um severo crítico de seu tempo e sua obra marcou época.

Professor de filosofia na Escola Normal Superior de Paris, foi ali que conheceu a companheira da sua vida, Simone de Beauvoir, notável pensadora que mudou definitivamente o olhar do mundo sobre a mulher. Viveu – como ela – de modo absolutamente coerente às próprias ideias. Durante a Segunda Guerra Mundial, se alistou na Resistência. Nessa época, era publicado *O ser e o nada*, obra central do existencialismo, na qual Sartre defende que a existência do ser humano precede sua essência, o que deixa a ele a liberdade e a responsabilidade de suas escolhas e decisões. Sempre avesso a honrarias, em 1964 recusou o Prêmio Nobel de Literatura. Foi o único autor até hoje a dispensar essa distinção.

Sartre ainda trabalhou na produção de peças de teatro, além de fundar a revista *Les Temps modernes* ("Os tempos modernos") um dos mais importantes veículos de divulgação e debate do pensamento e da cultura contemporânea.

O chamado "pai do existencialismo" foi extremamente engajado politicamente. Comunista convicto, se decepcionou e rompeu com o partido, depois que a antiga União Soviética (URSS) invadiu e ocupou a Hungria, em 1956.

"Não existimos sem agir."
SIMONE DE BEAUVOIR

"Felicidade não é fazer o que se gosta, mas gostar do que se faz."
SARTRE

Sócrates

A importância de SÓCRATES é tamanha, que ele se transformou em marco, em divisor de águas: os primeiros pensadores, anteriores a ele, são chamados de pré-socráticos. Ironicamente, aquele que nunca escreveu nada encarna o início da filosofia. Seu método foi, justamente, a ironia.

SÓCRATES viveu de 469 a 399 antes de nossa era, em Atenas. Lutou contra os persas, ou medos (Guerras Médicas), quando salvou a vida de Xenofonte, o historiador. O inventor da filosofia, como a concebemos, era filho de um escultor e de uma parteira, ou seja, um homem do povo. Ainda jovem se sentiu atraído por questões morais. Cidadão exemplar – de onde a importância da noção de república virtuosa –, ele se opunha à demagogia que reinava na época em Atenas. Nas discussões que comandava, como mestre, com os habitantes da cidade, incitava cada um a ir além do nível das verdades do senso comum, a buscar o conhecimento verdadeiro. Pelas ruas de Atenas, em geral na ágora – a praça pública –, interrogava os passantes, fossem eles aristocratas ou comerciantes, e sempre sobre questões ligadas ao cotidiano da vida na cidade.

Viveu no chamado "século de Péricles", o mais brilhante da história de Atenas. Foi contemporâneo, ou quase, de Sófocles e Eurípides, e ao longo de seus setenta anos de vida conheceu a grandeza e a decadência de sua pátria. Viveu sob a Tirania dos Trinta – os trinta tiranos que Esparta impôs a Atenas quando venceu a Guerra do Peloponeso – que, segundo Xenofonte, o proibiram de ensinar retórica. Depois da fuga dos Trinta e da reconquista da soberania de Atenas, ele foi denunciado por três "bons" cidadãos, que o acusaram formalmente de ser ímpio (não respeitar os deuses) e de corromper a juventude (por seus ensinamentos). Recusando obediência ao tirano Crítias, Sócrates se negou a fugir da cidade ao término do processo, optando por tomar a cicuta que o mataria. Já no início do processo, recusou a defesa oferecida e preparada por Lísias, escolhendo se defender sozinho. Foi declarado culpado por 281 votos, contra 278. Recusou também o ostracismo (o exílio). A seus juízes, declarou que a pena deles seria maior do que a sua, pois seriam obrigados a testemunhar o crescimento do número de seus discípulos, depois de sua morte.

FILOSOFIA SOCRÁTICA

O Sócrates que conhecemos é, sobretudo, o registrado nas obras de Platão*. Há também o de Aristófanes (poeta) e o de Xenofonte (filósofo e historiador). Mas foi com Sócrates que aprendemos a perguntar mais do que a responder.

Ele procedia usando um método chamado maiêutica (assim batizado por se inspirar na prática de sua própria mãe, que era parteira), método esse que visava levar o próprio interlocutor a chegar à verdade, literalmente, a pari-la. Seu discurso parece semelhante ao dos sofistas, ou seja, trata da existência e da felicidade. Mas o que lhe interessa prioritariamente é a conduta humana. Ele ataca os lugares-comuns, veiculados pela religião e pela tradição; também, as práticas retóricas em vigor no seio da democracia ateniense, representadas pelos sofistas, que ensinam aos cidadãos atenienses a bem falar, sem se preocupar nem com a verdade nem com o alcance ético.

Ora, o centro da filosofia socrática é justamente a procura sábia, racional, do bem e da virtude. Sócrates nunca separou sua "moral racional" da procura do bem e da virtude – esse é o sentido, dizia ele, do oráculo de Delfos: "Conhece-te a ti mesmo". Todo aquele que empreender com firmeza o caminho do universal e do conhecimento de si será necessariamente bom. Mas cumpre, em última instância, descobrir a verdade por si só, porque ela não pode jamais provir inteiramente de fora.

O ensinamento de Sócrates é antes de tudo crítico, baseia-se na argumentação. Ele se debruça sobre a esfera do comportamento humano, o conhecimento de si, as aparências. Seu objetivo: revelar o verdadeiro ser, por trás do aparecer. Introduzir a reflexão no mundo das opiniões.

Sócrates é considerado o primeiro filósofo, em sentido estrito, por ter definido com clareza o que é próprio do pensamento filosófico: em face da questão posta, seja ela sobre ética, política ou "ciência", cumpre, a cada vez, afastar de nós as primeiras impressões, as pretensas evidências da experiência sensível. Em seguida, por meio de um questionamento rigoroso, procurar a "verdade baseada na razão, mas igualmente universal".

ALGUNS PONTOS PRINCIPAIS NA FILOSOFIA DE SÓCRATES:

- dialética - nós não sabemos nada. É preciso falar. Não será nos grandes discursos inflamados que descobriremos a verdade, mas pelo diálogo, passo a passo com nosso(s) interlocutor(es). A linguagem é a morada de nossa verdade.

- não é importante conhecer o mundo, ou Deus, ou os deuses, mas a nós mesmos. A razão, se limitada ao conhecimento de si mesmo, pode nos levar a conhecimentos verdadeiros. Entre todos os conceitos, os mais úteis são os que podem nos ajudar a dirigir nossa conduta, no sentido de bem agir.

- ciência moral - a virtude consiste em resistir aos apelos das paixões, dos impulsos particulares, para obedecer aos comandos universais da razão. Dessa forma, a virtude é uma ideia nova: as virtudes para consigo mesmo, para com os outros e para com o Estado devem, em cada caso, se pautar pelo universal. Não basta pensar direito, é preciso agir direito. A vontade é esse desejo essencial de satisfação que se chama felicidade. E essa virtude que escapa das flutuações das paixões e dos prazeres imediatos pode ser ensinada.

"Uma vida sem questionamentos não vale a pena de ser vivida."
Sócrates

ÍNDICE ONOMÁSTICO

ADORNO, THEODOR W. (1903-1969) Boxe Escola de Frankfurt (em Cultura)

AGOSTINHO DE HIPONA (354-430) [patrística] Escolástico

ALAIN [Emile-Auguste Chartier] (1868-1951) [filósofo, jornalista, professor, autor de proposições] Ética, Pensamento

ALEXANDRE MAGNO (356-323 a.C.) [conquistador macedônio que estudou com ARISTÓTELES e cujo sonho maior era divulgar a língua grega aonde as patas de seu cavalo pudessem chegar] Biografia ARISTÓTELES; Cinismo

ALLENDE, ISABEL (1942-) [escritora chilena] Religião

ANAXÁGORAS (séc. V a.C.) [Escola de Mileto, pré-socrático] Espiritualismo, *Nous*

ANAXIMANDRO (séc. VII a.C.) [Escola de Mileto, pré-socrático] *Ápeiron*

ARISTARCO DE SAMOS (310-230 a.C.) [astrônomo grego autor da teoria do heliocentrismo] Heliocentrismo

ARISTÓTELES (384-322 a.C.) [aristotelismo] Biografias ARISTÓTELES, BACON, PLATÃO e ROUSSEAU; boxes Copérnico (em Heliocentrismo) e O mito da Justiça (em Justiça); Alma, Amor, *Arché*, Arte, Ato, Categoria, Causa, Circunstância, Contraditório, Convenção, Cosmos, Democracia, Discurso, *Dynamis*, Energia, Enteléquia, Escolástico, Essência, Felicidade, Fim, Forma, Gênese, Hábito, Identidade, Justiça, Linguagem, Memória, Metafísica, Metáfora, Movimento, Natureza, *Nous*, Ontologia, Peripatético, Política, Possível, Potência, Psique, Qualidade, Sensação, Ser, Silogismo, Síntese, Substância, Verdade, Virtude

BACON, FRANCIS (1561-1626) Biografia BACON; boxe Enciclopédia (em Conhecimento); Amor, Dúvida, Empirismo, Epistemologia, Modernidade

BAKUNIN, MIKHAIL ALEKSANDROVITCH (1814-1876) [anarquismo] Marxismo, Niilismo

Bayle, Pierre (1647-1706) [filósofo e ensaísta francês, autor de importante dicionário precursor do Iluminismo] Religião

Beauvoir, Simone de (1908-1986) [filósofa existencialista, escritora, ícone do pensamento feminista, autora do famoso *O segundo sexo*] Biografia Sartre; Existencialismo, Identidade, Singular

Benjamin, Walter (1892-1940) Boxe Escola de Frankfurt (em Cultura); Filosofia

Bentham, Jeremy (1748-1832) Utilitarismo

Bergson, Henri (1859-1941) [filosofia da consciência] Cartesianismo, Espiritualismo, Evolução, Inconsciente, Memória, Religião, Tempo

Berkeley, George (1685-1753) [imaterialismo/idealismo] Aporia, Idealismo

Bernheim, Hippolyte (1840-1919) [médico e neurologista francês] Biografia Freud

Bierce, Gwinnett Ambrose (1842-1914?) [escritor norte-americano, ateísmo] Relativismo

Brentano, Franz (1838-1917) [realismo, neoescolástica] Intencionalidade

Breton, André le (1896-1966) [dadaísmo, surrealismo] Biografia Diderot; Imagem

Breuer, Josef (1842-1925) [médico e fisiologista austríaco, considerado o pai da psicanálise] Biografia Freud

Callas, Maria (1923-1977) [grega, considerada a maior cantora lírica de todos os tempos] Metáfora

Camus, Albert (1913-1960) [filósofo humanista, escritor, dramaturgo, ensaísta francês] Absurdo

Carnap, Rudolf (1891-1970) [positivismo lógico] Metafísica

Cassirer, Ernst (1874-1945) [neokantismo] Formalismo

Charcot, Jean-Martin (1825-1893) [médico e cientista francês, um dos fundadores da neurologia moderna] Biografia Freud

Chomsky, Noam (1928-   ) [linguista] Linguagem

Cícero (106-43 a.C.) [orador, político e filósofo latino] Biografia Rousseau

Comte, Auguste (1798-1857) Absolutismo, Positivismo

Comte-Sponville, André (1952-) [materialismo] Ateísmo, Filosofia

Condillac, Etienne Bonnot (1714-1780) [padre católico, abade e filósofo empirista francês] Biografias Diderot e Rousseau

Condorcet [Marie Jean Antoine Nicolas de Caritat, Marquês de] (1743--1794) [enciclopedista] Positivismo, Verdade

Constant, Benjamin (1767-1830) [escritor, liberalismo, romantismo] Positivismo

Copérnico, Nicolau (1473-1543) [matemático e astrônomo, autor da teoria do heliocentrismo, que retomou as ideias de Aristarco de Samos e afirma o Sol no centro do sistema, não a Terra – como declarava a Igreja católica] Boxe Copérnico (em Heliocentrismo); Dúvida, Heliocentrismo, Revolução Copernicana

d'Alembert, Jean le Rond (1717-1783) [Iluminismo, enciclopedismo, materialismo, modernismo] Biografia Diderot; boxe Enciclopédia (em Conhecimento); Positivismo, Progresso

Da Vinci, Leonardo (1452-1519) [pintor, escultor, arquiteto e engenheiro] Boxe "O Homem é a medida de todas as coisas" (em Relativismo)

Darwin, Charles Robert (1809-1882) Biografia Nietzsche; boxe Escola de Mileto (em Filosofia); Criacionismo, Darwinismo, Evolução, Natureza

Demócrito (séc. V a.C.) [pré-socrático] Acaso, Atomismo, Materialismo

Derrida, Jacques (1930-2004) [desconstrutivismo] Estruturalismo

Descartes, René (1596-1650) [racionalismo, modernismo] Biografias Bacon, Descartes e Maquiavel; boxe Enciclopédia (em Cultura); Bom-senso, Cartesianismo, Claro, Cogito, Consciência, Distinto, Dúvida, Epistemologia, Espiritualismo, Evidência, Filosofia, Idealismo, Materialismo, Método, Modernidade, Paixão, Percepção, Solipsismo, Sujeito-objeto

Diderot, Denis (1713-1784) [Iluminismo, enciclopedismo, materialismo, modernismo] Biografia Diderot; boxe Enciclopédia (em Cultura); Materialismo, Progresso, Tempo

Diógenes de Sínope (413-327 a.C.) Boxe Diógenes (em Cinismo); Cinismo, Mônada

Durkheim, Émile (1858-1917) [um dos fundadores da sociologia moderna] Sagrado, Secularização

Einstein, Albert (1879-1955) [físico, autor da Teoria da Relatividade] Caos, Determinismo, Energia, Relativismo, Tempo

Engels, Friedrich (1820-1895) [teórico do socialismo] História, Marxismo, Materialismo, Utopia

Epicteto (c.50-c.125) [filósofo grego da escola estóica] Biografia Rousseau

Epicuro (341-270 a.C.) [epicurismo, materialismo] Biografia Nietzsche; boxe Epicuro (em Epicurismo); Epicurismo, Felicidade, Filosofia, Hedonismo, Materialismo, Monismo, Saber

Espinosa, Baruch (1632-1677) [racionalismo, materialismo, modernismo] Afetar, Causa, Desejo, Medo, Monismo, Necessário, Paixão, Saber, Separação Estado-Igreja, Superstição

Feigenbaum, Mitchell (1944-) [físico americano que pesquisa a teoria do caos] Caos

Feuerbach, Ludwig Andreas (1804-1872) [materialismo, filosofia política, marxismo] Alienação

Fichte, Johann Gottlieb (1762-1814) [idealismo] Em si, Idealismo, Tempo

Flaubert, Gustave (1821-1880) [escritor francês] Ilusão, Necessário

Frederico II da Prússia (1712-1786) [imperador da Prússia, símbolo do "déspota esclarecido", escritor, músico, amante das artes e pensador] Iluminismo

Freud, Sigmund (1856-1939) [psicanálise] Biografia Freud; Cartesianismo, Catarse, Civilização, Consciência, Cultura, Destino, Dúvida, Eros, Inconsciente, Memória, Natureza, Niilismo, Pulsão

Fukuyama, Francis (1952-) [filósofo, economista e pesquisador de ciência política] História

Galeno, Claudio (c. 129-199) [mais conhecido como Galeno de Pérgamo; médico, discípulo de Hipócrates] Humores

Galilei, Galileu (1564-1642) [físico e astrônomo, defensor do heliocentrismo de Copérnico, perseguido pela Inquisição] Biografia Bacon; boxe Copérnico (em Heliocentrismo); Dúvida, Materialismo

Gauchet, Marcel (1946-) [filósofo e historiador, filosofia política] Secularização

Gide, André (1869-1951) [escritor francês] Verdade

Goblot, Edmond (1858-1935) [escritor, sociólogo, filósofo (lógico)] Fim

Goethe, Johann Wolfgang von (1749-1832) [romancista, poeta, dramaturgo, o maior expoente da literatura alemã] Biografia Diderot

Górgias (480-375 a.C.) [pré-socrático] Niilismo, Sofista

Grotius, Hugo [Huig de Groot] (1583-1645) [jurista e político holandês, considerado o pai do direito público internacional] Biografia Rousseau

Güell Barceló, Manel (1956-) [professor e escritor espanhol] Agnosticismo

Hamilton, William (1788-1856) [matemático, físico e astrônomo irlandês] Niilismo

Hegel, Georg Wilhelm Friedrich (1770-1831) [idealismo, filosofia da história] Absoluto, Alienação, Antítese, Arte, Ato, *Aufhebung*, Dialética, Entendimento, Espírito, Estética, Evidência, Fenômeno, Filosofia, Hipótese, História, Idealismo, Marxismo, Monismo, Paixão, Síntese, Tempo, Tese

Heidegger, Martin (1889-1976) Absurdo, Cartesianismo, *Dasein*, Essência, Existencialismo, Fenômeno, Linguagem, Ontologia, Ser, Técnica, Tempo

Heine, Heinrich (1797-1856) [poeta, romantismo] Biografia Kant

Heráclito (séc. VI a.C.) [Escola de Mileto, pré-socrático] Dúvida, Identidade, *Logos*

Hesíodo (séc. VIII-VII a.C.) [poeta grego] Mitologia

Hipócrates [de Cós] (460-370 a.C.) [grego considerado o pai da medicina; seu nome designa até hoje o juramento feito por todos os que se formam médicos – juramento hipocrático] Deontologia, Humores

Hobbes, Thomas (1588-1679) [filosofia política, modernismo] Biografias Maquiavel e Rousseau; Absolutismo, Direito, Estado, Natureza, Verdade

Homero (séc. VIII a.C.) [primeiro poeta grego] Mitologia, *Nous*

Horkheimer, Max (1895-1973) Boxe Escola de Frankfurt (em Cultura)

Hume, David (1711-1776) [Iluminismo] Biografia Kant; Agnosticismo, Belo, Ceticismo, Conhecimento, Empirismo, Epistemologia, Hábito, Positivismo, Substância, Tabula Rasa

Husserl, Edmund (1859-1938) Fenômeno, Intencionalidade, Noese, Tempo

Huxley, Thomas Henry (1825-1895) [naturalista e biólogo, amigo de Darwin; como filósofo foi o fundador do epifenomenismo] Agnosticismo

Jaeger, Werner (1888-1961) [historiador da filosofia e filólogo alemão, especializado em filosofia antiga] Educação, Sofista

Janet, Pierre-Marie-Felix (1859-1947) [psicólogo e neurologista francês] Biografia Freud

Jaspers, Karl (1883-1969) [existencialismo cristão] Absurdo, Existencialismo

Jung, Carl Gustav (1875-1961) [médico, psiquiatra, psicólogo e ensaísta suíço, fundador da psicologia analítica] *Arché*, Eu, Inconsciente, Memória

Kant, Immanuel (1724-1804) Biografias Kant e Rousseau; boxe A importância do exemplo (em Existencialismo); *A priori*, Agnosticismo, Antinomia, Arte, Autonomia, Bem, Categoria, Crítica, Dialética, Em si, Entendimento, Espaço, Estética, Ética, Felicidade, Fenômeno, Filosofia, Forma, Formalismo, História, Idealismo, Iluminismo, Imperativo, Intuição, Juízo, Lei, Moral, Noúmeno, Objeto, Paixão, Pragmatismo, Proposição, Real, Revolução Copernicana, Saber, Síntese, Substância, Tempo, Teologia, Totalidade, Transcendente, Verdade, Virtude, Vontade

Kepler, Johannes (1571-1630) [astrônomo, matemático e físico alemão, precursor da astronomia moderna] Boxe Copérnico (em Heliocentrismo)

Kierkegaard, Søren Aabye (1813-1855) [existencialismo cristão] Absurdo, Existencialismo

La Boétie, Etienne de (1530-1563) [escritor e filósofo considerado precursor da desobediência civil e do anarquismo] Escravidão

La Rochefoucauld, François de (1613-1680) [escritor, moralista e memorialista francês] Convencer

Lamarck, Jean-Baptiste de Monet (1744-1829) [naturalista autor da primeira teoria evolucionista, precursor de Darwin] Darwinismo

Leibniz, Gottfried Wilhelm (1646-1716) [racionalismo, modernismo] Cartesianismo, Claro, Distinto, Espaço, Espiritualismo, Evidência, Inatismo, Inconsciente, Mônada, Monismo, Percepção

Leucipo (séc. V a.C.) [Escola de Mileto] Atomismo

Lévi-Strauss, Claude (1908-2009) [antropologia estruturalista] Biografia Levi-Strauss; Estruturalismo

Locke, John (1632-1704) [liberalismo, empirismo] Biografia Rousseau; boxe Encliclopédia (em Conhecimento); Estado, Iluminismo, Inatismo, *Tabula Rasa*

Lucrécio (séc. I a.C.) [epicurismo romano, atomismo] Conhecimento, Eros, Materialismo

Lutero, Martinho (1483-1546) [monge agostiniano, pai do protestantismo] Boxe Reforma (em Arbitrário)

Machado de Assis, Joaquim Maria (1839-1908) [romancista, cronista, dramaturgo, contista, e tradutor, foi o fundador da Academia Brasileira de Letras] Universal

Maine de Biran, Pierre [Marie-François-Pierre Gonthier de Biran] (1766--1824) [filósofo, psicólogo e antropólogo – espiritualismo] Cartesianismo, Inconsciente

Maniqueu [Mani ou Manes] (216-273) [gnóstico, profeta e fundador do maniqueísmo, precursor do dualismo bem-mal, pivô do monoteísmo] Dualismo, Mal

Maquiavel, Nicolau (1469-1527) [modernismo, filosofia política Biografias Bacon, Maquiavel e Rousseau; boxe Renascimento (em Antropocentrismo); Absolutismo, Modernidade, Saber, Virtude

Maria Antonieta [Maria Antonia Josepha Johanna de Habsbourg-Lorraine] (1755-1793) [última rainha da França, guilhotinada pela Revolução Francesa] Assertório

Marquês de Sade [Donatien Alphonse François de Sade] (1740-1814) [filósofo que escreveu sobre o que ficaria conhecido como "sadismo" – o erotismo da violência e da crueldade] Deus, Imagem

Marx, Karl (1818-1883) [filosofia da história e da política] Alienação, Dialética, Dúvida, História, Marxismo, Materialismo, Monismo, Utopia

Merleau-Ponty, Maurice (1908-1961) Existencialismo, Fenômeno

Mill, John Stuart (1806-1873) [utilitarismo, empirismo, liberalismo] Biografia Diderot; Utilitarismo

Molière [Jean-Baptiste Poquelin] (1622-1673) [considerado "pai do teatro" moderno; dramaturgo, diretor, ator e cenógrafo] Arte

Montaigne, Michel Eyquem de (1533-1592) [humanismo] Ceticismo, Humanismo, Iluminismo, Saber

Monteiro Lobato, José Bento Renato (1882-1948) [um dos maiores escritores brasileiros, perseguido e preso pela ditadura de Getúlio Vargas, autor do projeto da Companhia de Petróleo do Brasil, atual Petrobras] Indivíduo

Montesquieu [Charles-Louis de Secondat] (1689-1755) [filosofia política] Antropomorfismo, Doutrina, Iluminismo, Politeia, Virtude

More, Thomas (1478-1535) [humanismo] Utopia

Muñoz Redón, Josep (1957-   ) [professor e escritor espanhol] Agnosticismo, Mitologia

Napoleão Bonaparte (1769-1821) [imperador, general francês, conquistador, realizador, promulgou o Código Napoleônico, código civil que influenciou de modo duradouro os sistemas legais ocidentais] Absoluto, Verdade

Newton, Isaac (1643-1727) [filósofo, alquimista, astrônomo, matemático e físico, autor da teoria da gravitação universal – lei da gravidade –, da descoberta do prisma] Boxe Enciclopédia (em Conhecimento)

Nietzsche, Friedrich (1844-1900) Biografias Freud e Nietzsche; boxe Zoroastrismo (em Dualismo); Arte, Bem, Caos, Consciência, Dúvida, Eros, Escravidão, Eterno retorno, Inconsciente, Juízo, Mitologia, Niilismo, Paixão, Socrático, Supra-homem, Unidade, Vontade

Ortega y Gasset, José (1883-1955) [filósofo e grande educador espanhol] Circunstância

Parmênides (séc. VI a.C.) [pré-socrático] Eleatas, Eros

Pascal, Blaise (1623-1662) [moralismo] Pulsão

Pavlov, Ivan Petrovich (1849-1936) [médico, fisiólogo, psicólogo, precursor do condicionamento comportamental] Natureza

Piaget, Jean (1896-1980) [psicologia, epistemologia genética] Memória

PITÁGORAS (séc. VI a.C.) [pitagorismo, pré-socrático] Alma, Mônada

PLATÃO (427-347 a.C.) [platonismo] Biografias ARISTÓTELES, BACON, PLATÃO, ROUSSEAU e SÓCRATES; boxes O mito da Justiça (em Justiça) e Teoria das Ideias (em Teoria); Alegoria, Amor, Aparência, Belo, Conhecimento, Demiurgo, Dialética, Espaço, Forma, Harmonia, Idealismo, Memória, Metafísica, Mitologia, Mônada, Neoplatonismo, Niilismo, Noúmeno, *Nous*, Opinião, Paixão, Percepção, Platonismo, Politeia, Real, Sensação, Signo, Sofista, Superstição, Virtude

PLOTINO (205-270) Harmonia, Hipóstase, Neoplatonismo

PLUTARCO DE QUERONEIA (c.46-120) [biógrafo e moralista grego] Biografia ROUSSEAU

POMPADOUR, MADAME DE [Jeanne-Antoinette Poisson] (1721-1764) [favorita e confidente de Luís XV, partidária da monarquia esclarecida e muito culta, favorecia os filósofos e enciclopedistas] Boxe Enciclopédia (em Conhecimento)

POPPER, KARL (1902-1994) [filosofia da ciência] Conhecimento, Razão, Verdade

PROTÁGORAS (séc. V a.C.) [sofística, pré-socrático] Boxe "O Homem é a medida de todas as coisas" (em Relativismo); Pragmatismo, Relativismo

PROUDHON, PIERRE-JOSEPH (1809-1865) [filosofia política] Anarquia

PROUST, VALENTIN LOUIS GEORGES EUGENE MARCEL (1871-1922) [romancista, ensaísta e crítico francês] Psique

QUESNAY, FRANÇOIS (1694-1774) [médico e economista, fundador da fisiocracia] Liberalismo

RICARDO, DAVID (1772-1823) [economia política clássica] Liberalismo

RICOEUR, PAUL (1913-2005) [fenomenologia e hermenêutica] Formalismo

ROUSSEAU, JEAN-JACQUES (1712-1778) [Iluminismo] Biografias DIDEROT e ROUSSEAU; Alienação, Contrato, Estado, Natureza, Paixão, Perfeito, Religião, Virtude, Vontade

RUSSELL, BERTRAND (1872-1970) [fenomenologia, filosofia da ciência] Boxe Reforma (em Arbitrário); Monismo

SANTOS DUMONT, ALBERTO (1873-1932) [brasileiro, considerado pai da aviação] Técnica

Sartre, Jean-Paul (1905-1980) Biografia Sartre; boxe A importância do exemplo (em Existencialismo); Absurdo, Autonomia, Circunstância, *Dasein*, Em si, Escolha, Essência, Existencialismo, Fenômeno, Humanismo, Morte, Nada, Niilismo, Outro, Para-si, Ser, Vontade

Saussure, Ferdinand (1857-1913) [linguista e filósofo suíço, pai da linguística] Linguagem, Significado

Schiller, Ferdinand Canning Scott (1864-1937) Pragmatismo

Schopenhauer, Arthur (1788-1860) [pessimismo, idealismo] Biografia Nietzsche; Arte, Entendimento, Entorno retorno, Filosofia, Inconsciente, Niilismo, Religião, Representação, Vontade

Sêneca (séc. I) [estoicismo] Biografia Rousseau; Humores, Superstição

Sexto Empírico (séc. II-III) [ceticismo pirrônico] Cesticismo, Suspensão do juízo

Smith, Adam (1723-1790) [economista, Iluminismo] Liberalismo

Sócrates (c.469-399 a.C.) [socratismo] Biografias Aristóteles, Platão e Sócrates; boxe Escola de Mileto (em Filosofia); Belo, Demiurgo, Filosofia, Ironia, Método, Mitologia, Perfeito, Psique, Razão, Saber, Silogismo, Socrático, Sofista, Utilitarismo

Soury, Jules (1842-1915) [teórico e historiador da neuropsicologia] Ciência

Spencer, Herbert (1820-1903) Evolução

Strauss, Richard (1864-1949) [compositor e maestro] Boxe Zoroastrismo (em Dualismo)

Tales (segunda metade do séc. VII a.C.) [pré-socrático] Boxe Escola de Mileto (em Filosofia)

Tertuliano (c.155-222) [eclesiástica] Religião

Tomás de Aquino (1225-1274) Biografia Aristóteles; Escolástico, Hipóstase, Verdade

Turgueniev, Ivan Sergeievich (1818-1883) [escritor russo] Niilismo

Valéry, Ambroise-Paul-Touissant-Jules (1871-1945) [ensaísta, poeta, filósofo e orador francês] Outro

Vitrúvio Polião, Marcus (c.70-25 a.C.) [arquiteto e engenheiro romano] Boxe "O Homem é a medida de todas as coisas" (em Relativismo)

Voltaire [François-Marie Arouet] (1694-1778) [enciclopedismo] Alma, Iluminismo, Progresso

Weber, Max (1864-1920) [sociólogo e economista, um dos fundadores da sociologia moderna] Liberalismo, Secularização

Wittgenstein, Ludwig (1889-1951) [filosofia da lógica, filosofia da linguagem ética, estética, lógica] Linguagem, Tautologia

Xenófanes (c.570-460 a.C.) [pré-socrático] Eleatas

Zaratustra [ou Zoroastro] (séc. VII a.C.) [profeta persa, fundador do zoroastrismo, doutrina que funda o dualismo moral – oposição bem-mal – e que está na base de várias religiões] Boxe Zoroastrismo (em Dualismo)

Zenão de Eleia (séc. V a.C.) [dialética/paradoxos, pré-socrático] Eleatas

BIBLIOGRAFIA

ADORNO, T. W. *Textos escolhidos*. Tradução de Luiz João Baraúna. São Paulo: Nova Cultural, 1999. (Coleção Os Pensadores).

ALAIN. *Les dieux, suivi de mythes et fables et de préliminaire à la mythologie*. Paris: Gallimard, 1985. (Collection Tel n. 90).

_____. *Éléments de philosophie*. Paris: Gallimard, 1941. (Collection Blanche). (reed. 1993).

ARISTÓTELES. *L'éthique à Nicomaque*. Paris: Vrin, 1979.

_____. *Poética*. São Paulo: Abril Cultural, 1973. (Coleção Os Pensadores).

ARON, R. *Démocratie et totalitarisme*. Paris: Gallimard, 1965.

BAKUNIN, M. *Dieu et l'État*. Paris: Mille et une nuits, 1996. (1. ed. 1882).

BEAUVOIR, S. de. *Le Deuxième sexe*. Paris: Gallimard, 1949. Tomes 1 et 2. (reed. 1986).

BENJAMIN, W. São Paulo: Abril Cultural, 1980. (Coleção Os Pensadores).

BERGSON, H. *Essai sur les données immédiates de la conscience*. 7. ed. Paris: Alcan, 1909. (reed. Presses Universitaires de France, 1997).

_____. *Les deux sources de la morale et de la religion*. Paris: Presses Universitaires de France, 1932. (reed. 1948).

_____. *Matière et mémoire*. 72. ed. Paris: Presses Universitaires de France, 1965. (reed. 1982).

BLONDEL, E. *La Morale*. Paris: Flammarion, 1999.

BOBBIO, N. *A teoria das formas de governo*. Tradução de Sérgio Bath. 10. ed. Brasília, DF: Ed. UnB, 2000.

BRETON, P. *L'Utopie de la communication*. Paris: La Découverte, 1992.

CALERO, P. G. *La sonrisa de Voltaire*. Barcelona: Ariel, 2008.

CARDOSO, F. H. *A arte da política*: a história que vivi. 2. ed. rev. e atual. Rio de Janeiro: Civilização Brasileira, 2006.

CHAUÍ, M. *Convite à filosofia*. São Paulo: Martins Fontes, 2000.

COMTE-SPONVILLE, A. *L'être-temps*: quelques réflexions sur le temps de la conscience. Paris: Presses Universitaires de France, 1999.

_____. *Invitación a la filosofía*. 2. ed. Barcelona: Paidós, 2002. (1. ed. Albin Michel: Paris, 2000).

_____. *Présentations de la philosophie*. Paris: Albin Michel, 2000.

_____; FEILLET, B.; REMOND, A. *A-t-on encore besoin d'une religion?* Paris: Les Éditions de l'Atelier/Questions de vie, 2003.

DARWIN, C. *L'Origine des espèces*. [Paris]: Scheicher Frères Editeurs, 1906. Disponível em: <http://fr.wikisource.org/wiki/L%E2%80%99Origine_des_esp%C3%A8ces>.

DELEUZE, G.; GUATTARI, F. *Qu'est-ce que la philosophie?* Paris: Minuit, 1991.

DERRIDA, J. *Foi et savoir*. Paris: Points-Seuil, 2000.

DESCARTES, R. *Discurso del método*. Madrid: Alianza, 2000.

DETIENNE, M. *Les maîtres de vérité dans la Grèce archaïque*. Paris: Maspero, 1967.

_____; VERNANT, J.-P. *Les Ruses de l'intelligence. La mètis des Grecs*. Paris: Flammarion, 1974.

DIDEROT, D. *Entretien d'un philosophe avec la Maréchale de****. Arles: Actes Sud, 1991.

_____. *Œuvres esthétiques*. Paris: Laffont, 1996. Tome 1.

DIES, A. *Autour de Platon. Essai de critique et d'histoire*. 2. ed. Paris: Belles Lettres, 1972.

DURKHEIM, É. De la définition des phénomènes religieux. *L'Année sociologique*, Paris, v. 2, p. 20, 1897-1898.

DUROZOI, G.; ROUSSEL, A. *Dictionnaire de philosophie*. 2. ed. Paris: Nathan, 2002.

EPICURO. *Lettres et maximes*. Paris: Presses Universitaires de France, 1997.

ESPINOSA, B. *Traité de la réforme de l'entendement*. Œuvres. Paris: Gallimard--Flammarion, 1964. v. 1

_____. São Paulo: Abril Cultural, 1977. (Coleção Os Pensadores).

FEUERBACH, L. *L'Essence du christianisme*. Paris: Gallimard, 1992. (1. ed. 1841).

FREUD, S. *Malaise dans la civilisation*. Paris: Presses Universitaires de France, 1971.

_____. *L'Avenir d'une illusion*. Paris: Presses Universitaires de France, 2002. (1. ed. 1927).

GERNET, L. *Anthropologie de la Grèce antique*. Paris: Flammarion, 1982.

GOFFMAN, E. *Les Rites d'interaction*. Paris: Minuit, 1974.

GOLDSCHMIDT, V. *A religião de Platão*. 2. ed. São Paulo: Difel, 1970.

GRIMAL, P. *Diccionario de mitología griega y romana*. Barcelona: Paidós, 1981. (1. ed. Presses Universitaires de France, 1951).

GÜELL BARCELÓ, M.; MUÑOZ REDÓN, M. *Sólo sé que no sé nada*. 6. ed. Barcelona: Ariel, 2006.

HEGEL, F. São Paulo: Abril Cultural, 1974. (Coleção Os Pensadores).

HEIDEGGER, M. São Paulo: Abril Cultural, 1980. (Coleção Os Pensadores).

_____. *Questions*. Paris: Gallimard, 1990. (1. ed. 1971).

_____. *Chemins qui ne mènent nulle part*. Paris: Gallimard, 1997. (1. ed. 1962).

_____. *El ser y el tiempo*. Madrid: Fondo de Cultura Económica, 2000.

HESÍODO. *Teogonia*. 3. ed. São Paulo: Iluminuras, 1995.

HOBBES, T. São Paulo: Abril Cultural, 1974. (Coleção Os Pensadores).

_____. *Leviatán*. Madrid: Alianza, 1999.

HORKHEIMER, M. São Paulo: Abril Cultural, 1980. (Coleção Os Pensadores).

HUME, D. *Escritos sobre economia*. São Paulo: Abril Cultural, 1983. (Coleção Os Economistas).

_____. *Dialogues sur la religion naturelle*. Paris: Vrin, 1987.

_____. *Enquête sur les principes de la morale*. Paris: Gallimard-Flammarion, 1991.

HUSSERL, E. São Paulo: Abril Cultural, 1980. (Coleção Os Pensadores).

_____. *Leçons pour une phénoménologie de la conscience intime du temps*. Paris: PUC, 1964. (reed. Presses Universitaires de France, 1983).

JACQUARD, A. *Petite philosophie à l'usage des non-philosophes*. Paris: Calmann-Lévy, 1997. (Livre de poche).

JAEGER, W. *Paideia*: a formação do homem grego. 3. ed. São Paulo: Martins Fontes, 1994.

_____. *Política*. Madrid: Gredos, 2000.

JUNG, C. G. *L'homme et ses symboles*. Paris: Robert Laffont, 1964.

KANT, I. São Paulo: Abril Cultural, 1983. (Coleção Os Pensadores).

_____. Réponse à la question: Qu'est-ce que les Lumières? In: *La philosophie de l'histoire*. Paris: Denoël, 1947. (réimp. 1984).

_____. *Opus posthumum*. Paris: Presses Universitaires de France, 1986.

_____. *Critique de la faculté de juger*. Paris: Aubier, 1995.

_____. *Fondation de la métaphysique des mœurs*. Paris: Gallimard-Flammarion, 1994.

_____. *Antropologia de um ponto de vista pragmático*. São Paulo: Iluminuras, 2006.

KIRK, G. S.; RAVEN, J. E. *Os filósofos pré-socráticos*. Tradução de Carlos Alberto Louro Fonseca. Lisboa: Fundação Calouste Gulbenkian, 1979.

KOYRÉ, A. *Do mundo fechado ao universo infinito*. São Paulo: Edusp, 1975.

LA BOÉTIE, E. de. *Discours de la servitude volontaire*. Paris: Gallimard-Flammarion, 1983.

LAMOUNIER, B. *Da independência a Lula*: dois séculos de política brasileira. São Paulo: Augurium, 2005.

LAPLANCHE, J.; PONTALIS, J.-B. *Vocabulário de psicanálise*. 7. ed. São Paulo: Martins Fontes, 1983.

LEIBNIZ, G. W. São Paulo: Abril Cultural, 1988. (Coleção Os Pensadores).

LÉVÊQUE, P. *Naissance de la Grèce*. Paris, Gallimard, 1990.

LÉVI-STRAUSS, C. *La Pensée sauvage*. Paris: Plon, 1962.

LOCKE, J. São Paulo: Abril Cultural, 1979. (Coleção Os Pensadores).

_____. *Essai philosophique concernant l'entendement humain* (1755). Paris: Vrin, 1972.

_____. *Lettre sur la tolérance* (1710). Paris: Garnier-Flammarion, 1992.

MAQUIAVEL, N. *Le prince*. Paris: Gallimard-Flammarion, 1980.

_____. *O príncipe*. São Paulo: Nova Cultural, 1999. (Coleção Os Pensadores).

MERLEAU-PONTY, M. *Phénoménologie de la perception*. Paris: Gallimard, 1945. (reed. 1976).

MILL, J. S. *L'Utilitarisme*. Paris: Flammarion, 1988.

MONTAIGNE. São Paulo: Abril Cultural, 1972. (Coleção Os Pensadores).

_____. *Ensayos*. Madrid: Cátedra, 1985. v. 1.

MONTESQUIEU, M. São Paulo: Abril Cultural, 1985. (Coleção Os Pensadores).

MORA, J. F. *Diccionario de filosofía*. 4. ed. Madrid: Alianza, 2006.

MORIN, E. *Le Paradigme perdu: la nature humaine*. Paris: Seuil, 1973.

NIETZSCHE, F. *Le Crépuscule des idoles*. Paris: Denoël-Gonthier, 1972. (Bibliothèque Médiations). (1. ed. 1888).

_____. *El nacimiento de la tragedia*. Madrid: Alianza, 1973.

_____. São Paulo: Abril Cultural, 1974. (Coleção Os Pensadores).

_____. *Le Gai savoir*. Paris: Gallimard. 1982.

_____. *Ainsi parlait Zarathoustra*. Paris: Gallimard-Flammarion, 1996.

_____. *Aurora*. Buenos Aires: Bureau, 2000.

ONFRAY, M. *La Philosophie féroce*. 2. ed. Paris: Galilée, 2004.

ORTEGA Y GASSET, J. *Unas lecciones de metafisica*. Madrid: Alianza, 1966.

PENA-RUIZ, H. *Dieu et Marianne*: philosophie de la laïcité. Paris: Presses Universitaires de France, 1999.

PLATÃO. *Apologie de Socrate*. Paris: Gallimard-Flammarion, 1965.

_____. *La République*. Paris: Gallimard-Flammarion, 1966.

_____. *Obras completas*. 2. ed. Madrid: Aguilar, 1977.

_____. São Paulo: Abril Cultural, 1984. (Coleção Os Pensadores).

PRÉ-SOCRÁTICOS. São Paulo: Nova Cultural, 1973. (Coleção Os Pensadores).

ROUSSEAU, J.-J. *Discours sur l'origine de l'inégalité parmi les hommes*. Paris: Gallimard, 1964.

_____. *Du Contrat social*. Paris: Gallimard-Flammarion, 1966.

_____. São Paulo: Abril Cultural, 1978. (Coleção Os Pensadores).

RUSSELL, B. São Paulo, Abril Cultural, 1974. (Coleção Os Pensadores).

SARTRE. J.-P. São Paulo: Abril Cultural, 1978. (Coleção Os Pensadores).

_____. *Cahiers pour une morale*. Paris: Gallimard, 1983.

_____. *La ser y la nada*. Madrid: Alianza, 1989.

_____. *L'Existentialisme est-il un humanisme?* Paris: Gallimard, 1996. (Folio essais). (1. ed. 1946).

SCHOPENHAUER, A. *Le Fondement de la morale*. Paris: Aubier-Montaigne, 1978.

_____. São Paulo: Abril Cultural, 1980. (Coleção Os Pensadores).

_____. *Insultes*. Paris: Rocher, 1988.

_____. *Le Monde comme volonté et représentation*. Paris: Presses Universitaires de France, 1996.

SÓCRATES. São Paulo: Abril Cultural, 1972. (Coleção Os Pensadores).

TERTULIANO. *À ma femme*, II, 8-9: PL 1,1302B-1304A .

VERNANT, J.-P. *Les origines de la pensée grecque*. Paris: Presses Universitaires de France, 1962.

_____. *Mythe et pensée chez les Grecs*. 5. ed. Paris: Maspero, 1965.

_____. *O universo, os deuses, os homens*. São Paulo: Companhia das Letras, 2003.

_____; VIDAL-NAQUET, P. *La Grèce ancienne*. Paris: Seuil, 1990.

VEYNE, P. *Quand notre monde est devenu chrétien*. Paris: Albin Michel, 2007.

VLASTOS, G. *O universo de Platão*. Brasília: Ed. UnB, 1975.

VOLTAIRE. *Dictionnaire philosophique*. Paris: Flammarion, 1964. (1. ed. 1764).

_____. São Paulo: Abril Cultural, 1973. (Coleção Os Pensadores).

WATANABE, L. A. *Platão por mitos e hipóteses*. São Paulo: Moderna, 1995.

WEBER, M. *Le savant et le politique*. Paris: Union Générale, 1963.

WITTGENSTEIN, L. *Carnets*. Paris: Gallimard, 1971.

_____. Conférence sur l'éthique. In: *Leçons et conversations*. Paris: Gallimard, 1992.